献给北京大学建校一百二十周年

申　丹 总主编

"北京大学人文学科文库"编委会

顾问：袁行霈
主任：申　丹
副主任：阎步克　张旭东　李四龙
编委：（以姓氏拼音为序）

曹文轩	褚　敏	丁宏为	付志明	韩水法	李道新	李四龙
刘元满	彭　锋	彭小瑜	漆永祥	秦海鹰	荣新江	申　丹
孙　华	孙庆伟	王一丹	王中江	阎步克	袁毓林	张旭东

北大世界史研究丛书
高毅 主编

土地与自由

墨西哥现代化进程中农民动员研究

董经胜 著

图书在版编目(CIP)数据

土地与自由：墨西哥现代化进程中农民动员研究/董经胜著.—北京：北京大学出版社，2019.9

（北京大学人文学科文库·北大世界史研究丛书）

ISBN 978-7-301-30655-0

Ⅰ.①土… Ⅱ.①董… Ⅲ.①农业问题—研究—墨西哥 Ⅳ.①F373.1

中国版本图书馆CIP数据核字(2019)第181216号

书　　　名	土地与自由：墨西哥现代化进程中农民动员研究 TUDI YU ZIYOU: MOXIGE XIANDAIHUA JINCHENG ZHONG NONGMIN DONGYUAN YANJIU
著作责任者	董经胜　著
责 任 编 辑	朱房煦
标 准 书 号	ISBN 978-7-301-30655-0
出 版 发 行	北京大学出版社
地　　　址	北京市海淀区成府路205号　100871
网　　　址	http://www.pup.cn　新浪微博：@北京大学出版社
电 子 信 箱	zhufangxu@pup.cn
电　　　话	邮购部 010-62752015　发行部 010-62750672　编辑部 010-62754382
印 刷 者	北京大学印刷厂
经 销 者	新华书店
	650毫米×980毫米　16开本　18.75印张　245千字 2019年9月第1版　2019年9月第1次印刷
定　　　价	68.00元

未经许可，不得以任何方式复制或抄袭本书之部分或全部内容。

版权所有，侵权必究

举报电话：010-62752024　电子信箱：fd@pup.pku.edu.cn

图书如有印装质量问题，请与出版部联系，电话：010-62756370

总 序

袁行霈

人文学科是北京大学的传统优势学科。早在京师大学堂建立之初，就设立了经学科、文学科，预科学生必须在五种外语中选修一种。京师大学堂于1912年改为现名，1917年，蔡元培先生出任北京大学校长，他"循思想自由原则，取兼容并包主义"，促进了思想解放和学术繁荣。1921年北大成立了四个全校性的研究所，下设自然科学、社会科学、国学和外国文学四门，人文学科仍然居于重要地位，广受社会的关注。这个传统一直沿袭下来，中华人民共和国成立后，1952年北京大学与清华大学、燕京大学三校的文、理科合并为现在的北京大学，大师云集，人文荟萃，成果斐然。改革开放后，北京大学的历史翻开了新的一页。

近十几年来，人文学科在学科建设、人才培养、师资队伍建设、教学科研等各方面改善了条件，取得了显著成绩。北大的人文学科门类齐全，在国内整体上居于优势地位，在世界上也占有引人瞩目的地位。北大人文学科的学者们相继出版了《中华文明史》《世界文明史》《世界现代化历程》《中国儒学史》

《中国美学通史》《欧洲文学史》等高水平的著作，并主持了许多重大的考古项目，这些成果发挥着引领学术前进的作用。目前，北大还承担着《儒藏》《中华文明探源》《北京大学藏西汉竹书》的整理与研究工作，以及《新编新注十三经》等重要项目。

与此同时，我们也清醒地看到，北大人文学科整体的绝对优势正在减弱，有的学科只具备相对优势了；有的成果规模优势明显，高度优势还有待提升。北大出了许多成果，但还要出思想，要产生影响人类命运和前途的思想理论。我们距离理想的目标还有相当长的距离，需要人文学科的老师和同学们加倍努力。

我曾经说过：与自然科学或社会科学相比，人文科学的成果，难以直接转化为生产力，给社会带来财富，人们或以为无用。其实，人文科学力求揭示人生的意义和价值，塑造理想的人格，指点人生趋向完美的境地。它能丰富人的精神，美化人的心灵，提升人的品德，协调人和自然的关系以及人和人的关系，促使人把自己掌握的知识和技术用到造福于人类的正道上来，这是人文无用之大用！试想，如果我们的心灵中没有诗意，我们的记忆中没有历史，我们的思考中没有哲理，我们的生活将成为什么样子？国家的强盛与否，将来不仅要看经济实力、国防实力，也要看国民的精神世界是否丰富，活得充实不充实，愉快不愉快，自在不自在，美不美。

一个民族，如果从根本上丧失了对人文学科的热情，丧失了对人文精神的追求和坚守，这个民族就丧失了进步的精神源泉。文化是一个民族的标志，是一个民族的根，在经济全球化的大趋势中，拥有几千年文化传统的中华民族，必须自觉维护自己的根，并以开放的态度吸取世界上其他民族的优秀文化，以跟上世界的潮流。站在这样的高度看待人文学科，我们深感责任之重大与紧迫。

北大人文学科的老师们蕴藏着巨大的潜力和创造性。我相信，只要使老师们的潜力充分发挥出来，北大人文学科便能克服种种障碍，在国内外开辟出一片新天地。

人文学科的研究主要是著书立说，以个体撰写著作为一大特点。除了需要协同研究的集体大项目外，我们还希望为教师独立探索以及撰写、出版专著搭建平台，形成既具个体思想又汇聚集体智慧的系列研究成果。为此，北京大学人文学部决定编辑出版"北京大学人文学科文库"，旨在汇集新时代北大人文学科的优秀成果，弘扬北大人文学科的学术传统，展示北大人文学科的整体实力和研究特色，为推动北大世界一流大学建设、促进人文学术发展做出贡献。

我们需要努力营造宽松的学术环境、浓厚的研究气氛。既要提倡教师根据国家的需要选择研究课题，集中人力物力进行研究，也鼓励教师按照自己的兴趣自由地选择课题。鼓励自由选题是"北京大学人文学科文库"的一个特点。

我们不可满足于泛泛的议论，也不可追求热闹，而应沉潜下来，认真钻研，将切实的成果贡献给社会。学术质量是"北京大学人文学科文库"的一大追求。文库的撰稿者会力求通过自己潜心研究、多年积累而成的优秀成果，来展示自己的学术水平。

我们要保持优良的学风，进一步突出北大的个性与特色。北大人要有大志气、大眼光、大手笔、大格局、大气象，做一些符合北大地位的事，做一些开风气之先的事。北大不能随波逐流，不能甘于平庸，不能跟在别人后面小打小闹。北大的学者要有与北大相称的气质、气节、气派、气势、气宇、气度、气韵和气象。北大的学者要致力于弘扬民族精神和时代精神，以提升国民的人文素质为己任。而承担这样的使命，首先要有谦逊的态度，向人民群众学习，向兄弟院校学习。切不可妄自尊大，目空一切。这也是"北京大学人文学科文库"力求展现的北大的人文素质。

这个文库第一批包括：

"北大中国文学研究丛书"（陈平原 主编）
"北大中国语言学研究丛书"（王洪君 郭锐 主编）
"北大比较文学与世界文学研究丛书"（张辉 主编）
"北大批评理论研究丛书"（张旭东 主编）
"北大中国史研究丛书"（荣新江 张帆 主编）
"北大世界史研究丛书"（高毅 主编）
"北大考古学研究丛书"（赵辉 主编）
"北大马克思主义哲学研究丛书"（丰子义 主编）
"北大中国哲学研究丛书"（王博 主编）
"北大外国哲学研究丛书"（韩水法 主编）
"北大东方文学研究丛书"（王邦维 主编）
"北大欧美文学研究丛书"（申丹 主编）
"北大外国语言学研究丛书"（宁琦 高一虹 主编）
"北大艺术学研究丛书"（王一川 主编）
"北大对外汉语研究丛书"（赵杨 主编）

此后，文库又新增了跨学科的"北大古典学研究丛书"（李四龙、彭小瑜、廖可斌主编）和跨历史时期的"北大人文学古今融通研究丛书"（陈晓明、王一川主编）。这17套丛书仅收入学术新作，涵盖了北大人文学科的多个领域，它们的推出有利于读者整体了解当下北大人文学者的科研动态、学术实力和研究特色。这一文库将持续编辑出版，我们相信通过老中青几代学者的不断努力，其影响会越来越大，并将对北大人文学科的建设和北大创建世界一流大学起到积极作用，进而引起国际学术界的瞩目。

2017年10月修订

丛书序言

我们中国人，心中似乎常有这样一种"集体无意识"：中国是中国，世界是世界，两者即使不至于风马牛不相及或老死不相往来，那也是从来就可以独立存在的两个东西。所以我们总是在说"中国与世界""中国面向世界""中国走向世界"，而不大习惯于把中国看作世界的内在组成部分。

我们的历史学科至今还遵循着惯常的"中国史"和"世界史"两分法，便是这种心态的一个突出表征。

这一心态的形成有很多缘由：比如中国地大物博、人口众多、历史悠久、文化灿烂，作为世上硕果仅存的一个未曾被其他文明征服过的古老文明，本身就是一个自立自足的"世界"；又比如中华民族天资聪慧、勤劳勇敢、治国有方、富甲天下，直到18世纪都还是令西人钦羡不已的文明楷模；再有就是明朝的屡屡海禁和清朝的长期闭关锁国，以及近代以来在反帝反殖斗争中形成的中西对抗关系；等等。总之，国人特有的"中国—世界"二元对立观成因复杂，其中交织着孤傲不群的文化自信、经典农耕文明的制度无奈，以及饱受近代列强欺凌之后挥之不去的政治忧思等许多元素。

于是我们所惯用的"世界史"这个概念也就有了一种"中国特色"，那就是它不止是源自西学的那种本来意义上的"全世界的历史"，同时还是不包括中国史在内的所有国别史和地区史，以及像"文艺复兴""宗教改革""西方史学史"这类与中国史无涉或关系不大的专题史或专门史。而且，这个中国式的"世界史"学科也不像西方史学中的同名学科那样一开始就有，而是迟至20世纪初才生成的，其具体标志便是1904年京师大学堂中与"中国史学门"并立的"万国史学门"的设置。

其实当时的这个"万国史"，连总体意义上的"外国史"都说不上，因为它关注的基本上只是西方国家的历史，以至于自1912年京师大学堂更名北京大学后，它干脆就被称作"西洋史"了。①只是尽管如此，它被正式纳入京师大学堂的学科序列，却不啻一次悄无声息的文化革命：因为这是"西夷"的历史破天荒第一次登上中国史学的神圣殿堂。

传说一向夜郎自大的中国人在鸦片战争之后就愿意"睁眼看世界"了。但事实上在很长的一个时期里，我们的眼睛只是很不情愿地微微睁开了一条缝，结果看来看去我们只看到了西方的"船坚炮利"，而几乎完全没有看到（或根本不屑于去看）西方的"历史"。于是我们后来又不得不一个接一个地吞下甲午惨败、洋务破产和《辛丑条约》等许多苦果，直至亡国灭种的危险迫在眉睫了，我们才幡然醒悟：原来救国的真正法宝并不是"西夷"的军事长技，而恰恰是他们的那种最让我们瞧不上眼的"历史"——因为唯有这种历史，才能告诉我们西方崛起的全部奥秘！所以，直到这个以"西洋史"为基本内容的"万国史学门"在京师大学堂的出现，我们才算向世界真正睁开了眼睛，而这种开放新姿的呈现，难道不正是"百年中国"抖落屈辱、重铸辉煌的历史起点吗？

当然，当时北大设立的这种以"西洋史"为基本内容的"万国史"

---

① 参见拙文《不懂世界史，何来现代化？》，《河北学刊》，2011年第1期。

还是相当偏狭的,所幸那只是中国"世界史"的一个带时代局限的早期样貌;随着时代的演进,它的观照面会不断拓宽,直欲涵盖中国之外的整个世界——我们知道,这正是在"文革"之前的那段毛泽东时代前期发生的一个伟大进程。尽管这个进程至今也没能最终完成,而且由于种种主客观条件的限制,具体的学术研究也多有缺陷,但由京师大学堂"万国史学门"的设置所体现的那种重视域外历史文化的开放意识,终究得到了继承和发扬,并实际表现为一套学科建制和人员规模大体平衡的"中国史—世界史"二元结构的确立。① 倒是在后来改革开放的年代里,却不期而然地出现了一次不良的异动:经过1997年的学科调整,世界史相对于中国史的学科比重由先前的3∶4下滑到了1∶2,跟着便是世界史教学与科研人员编制及经费的减少和整个学科规模的大幅度缩水。② 尽管经过多方努力,世界史终于又在2011年2月被重新确认为与中国史并列的所谓"一级学科",但要重新恢复资源配置的大致均衡,要让我们的世界史学科真正适应已全面深入地走进了"世界"的当下中国的需要,似乎仍遥遥无期。

其实今天的中国比以往任何时候都更需要世界史。目前该学科的这种远不如毛泽东时代的萎缩状态,不仅和当下中国的大国地位根本不相称,而且势将迟滞中华民族伟大复兴的历史脚步。所以有关决策部门实应注意加强这方面的投入。当然,中国的广大世界史学人,尤其是身处中国的世界史研究发祥地的北大世界史学人,同时也得加把劲,努力做出自己无愧于新时代的优秀研究成果:事实上,也只有当我们的作品能在国内外学界产生广泛影响的时候,域外历史的研究价值和人文魅力才能充分彰显,中国世界史学术推动国家进步的现实功能才能真正发挥,

---

① 参见郭小凌:《中国世界史学科的前世今生》,《河北学刊》,2011年第1期。

② 同上。

而我们的世界史学科目前所处的尴尬地位,也才有可能切实改观。

  无需赘言,我们编这套"北大世界史研究丛书"的初衷,全都在这里了。任重而道远,道友当自强。

高毅

2017年元旦

目 录

导 言 ··· 1

第一章 "多洛雷斯呼声"及其回响
　　——农民与墨西哥独立运动 ································· 11
　一、关于农民与墨西哥独立运动的史学 ························· 12
　二、18世纪后期农村社会经济结构的变革 ···················· 16
　三、庄园雇工、村社农民的生存危机与独立运动 ············ 22
　四、独立后庄园经济的衰退 ·· 41
　五、庄园与村社关系的变化 ·· 45
　六、小农场的发展 ·· 49
　七、小农经济的发展趋向 ·· 52

第二章 反抗"自由"
　　——19世纪自由派的农业改革与农民动员 ············· 56
　一、自由派的土地改革 ·· 57
　二、索诺拉州亚基人的起义 ·· 66
　三、查尔科地区的农民运动 ·· 68
　四、南部地区的玛雅人起义 ·· 71
　五、农民运动的影响 ··· 78

第三章　革命的前奏
——1910年前农村社会关系的变化 ············ 81
一、中部地区的农村社会经济关系 ············ 82
二、北部地区的农村社会经济关系 ············ 92
三、南部地区的农村社会经济关系 ············ 102
四、农民与墨西哥革命的根源 ············ 118

第四章　"许多个墨西哥、许多场革命"
——革命期间各派别在土地改革问题上的斗争 ······ 120
一、墨西哥革命是一场农民革命么？ ············ 121
二、萨帕塔：激进的土地改革 ············ 148
三、比利亚：未能推行的土地改革 ············ 153
四、卡兰萨：迫于压力的土地改革 ············ 160

第五章　重建与土改
——1920—1934年的土地和农业政策 ············ 166
一、"索诺拉王朝"初期的土地改革 ············ 167
二、国家政权的巩固和土改步伐的减缓 ············ 176
三、农村社会阶级关系与农民传统观念对土改的影响 ············ 180

第六章　民粹主义的高潮
——卡德纳斯政府的土地改革 ············ 188
一、20世纪30年代的农村形势和执政党内部改革派的兴起 ··· 190
二、卡德纳斯政府的土地改革 ············ 195
三、土地改革的效果和局限性 ············ 205

第七章 "革命已死?"
　　——1940—1982年农业发展政策和农民动员 ………… 215
　一、20世纪40—60年代的农业发展战略与农民动员 ………… 216
　二、20世纪70—80年代农业政策的变化和独立农民组织
　　　的发展 ………………………………………………………… 226

第八章 复活的"萨帕塔"
　　——20世纪80年代后的农业改革和农民动员 ………… 236
　一、新自由主义的农业改革 ………………………………………… 237
　二、常设农业委员会的建立与农民组织的分裂 ………………… 248
　三、独立农民组织策略的转变 …………………………………… 252
　四、宽恕与非暴力:"蜜蜂"组织的抗议运动 ………………… 258

余 论 ……………………………………………………………… 270

参考文献 ………………………………………………………… 273
　一、中文文献 ………………………………………………………… 273
　二、英文、西班牙文文献 …………………………………………… 275

后 记 ……………………………………………………………… 285

导　言

　　夜深了，墨西哥南部恰帕斯州的古城圣克里斯托瓦尔－德拉斯卡萨斯（San Cristóbal de las Casas，以下简称圣克里斯托瓦尔），笼罩在一片寒冷的冰雾之中。新年的钟声已经敲过，爆竹的喧嚣声、教堂的钟声逐渐沉寂，喝得醉醺醺的人们离开酒馆，裹紧衣衫，步履蹒跚地回到舒适的家或者昂贵的宾馆。

　　人们或许没有想到，1994年注定不会来得如此平静。零点三十分，胶靴踩在光滑的路面上发出的啪啪声突然打破街区的寂静，被惊醒的狗开始狂吠。一支黑色的纵队慢跑着开进城内。这是一支人们从未见过的武装，他们有男有女，身着自制的军装，配备从自制的木枪到先进的乌兹（Uzi）冲锋枪各式不等的武器，用滑雪面罩或者印花大手帕蒙住面部。在市中心的"三月三十一日广场"（Plaza 31 de Marzo），这些蒙面的战士涌进市政厅，搬走家具，用来在广场周围的街道设置路障；另一些人在墙上张贴标语，在街上散发传单……

　　这支武装就是后来声名大振的"萨帕塔民族解放军"（Ejército Zapatista de Liberación Nacional, EZLN），上面的场景就是1994年1月1日他们在恰帕斯州发动的武装起义的一幕。由于正值新年假日，保安部队缺乏警惕，除了在圣克里斯托瓦尔，这支年轻的、缺乏训练的，绝大多数由印第安人男女组成的武装还成功地袭击了阿尔塔米拉诺（Altamirano）、恰纳尔（Chanal）、维斯坦（Huistán）、拉斯玛格丽塔斯（Las Margaritas）、奥克斯丘克（Oxchuc）、奥克辛格（Ocosingo）等城镇。在奥克辛格，他们占领了广播电台，播送了革命宣言：

> 今天我们宣布：我们受够了（Hoy decimos basta）! 墨西哥人民，墨西哥的兄弟姐妹们：我们是五百年抗争的产物：首先反对奴隶制，然后，独立战争期间在起义者的领导下反对西班牙人，接着，宣布我们的宪法，并将法国人赶出我们的土地，再后来，（当）独裁者波菲里奥·迪亚斯拒绝我们改革法律的正当要求时，人民起来造反，产生了像比利亚和萨帕塔那样的领导人，他们是像我们一样的穷人。我们享受不到最基本的教育，这样，别人才可把我们当作炮灰，才能掠夺我们国家的财富。他们不在乎我们一无所有，绝对地一无所有，甚至头上没有一片屋顶，没有土地，没有工作，没有医疗保障，没有食物，享受不到教育。我们还不能自由地、民主地选举我们的政治代表，在外国人面前没有独立性，对我们自己和我们的孩子来说，没有和平和公正。①

这场起义，就规模、就战斗的激烈程度而言，并不突出，但是，它所引起的关注程度，远远超出了其实际的军事和政治影响。恰帕斯的起义"吸引着许多社会科学家的目光，成为他们研究工作的中心，……每天都涌现大批的论文、文章、摘录、书籍和演讲，认为恰帕斯的印第安

---

① "Declaración de la Selva Lacandona," John Womack, ed., *Rebellion in Chiapas: An Historical Reader*, New York: The New Press, 1999, pp. 247–248.

人的起义以及他们的正当要求依然是一个'脍炙人口的主题'"①。究其原因，这场起义的根源，并不仅仅反映了印第安人争取某种权利或者达到某种目的的要求，更重要的，它体现了在资本主义全球化和现代化的进程中受到冲击的农民的命运与抗争。恰帕斯的起义"只是墨西哥和拉丁美洲一个重要地区的印第安人抵抗运动长长链条中的一个环节。这个链条贯穿了拉美近五个世纪以来文明进化的历史。在这段历史中，印第安人的反抗此起彼伏，从来没有停止过"②。正如"萨帕塔民族解放军"的宣言中所指出的，"我们是五百年抗争的产物"。

在墨西哥的现代化进程中，农业的发展和农民的抗争一直是一个不可忽视的重要因素。1810年，米格尔·伊达尔戈领导的墨西哥农民革命动摇了西班牙殖民统治的基础；1910年，不同的农民武装合力推翻了墨西哥专制政权，引发了一场空前的社会大革命。这两场革命运动虽相隔一个世纪，但是，革命发生时墨西哥基本上都是一个农业国家，革命的根源都在农村，或者更具体地说，都发端于那些发生急剧的社会和经济变革的农村地区。1994年爆发的恰帕斯农民起义，就其历史根源而言，与1810年和1910年的革命具有明显的历史连续性。

在西方学术界，"农民学"（peasantology）一词作为术语产生于20世纪60年代；而作为一门学问，国外一般将其归源于20世纪初俄国民粹派学者A. B. 恰亚诺夫倡导的"社会农学"。"社会农学"除了探讨自给自足的小农家庭经济运行机制的理论模式外，还涉及农村社会学、政治、文化、土地合作化问题等内容。20世纪30年代，随着恰亚诺夫等

---

① 卡洛斯·安东尼奥·阿居雷·罗哈斯：《拉丁美洲：全球危机和多元文化》，王银福译，山东大学出版社2006年版，第172页。

② 同上书，第188页。

学者在苏联"大清洗"运动中被镇压,"社会农学"的研究也随之中断。①第二次世界大战后,尤其是60年代以来,对农民问题的研究再次成为西方学术界的热点领域,例如,在欧洲,法国年鉴学派的历史学家伊曼纽埃尔·勒鲁瓦·拉迪里(Emmanuel LeRoy Ladurie)通过查阅税收档案和其他文献资料,考察了15世纪末至18世纪初法国南部地区的农民社会。他于1966年出版的《朗格多克农民》一书被誉为年鉴学派的代表作之一。②在美国,20世纪60年代,越南战争的爆发大大刺激了学术界对于农民学的研究,因为越南战争至少部分源于农民顽强的反殖民主义暴动。20世纪60、70年代之交,国际上出现了所谓的"农民学辉煌的十年"。

1966年,美国学者巴林顿·摩尔(Barrington Moore)出版了开创性的《专制与民主的社会起源:现代世界形成过程中的地主和农民》一书。③摩尔在书中强调农民的重要性,尤其关注是否存在农民发动的或者针对农民的暴力,以此来解释英国、法国、美国、中国、日本和印度向城市化和工业化生活方式转变产生的不同政治后果。1969年,埃里克·沃尔夫(Eric Wolf)出版的《20世纪的农民战争》集中研究了墨西哥、俄国、中国、越南、阿尔及利亚和古巴革命斗争中的农村暴力。④这两部比较性研究的著作成为此后农民学领域研究和争论的基础。摩尔和沃尔夫都认为,当商品性资本主义的扩张冲击了农民长期以来形成的生存方式时,容易引发农民暴动。摩尔指出:"产生农民革命的最重要原因是在农业中没有发生过由土地贵族领导的商业经济革命,以及面临新的压迫和束

---

① 秦晖:《农民、农民学与农民社会的现代化》,《中国经济史研究》,1994年第1期,第130页。
② 夏皮罗、戎依雯:《法国年鉴学派历史学家拉迪里》,《现代外国哲学社会科学文摘》,1985年第7期,第49页。
③ 巴林顿·摩尔:《专制与民主的社会起源:现代世界形成过程中的地主和农民》,王茁、顾洁译,上海译文出版社2013年版。
④ Eric Wolf, *Peasant Wars of the Twentieth Century*, New York: Harper and Row, 1969.

缚时农业社会制度并未解体,一直存续到现代时期。"① 当"传统方式继续存在或甚至有所加强的情况下,又增加了新的资本主义的方法从农民那里榨取更多的经济剩余"的时候,就会出现农民暴动。② 沃尔夫进一步认为,资本主义对农民的影响不仅仅是剥削程度的加剧。他认为:"显而易见的是资本主义穿透了传统习俗的外壳,将人们从熟悉的社会模式中剥离出来,将其转变为独立于先前对亲属和邻居的社会义务的经济参与者。"③ 因此,摩尔和沃尔夫都同意,农民反叛的发生,在很大程度上是由于资本主义向农村社会迅速的、剥削性的、引起社会断裂性的侵入而导致的不满。他们还都强调,这种反叛要持续下去并导致社会变革,反叛者必须紧密地组织起来,日常事务不受精英分子或国家的控制,并且还有赖于国家镇压力量的削弱、分裂或崩溃。只有在这样的有利条件下,由资本主义入侵引起的不满才有可能导致持续的暴动,有可能产生革命性的后果。

艾瑞克·霍布斯鲍姆(Eric Hobsbawm)对于社会盗匪以及与之相关的农村不满的表现进行的研究产生了广泛的影响,他将这些无目的性的社会抗议形式的根源归咎于摩尔和沃尔夫所说的那种资本主义生产方式的冲击。"资本主义从外邦入侵到他们的天地。或是鬼鬼祟祟地通过当地人所不能了解,也无法控制的经济操纵,或是经由无耻的武力征服,或是经由当地人并不明白其后果的大革命与根本性的变法维新——即便这些当地人还曾经协助促成这一事态的发展,他们的确还不是伴随着现代社会长大或在现代社会中长大的一群,他们多半是被现代社会搅进

---

① 巴林顿·摩尔:《专制与民主的社会起源:现代世界形成过程中的地主和农民》,第493页。
② 同上书,第489页。
③ Eric Wolf, *Peasant Wars of the Twentieth Century*, p. 379.

来的……他们的问题是如何调整自己以适应现代的生活与竞争。"①

此后,乔尔·米格代尔(Joel Migdal)和杰弗里·佩奇(Jeffery Paige)的研究中虽然强调政治过程的不同方面,特别是农民与非农民的中间人、领导人之间的复杂关系,但是仍然将农村居民的政治行为归因于外部经济变革给农村共同体带来的影响。米格代尔强调资本主义生产组织对农村的渗透以及人口增长的影响。他认为,当农村居民被融入世界资本主义市场后,他们原来内向的地方经济和文化被迫转向外向。当越来越卷入国家的甚至国际的社会和政治关系时,农民面临着资本主义带来的机遇和矛盾。米格代尔强调,这些发展给农民带来的困难大于机遇,产生了不断积累的不满。然后,他广泛考察了受到挫折的农民与反叛领袖之间的关系,认为有效的领导和组织对于将农民的不满转变为有效的社会运动而言是必不可少的。② 杰弗里·佩奇通过分析地主与农民之间的经济关系,总结了第三世界出口经济发展的根源和后果。他对秘鲁、越南、安哥拉出口"飞地"的经济结构和社会关系进行深入考察后,认为应该从农村精英(地主)的权力和贫苦的劳动者(农民)的生存方式之间的关系来考察农村冲突的根源。他认为,飞地出口经济在产生、加剧、加速第三世界农村共同体中底层的"耕作者"(农民)与上层的"非耕作者"(地主)之间在权力和财富上的差别方面起了重要的作用,由此奠定了农民抗议的基础。③

詹姆斯·斯科特(James Scott)从文化的角度考察了冒着生命危险

---

① 艾瑞克·霍布斯鲍姆:《原始的叛乱:十九至二十世纪社会运动的古朴形式》,杨德容译,社会科学文献出版社 2014 年版,第 4 页。

② J. 米格代尔:《农民、政治与革命:第三世界政治与社会变革的压力》,李玉琪、袁宁译,中央编译出版社 1996 年版。

③ Jeffery M. Paige, *Agrarian Revolution: Social Movements and Export Agriculture in the Underdeveloped World*, New York: The Free Press, 1975.

进行反叛的农民的认知。他指出，在东南亚地区，贫困的农民是通过一种道德的棱镜来看待他们生存的世界，在他们心中，生存是最基本的人权，失去这种人权是农民反叛的根源所在。斯科特更确切地强调，农民最敏感的是自身的生存，即使他们能够年复一年地生存下去的最低限度的生存方式。当农民的生存保障受到威胁时，当连年的危机致使可以获得的生存手段降低到生存的最低限度的门槛以下时，农民就可能冒着生命危险进行反叛了。斯科特认为，在英国和法国殖民统治下东南亚经济的商品化，加之殖民国家日益苛刻的榨取，导致了生存保障的普遍丧失，结果是从20世纪30年代大危机延续到第二次世界大战后的一系列的农民反叛。虽然斯科特将生存保障的危机看作农民反叛的根本原因，但他意识到，这种危机本身并不能引发和维持民众暴动。他认为，暴动的发生还"取决于众多相关因素——诸如同其他阶级的联盟、统治者的镇压能力和农民自身的社会组织"。但在斯科特的分析中，这些因素的重要性显然是第二位的。只有在农民的愤怒达到足以促使其冒险举行反叛的顶点时，这些因素才起作用。①

西达·斯考切波（Theda Skocpol）认为，现代农民革命的发生，不能直接归因于商业资本主义发展带来的后果。相对于农民共同体的组织团结、共同体内部政治和经济精英的相对权力以及国家力量的衰弱而言，在导致农民反叛方面，农民的愤怒是第二位的。也就是说，国家强制性权力的瓦解，通常是由国际冲突中的失败所致，促使农民卷入叛乱。她对国际冲突、国家力量和农民反叛之间关系的研究，对于理解现代革命做出了重大的贡献。②

---

① 詹姆斯·C.斯科特：《农民的道义经济学：东南亚的反叛与生存》，程立显、刘建等译，译林出版社2001年版。

② 西达·斯考切波：《国家与社会革命：对法国、俄国和中国革命的比较分析》，何俊志、王学东译，上海世纪出版集团2007年版。

美国历史社会学家杰克·A.戈德斯通（Jack A. Goldstone）也对英国和法国革命以及奥斯曼帝国和明清时期的中国"国家崩溃"问题进行了比较性研究，他认为，酿成群众性大规模参与的反叛的根源在于社会广泛的生态地理危机造成的农村日益严重的不满，这种不满的政治表现因特定的社会模式和非正统的文化和宗教观念而加剧了。"农民参与革命几乎并非只是要反抗传统的剥削，相反的，当农民有机会的时候就会采取行动，这些机会涉及：农村动员、地主和国家对农民控制的软弱无力、由于人口变化而导致的课税条件的变化、市场交易和农业生产的变化、国家和精英的机遇与需求的变化。"[①] 值得注意的是，在这种模式中，生态和人口占主要地位，宗教和其他"文化"因素仅对主要的行为起促进的作用，而非自身发挥中心的甚至是主导性的作用。也就是说，社会和经济因素还是根本性的。

西德尼·塔罗（Sidney Tarrow）对于18世纪中期以来的社会运动和集体行动的理论性研究一方面着重强调物质因素的作用，另一方面又将很大的注意力放在文化和政治因素或其他变量方面，例如"运动的发动者"（movement entrepreneurs）、早现代和现代动员形式的差别、政治舞台上传播媒体的作用等。但是，在他看来，与经济根源相比较，这些因素都是次要的。[②]

上述著作仅仅是20世纪60年代中期以来农民学领域中出版的部分较有影响的成果，但从中可以看出，尽管研究的对象、角度存在很大差异，但大都重视农业经济变革对农民的影响，以此来探讨农民抗议和农村地区政治暴力的根源，也有学者开始注意到文化和心理因素的作用。

---

① 杰克·A.戈德斯通：《早期现代世界的革命与反抗》，王涛、江远山译，上海人民出版社2013年版，第20—21页。

② 西德尼·塔罗：《运动中的力量：社会运动与斗争政治》，吴庆宏译，译林出版社2005年版。

本书的思路是，在上述研究的基础上，从墨西哥现代化进程的宏观背景下，着重从墨西哥农业发展模式的变革及其对农民生存方式的影响、政府的农业政策和农民的回应的角度，考察墨西哥独立以来的农民动员和组织的演变，探讨国家与农民的关系、农村动员对墨西哥现代化的影响等问题。之所以选择墨西哥为研究对象，是因为在拉美国家中，墨西哥的农民发挥了独特的作用。只有在墨西哥，每次社会变革都与农村的动荡密切相关。一些考古学家认为，中部美洲地区古典文明——玛雅、托尔特克、阿兹特克——的瓦解都与农村的暴动有直接联系，虽然不是完全由农村暴动引起的。[①]但是，对于安第斯地区文明的瓦解，却没有人提出同样的假说。在西班牙殖民征服过程中，只有在墨西哥，殖民者能够挑起和利用农村地区反抗阿兹特克帝国统治的起义。但殖民者征服印加帝国时，没有得到当地农村起义的帮助。1810—1826年拉美独立运动期间，"在南美的西班牙殖民地，争取独立的斗争首先在城市兴起，而在墨西哥，则起始于农村"[②]。1910年，墨西哥爆发了一场由农民起义所主导和推动的社会大革命。1994年1月1日，在北美自由贸易协定生效的当天，墨西哥恰帕斯州爆发了以土著农民为主体的"萨帕塔民族解放军"起义。也就是说，在拉丁美洲，墨西哥的农村变革和农民动员具有典型性和代表性，具有研究价值。

本书认为，独立战争期间的农民运动，根源在于18世纪后半期以来农村商品经济的发展以及由此引起的农村社会关系的变革。独立战争期间的农民运动虽然被镇压，但大大冲击了独立前的大庄园经济，增强了农民的地位，为19世纪上半期墨西哥类似于"小农制"的发展模

---

① Enrique Nalda, "México prehispánico: Origen y formación de las clases sociales," Enrique Semo, ed., *México: Un pueblo en la historia*, México: Nueva Imagen, 1981, pp. 108–109.

② 鲍勃、简·杨：《拉丁美洲的解放者》，黄士康、汤柏生译，商务印书馆1979年版，第123页。

式的确立创造了条件。从这个意义上讲，独立运动不仅仅是一场政治革命，也是一场社会革命。独立以后，墨西哥自由派以土地私有化为主要内容的土地改革，为墨西哥大庄园制度的扩张创造了机会，严重冲击了农民的生存条件，引发了农民不同形式的反抗运动。19世纪70年代以前，由于国家政权的动荡和软弱，农民的动员和反抗在一定程度上延缓了自由派的土地改革的进程，捍卫了自身的利益。但是，19世纪70年代迪亚斯政权建立后，随着国家政权的巩固，自由派的土地改革进程加速，农民的动员被无情镇压，墨西哥独立后初期"小农制"发展的趋势被遏止，重新建立了以大地产为主导的商品性的农业发展模式。这种发展模式创造了一定的经济繁荣，但是收入分配严重不均，广大农民的生存状态日益恶化，为1910年革命的爆发埋下了种子。墨西哥革命期间，萨帕塔派、比利亚派和立宪派在土地改革问题上存在着严重的分歧与冲突。墨西哥革命后，因立宪派掌权，土地改革一度陷于停滞，直到20世纪30年代卡德纳斯政府上台后，土地改革再度复兴。40年代到80年代，墨西哥政府虽未完全放弃土地改革，但是，与进口替代工业化发展战略相适应，墨西哥政府重点支持商品性的农业，减缓了土地改革步伐，同时通过全国农民联盟对农民实行控制。70年代中期前，这种政策取得了一定成功，创造了政治稳定和经济增长的"奇迹"，此期出现的独立农民组织大多被政府同化或镇压。70年代后，工农业发展陷入停滞，社会政治矛盾加剧，全国农民联盟的控制力减弱，农民动员和独立农民组织有了新的发展，并呈现出新的特点。20世纪80年代以来，墨西哥政府在农业领域推行了新自由主义的改革措施，开放农产品市场，放弃土地改革，减少国家对农业的支持，严重冲击了农民和小农业生产者。在此背景下，墨西哥的农民动员和组织也形成了新的格局，1994年爆发了"萨帕塔民族解放军"举行的武装起义。

第一章

"多洛雷斯呼声"及其回响

——农民与墨西哥独立运动

1810年9月16日,星期天,墨西哥瓜纳华托州的小镇多洛雷斯,米格尔·伊达尔戈神父敲响教堂大钟,向前来做弥撒的教区教民发表了著名的"多洛雷斯呼声",号召印第安人和梅斯蒂索人举行起义,保卫宗教,摆脱"半岛人"的统治,结束贡税。起义得到了广泛的响应。到10月中旬,起义军夺取瓜纳华托时,人数达到8万。由此拉开了墨西哥独立运动的序幕。起义的参加者中,虽然有瓜纳华托的矿工,但绝大多数来自农民。因此,"这场暴动实际上是一场农民起义"[①]。1811年,伊达尔戈领导的农民起义被镇压,但以游击战为主要形式的农民运动仍持续不断。独立战争期间,墨西哥的农民动员达到了前所未有的高潮,并对独立后墨西哥的农业结构和农村社会关系产生了直接的影响。

---

① John Tutino, *De la insurrección a la revolución en México, Las bases sociales de la violencia agraria, 1750–1940*, México: Ediciones Era, 1990, p. 47.

一、关于农民与墨西哥独立运动的史学

1810年的独立运动是墨西哥历史的转折点,也是国际学术界传统的研究领域。对于革命前农业和农村社会结构的变革、农民参与革命的根源及其作用等问题,涌现出丰硕的研究成果。

约翰·图蒂诺(John Tutino)对墨西哥独立到20世纪40年代农村动员进行了深入的研究。他同意巴林顿·摩尔的观点,即资本主义急剧地渗入落后的农村经济很可能激起农民反叛性的反应。但是,他认为"资本主义"这一概念过于宽泛,难以把握农民反叛背后"多样化"的现实。他借鉴了巴林顿·摩尔此后的著作和詹姆斯·斯科特的研究,将农民的意识看作农村抗议的根源和时机的关键因素。在图蒂诺看来,农民对于自身的生存的核心有明确的认知:基本的生存权(basic subsistence)、自主权(autonomy)、安全性(security)和流动性(mobility)。后三个因素以及在他们看来这些因素怎样或为何被侵犯,成为解释农民反叛的关键性变量。在他看来,虽然生活水平的下降——食物的缺乏、租金的上升等——易于引发暴动,但是,仅有这些因素还不够,只有在特定的社会变革导致穷人尤其痛苦,伴之以生活水平的下降的时候,这种伤痛才会导致暴乱。例如,1810年的独立革命爆发于墨西哥城以北的巴希奥地区(Bajío),图蒂诺认为,独立战争前,这个地区的经济发生了急剧的商品化,这里是"殖民地经济的核心",相对于其他地区更加商品化、更加资本主义化。而且这种变化的发生为期不长,因为在殖民征服期间,这里的居民为游牧状态的奇奇梅克人,没有定居的土著人口。土地由王室赐予,被私人地产主所有,缺乏劳动力。直到18世纪中期前,为吸引劳动力,当地地主实行低地租,可用货币或劳务支付,这显然有利于农民。也就是说,由于土地充足而劳动力短缺,农民和小土地所有者享有一定

的自主性和相对优越的生活。但是，18世纪中后期，该地区的农业结构发生了急剧的变革。由于人口的增长，商品市场上农产品的需求上升，劳动力市场上则供过于求，这种变化显然有利于地主而不利于农民和小土地所有者。土地价值上升，地租提高，农民和小土地所有者的物质生活水平下降，同时"安全性"大幅度丧失。巴希奥地区的地主通过提高地租或者驱赶的办法收回土地，直接经营。在此情形下，小土地所有者沦为大庄园的佃农或者雇工，而处于更低阶层的农民则直接受到"生存危机"的打击，因为地主为了获利，转向生产更加能够满足市场需求的小麦、蔬菜、水果，而满足基本生活需要的玉米生产大大减少。1786年和1808—1809年发生的饥馑与此农业结构的转型直接相关。在图蒂诺看来，这是导致1810年革命在巴希奥地区发生的根源。[1]

但是，也有学者对他的观点提出了质疑。例如，西蒙·米勒（Simon Miller）认为，18世纪，巴希奥地区的大庄园得到了来自矿业和贸易的资金输入，这表现在堤坝、水库、围栏、仓库的修建增加了。在市场需求的刺激下，通过增加投资扩大了耕作面积。由此增加了供应市场的商品性作物的生产，而非以玉米生产的减少为代价。相反，大庄园经济的商品化实则增加了庄园上的就业机会，1810年革命爆发后，也很少发生农民占领大庄园土地的情况，土地改革也不是伊达尔戈领导的农民运动的核心问题。[2]

墨西哥独立运动的另一个核心是瓜达拉哈拉。埃里克·范·杨指出，人口的增长和庄园生产的商品化，致使原来用作出租的土地被收回直接经营，同时农民利用森林和草场的传统权利受到了限制，对农民的

---

[1] John Tutino, *De la insurrección a la revolución en México, Las bases sociales de la violencia agraria, 1750–1940*.

[2] Simon Miller, "Land and Labor in Mexican Rural Insurrections," *Bulletin of Latin American Research*, Vol. 10, No.1, 1991, pp. 57–58.

生活造成了冲击。这种商品化的趋势"在印第安人村民来说是对他们作为独立农民地位的侵袭"①，但是，他同时指出，土地问题并非促使农民反叛的原因，独立运动并非一场统一的农民运动，因为经济发展太不成熟，尚不足以促使农民阶级意识的形成。他转向强调文化因素，认为"民众的意识形态和象征主义"是理解农民运动的关键。印第安人公社一直是作为农民的印第安人的个人和文化身份的根源，也是印第安遗产的化身。②埃里克·范·杨认为，18世纪，这种文化轴心也遭受了打击。对村庄土地的压力不仅导致了无产阶级化，同时也引发了去文化化（deculturation）的过程。村庄内部的分化、村庄的精英集团利用政治方式控制公共资源，摧毁了公社的同质性和集体性的传统自我形象。在这种背景下，公社处于解体的边缘，仅靠来自外部的威胁——如大庄园、国家，甚至是教会——而得以脆弱地维系在一起。正是这种反常的状态（anomie）和去道德化（demoralization）的"文化危机"可以解释为何印第安人农民响应和追随伊达尔戈，挺身起义。他们的行为不是出于对自身生存需要的更加精细的考量，而是针对他们所憎恨的象征，即"西班牙人"（los Españoles）。埃里克·范·杨（Eric Van Young）强调文化因素的作用，无疑对于理解农民的反叛具有重要的启示意义。从经济的角度来研究农民运动固然是必要的，但是文化因素也不容忽视。我们不仅要考察起义农民的经济背景，同时也要将其作为社会角色来看待，这样才能更为全面地理解其行为模式。

布雷恩·汉奈特（Brian Hamnett）认为，墨西哥农村反叛的根源很大程度上在于农民土地不足、农业商品化的发展以及农民与大土地所有

---

① Eric Van Young, "Moving Toward Revolt: Agrarian Origins of the Hidalgo Rebellion in the Guadalajara Region," Friedrich Katz, ed., *Riot, Rebellion and Revolution: Rural Social Conflict in Mexico*, Princeton: Princeton University Press, 1988, p. 82.

② Ibid., p. 183, p. 190.

者之间的冲突。布雷恩·汉奈特指出,以往对于墨西哥独立运动的研究中,关注点集中在精英政治和运动的领导人,忽视了参与伊达尔戈起义以及后来长期军事斗争的成千上万的民众,主要是农民的动机和感受、他们的组织方式,以及促使他们起来反抗的地方性的背景。为克服这一缺陷,布雷恩·汉奈特把研究的重点放在地方,而非总督辖区的首府;放在农村,而非城市。他以此来探讨独立运动的地方性根源,揭示这种根源与波旁王朝统治时期经济的不平衡发展导致的社会紧张局势之间的关系。他发现,独立运动发生的地区恰是那些长期和短期的经济变革对下层生活冲击最剧烈的地区。在经济不平衡发展的影响下,民众的不满一般源于人口增长和市场压力导致的生活水平的下降,而不同地区之间对于经济变革的反应差异甚大。在中部—北部—西部地区,人口增长、农业商品化、当地经济被商业渗透,对底层生活水平和经济稳定性的侵害比中部—南部地区更为严重。因而1810年后中部、北部和西部地区对革命的响应比中部—南部地区要更为积极。在布雷恩·汉奈特看来,墨西哥独立运动不仅源于地方,而且这场运动是短期的、偶然性的,是由1808年西班牙王室在拿破仑军队入侵下倒台而导致的。仅仅在很短暂的时间内,在伊达尔戈和莫雷洛斯的领导下形成了统一的运动,然后就迅速分裂为各自为战的力量,以不同地区状况、庇护网络和个人人格为基础,而非建立在统一的民族主义意识形态之上。布雷恩·汉奈特认为,这正是独立运动期间农民运动最后失败的重要原因。他指出,虽然莫雷洛斯以小规模的、更有组织的、机动性更强的武装力量取代伊达尔戈领导的无组织、无纪律的暴动民众,但是由于只能依赖于热带地区的后勤基础和地方卡西克(cacique,地方强人)的领导和支持,他对墨西哥核心地区的渗透和控制的能力被限制了,而这对于建立一个长期的中央政府又是必需的。以地方不同中心为基础的运动,一方面使得莫雷洛斯领导的运动能够坚持较长时间,另一方面也体现了其弱点。因为以地方为基地以及不可避免的与当地地主的联系，阻碍了这场运动成为一场激进的社会变革，也限制了其联合起来夺取中央政权的能力。由此，布雷恩·汉奈特得出结论，这场运动既未解决新西班牙的政治危机、获得政治独立，也没有消除墨西哥农村地区社会不满的根源。这些不满将在19世纪独立后墨西哥的多次农民运动中多次浮出水面。①

除了上述学者的研究外，威廉·泰勒（William Taylor）在对瓜达拉哈拉地区的盗匪和叛乱的专门研究中也提出了同样的观点。②理查德·加纳（Richard Garner）对于波旁时期墨西哥经济的研究认为农村地区的紧张局势更多的是源于收入分配状况的恶化，而非人口的压力。③上述论著仅仅是这一领域内部分代表性的研究成果，但从中也可以看出，墨西哥独立运动期间农民动员的根源和作用是极其复杂的历史问题，需要从多个角度进行考察，单一的解释显然是不够的。本章的目的是，在上述研究的基础上，仅仅通过考察18世纪后期墨西哥农村地区的社会经济和阶级关系的变化，探讨1810年独立革命爆发后农民运动的根源和影响。

二、18世纪后期农村社会经济结构的变革

美国学者海梅·E. 罗德里格斯指出："墨西哥独立的过程可最好被理解为当1808年西班牙王室瓦解时爆发的一系列运动。最初产生了

---

① Brian R. Hamnett, *Roots of Insurgency: Mexican Regions, 1570–1824*, Cambridge: Cambridge University Press, 1986.

② William B. Taylor, "Banditry and Insurrection: Rural Unrest in Central Jalisco, 1790–1816," Friedrich Katz, ed., *Riot, Rebellion and Revolution: Rural Social Conflict in Mexico*, Princeton: Princeton University Press, 1988.

③ Richard L. Garner and Spiro E. Stefanou, *Economic Growth and Change in Bourbon Mexico*, Gainesville: University of Florida Press, 1993.

两个广泛的运动：城市上层阶级要求自治的运动和农村反对剥削的暴动。"①也就是说，领导运动的土生白人上层与参加运动的以印第安农民为主体的社会下层有着截然不同的目标。早在1808年宗主国的政局变化引发殖民地争取独立的运动爆发前，墨西哥农村的社会矛盾就已经极为尖锐，社会抗议与反抗运动已经层出不穷。因此，伊达尔戈为代表的农村被边缘化的西班牙土生白人精英实际上是"加入了一场已经在进行之中的"暴动，大量的印第安农民参加起义，"更多的是出于当地的情况，而非出于他们表面上的领导人的意识形态关切"。②

独立战争前，墨西哥农村社会矛盾激化的根源在于18世纪以来墨西哥农业生产模式的变化。

西班牙征服前，墨西哥中部高原分散生活着大量的印第安人，以农业为生，向土著贵族缴纳赋税。西班牙殖民者完成对墨西哥的征服后，将在西印度群岛上推行的委托监护制（encomienda）移植到墨西哥。③土著贵族负责为殖民者征收赋税、征调劳动力，广大的土著农民并未受殖民者的直接统治，土地和生产仍由印第安农民控制。殖民者获取了财富，但并未彻底改变征服前的农村社会结构。但是，这种制度持续的时间并不久。西班牙王室担心委托监护制将使殖民者获得太大的独立性，削弱中央集权，因而试图削弱殖民者的权力；更重要的，由于旧大陆传播而来的天花等疾病致使印第安人口大量减少，委托监护制带来的经济利益

---

① Jaime E. Rodríguez O., "From Royal Subject to Republican Citizen: The Role of the Autonomists in the Independence of Mexico," Jaime E. Rodríguez O., ed., *The Independence of Mexico and the Creation of the New Nation*, Irvine: University of California, 1989, p. 20.

② Eric Van Young, "Agrarian Rebellion and Defense of Community: Meaning and Collective Violence in Late Colonial and Independence-Era Mexico," *Journal of Social History*, Vol. 27, No. 2, 1993, p. 247.

③ 关于委托监护制，最权威的研究参看：Lesley Byrd Simpson, *The Encomienda in New Spain: The Beginning of Spanish Mexico*, Berkeley: University of California Press, 1982.

大大下降。到16世纪中期，墨西哥的人口下降了一半，殖民地经济出现危机，殖民者的实力也随之下降。这为西班牙王室在殖民地设立的官僚机构加强国家的权力创造了机会。16世纪50年代起，殖民地的官员开始规范委托监护制下印第安人缴纳的赋税，并取消劳务征调。同时，政府官员与传教士一起，将幸存的、分散在广大农村的印第安人集中在一起，建立村社，以加强管理，同时促进基督教的传播。被重新安置的印第安人原有的土地如果与建立的村社临近，这些土地仍由他们所有；如果他们原来的土地距离村社较远，他们就在村社周围被授予新的土地。①

16世纪中期以前，西班牙殖民者对土地和农业活动没有兴趣。委托监护主满足于从印第安人那里收取贡赋。但是，大约在1550年以后，情况发生了改变。一方面，如上所述，由于印第安人口大量减少，也由于王室为加强中央集权，限制委托监护主的权力，委托监护权的经济价值大大下降了。另一方面，16世纪中期以后，新大陆的西班牙移民增加了，一些西班牙人市镇迅速扩大，对食品，特别是印第安人还不能立即提供的食品——如肉类、小麦、食糖、葡萄酒等——需求大增。与此同时，印第安人口的大量下降也空出了大量的土地。于是，西班牙殖民者要求王室授予土地，或非法占据土地，从事农牧业生产。1591年，王室颁布法令，凡非正当地从印第安人那里非法购买的土地和没有土地证的土地，都可以通过向国库交一笔费用而合法化。②西班牙人在占据的土地上建立了大庄园，生产粮食或放牧牛羊，产品供应城市或矿区。

这样，到17世纪中期，由于政府对印第安人的重新安置和向西班牙人授予土地，在墨西哥中部地区形成了这样一种农村社会结构：西班

---

① 董经胜：《19世纪上半期墨西哥的农业发展模式与现代化道路》，《史学集刊》，2012年第5期，第74—75页。

② 莱斯利·贝瑟尔主编：《剑桥拉丁美洲史》，第二卷，中国社会科学院拉丁美洲研究所组译，经济管理出版社1997年版，第168页。

牙人的大庄园占有大片优良的土地，穿插于庄园之间的是大量的印第安人村社，这些村社也拥有至少能维持其已经大大减少的人口生存所需要的土地。殖民政府虽然向殖民者授予了大量土地，但它也担心这些大庄园主的经济力量过于膨胀。通过向印第安人村社授予土地、法定的权利以及基本的生存保障，殖民政府在限制大庄园主权力的同时，一定程度上显示出对于印第安农民的保护。村社内部的土地分配是不平均的，土著贵族一般拥有大量土地，普通村社成员拥有的土地不足以维持家庭生存的需要，只好向附近的庄园出卖劳动力。于是，商品性的庄园与印第安人村社之间形成了一种共生的（symbiotic）剥削关系。由于土地紧张，村社农民如果不在庄园劳动赚取工资，则难以维生；庄园如果没有来自村社的劳动力，也不可能维持生产。两者之间通过这种不平等的关系连接在一起，而这种关系对于双方都是必不可少的。①

然而，进入18世纪中期后，一系列因素导致墨西哥的农业生产模式和农村社会关系发生了变化。

墨西哥的印第安人口在1630年左右下降到最低点，此后开始缓慢回升。在中部谷地，印第安人口在17世纪中期达到7万，1742年增加到12万，1800年又上升到27.5万。在尤卡坦，1730—1806年期间，印第安人口从13万上升到28万，增加了一倍还多。整个18世纪，墨西哥印第安人口增长了44%。②人口恢复的原因，主要是印第安人对于欧洲疾病，特别是天花和麻疹的免疫力增强。例如，1648—1650年，黄热

---

① John Tutino, *De la insurrección a la revolución en México, Las bases sociales de la violencia agraria, 1750–1940*, pp. 128–129. 董经胜：《19世纪上半期墨西哥的农业发展模式与现代化道路》，第75页。

② John Lynch, "Los Fectores Estructurales de las Crisis: La Crisis del Orden Colonial," Franklin Pease, G. Y., ed., *Historia General de América Latina*, Volumen II, Madrid: Ediciones UNESCO/Ediciones Trotta, 2003, p. 31.

病流行，因感染而丧生的西班牙人多于印第安人。①与此同时，随着墨西哥经济的繁荣，吸引了越来越多的西班牙移民。例如，1742—1793 年，半个世纪的矿业繁荣吸引大量西班牙移民涌入瓜纳华托，瓜纳华托监政官辖区（intendancy，大致相当于巴希奥地区）的人口增加了一倍半，瓜纳华托城的人口达到 5.5 万，超过了当时的纽约和波士顿。②

人口的增加，一方面增加了对食品的需求，扩大了农产品的市场，另一方面解决了长期以来的劳动力短缺的问题，庄园主有条件降低雇工的工资。18 世纪后半期，实际工资下降了大约 25%。③结果，大庄园的利润不断上升，而以印第安人为主的农民的生活水平严重下降。对于印第安人村社而言，原有的土地越来越难以养活不断增长的人口，村社内部、村社之间、村社与大庄园之间围绕着土地所有权和使用权而发生的争端不断增多。

到 18 世纪后期，村社人口已经对有限的土地资源构成严重的压力。村社内部的不平等加剧，许多村社内都出现了少数无地村民。即使是仍保有土地的村民，也越来越多地依靠在庄园出卖劳动力，越来越少地依靠自己的土地来维持家庭的生存。与此同时，随着人口增长对既有的资源带来更大的压力，一些土著贵族借机谋取个人利益。村社首领利用其对土地分配的控制权为自己和亲信多分配土地，报复异己。例如，1800 年前后，在圣格雷戈里奥－夸乌津戈（San Gregorio Cuautzingo），一小撮贵族控制了村社权力，其成员全是同族人，攫取了大片土地，足以在

---

① Alan Knight, *Mexico: the Colonial Era*, Cambridge: Cambridge University Press, 2002, pp. 206–208.

② David. A. Brading, *Miners and Merchants in Bourbon Mexico, 1763–1810*, Cambridge: Cambridge University Press, 1971, pp. 224–226.

③ Eric Van Young, *The Other Rebellion: Popular Violence, Ideology, and the Mexican Struggle for Independence, 1810–1821*, Stanford: Stanford University Press, 2001, p. 71.

满足自身消费需要之外，向市场出售多余产品。而其余的村社成员中，三分之二虽然仍保有土地，但地块太小，难以维持家庭生存必需；另外三分之一则完全失去了土地。

17世纪中期，墨西哥的银矿业一度萧条，但到90年代，萧条得以克服，铸币超过500万比索，达到以往最高纪录。此后，产量稳步上升，到1798年达到2400万比索，整个18世纪，墨西哥的白银产量增长了四倍。西班牙王室在推动银矿业复兴中发挥了重要的作用。总询察长何塞·德·加尔维斯（José de Gálvez）把水银的价格降低了一半，又增加了另一种王室专卖品火药的供应，把价格降低了四分之一。同时他还制定政策，许诺为需要大批投资的革新项目或是极具风险的新事业减免税收。在担任西印度事务大臣时，加尔维斯设立了矿业法庭来领导一个行业公会，对矿业内部的所有诉讼都拥有裁判权。新《矿业法》得以实施，法庭负责一个中央信贷银行，资助投资和革新。1792年，加尔维斯建立矿业学院，调配了一部分来自欧洲的矿业学家。除了这些措施外，这一时期人口增加，征募领取工资的劳动力没有什么困难；来自墨西哥城的商人和矿主合作，一笔笔周密的信用贷款支撑着银矿业。①

银矿业的增长扩大了对于农牧产品的需求。矿山工人不仅需要食品，而且需要大量的牛脂和皮革等物品，这为大庄园的产品提供了广阔的市场。

为了打击走私，保证西班牙独占殖民地的贸易收益，1778年10月12日，西班牙王室颁布了著名的《自由贸易法令》（Reglamento para el comercio libre），规定所有西班牙港口和除墨西哥、委内瑞拉之外的所有殖民地各省之间可以进行自由贸易。1789年，墨西哥和委内瑞拉也以同

---

① 莱斯利·贝瑟尔主编：《剑桥拉丁美洲史》，第一卷，中国社会科学院拉丁美洲研究所组译，经济管理出版社1995年版，第407—408页。

样的条件开放贸易。对殖民地之间的贸易限制也取消,虽然这种贸易大致局限于非欧洲商品。

自由贸易以及未能禁绝的走私贸易,促进了农产品的生产和出口。1796—1820年,墨西哥的年出口总量为1100万比索,其中白银占大约75%,胭脂虫红占12%,蔗糖占3%。在某些年份,例如1775年,胭脂虫红的出口几乎相当于白银出口的一半。在某些地区,尤其是沿海热带低地,开始生产面向出口的新作物,例如在格雷罗的低地、哈里斯科和科利马的太平洋沿岸、尤卡坦和韦拉克鲁斯热带地区开始生产棉花。在莫雷洛斯,18世纪90年代,蔗糖业得到恢复和发展,以填补海地革命后空出的市场。[1]

市场的扩大、劳动力供应的过剩,极大地刺激了大庄园的农业生产。来自矿业和商业的利润投向了农业。原来用作牧场的土地,大量转向种植作物。同时,大庄园为了扩大生产规模,不断侵吞村社的土地,庄园与村社之间围绕着林地、水源、牧场的边界争执不断增多。大庄园还进一步提高租佃农的租金,迫使很多租佃农放弃土地,沦为庄园雇工。庄园主为了利润,贫困的印第安农民为了基本的生存权,双方不断发生冲突。越是在那些市场扩大带来经济机会增加的地区,这种冲突越剧烈。

三、庄园雇工、村社农民的生存危机与独立运动

1545年后,在巴希奥以北山区的萨卡特卡斯(Zacatecas)、瓜纳华托等地相继发现了银矿。矿业城镇的兴起带动了对于农产品和畜牧产品的需求,而矿区附近干旱的地域却无法满足。因此,16世纪60年代后,西班牙人开始在巴希奥地区殖民,发展农牧业,满足不断扩展的矿业城

---

[1] Alan Knight, *Mexico: the Colonial Era*, p. 221.

镇的需求。到17世纪30年代,巴希奥地区有三百多家庄园,生产大量的小麦、玉米以及畜牧产品,不仅满足当地市场,而且供应北部的矿业中心。其中商品农业最发达的是东部盆地平原地带,即塞拉亚和附近城镇周围地区。在这里,137家庄园生产大量的玉米和小麦以及部分牲畜。西部的盆地,即伊拉普亚托(Irapuato)、莱昂(León)、锡拉奥(Silao)等城镇周围地区,相对欠发达,主要生产玉米,并饲养一定数量的牛。圣米格尔和圣费利佩(San Felipe)周围的北部高地,存在着许多小规模的玉米生产主,他们的周围是大规模的牧场。西南部高地基本上尚未有人定居。[①]

1560—1635年间,银矿业的繁荣,巴希奥地区农牧业庄园产品市场的扩大,刺激了西班牙人庄园的生产,但劳动力短缺的问题一直困扰着庄园主。由于这里没有大量定居的印第安人,劳动力主要是从墨西哥城和特拉斯卡拉(Tlaxcala)周围迁来的已被征服并被基督教化的印第安人。也有部分梅斯蒂索人和穆拉托人(黑白混血种人)来到巴希奥。有的到城镇的纺织作坊做工;有的占据或租佃一小块土地,经营小农场,主要依靠家庭成员劳动,只有极个别人雇佣印第安人劳动力;还有部分梅斯蒂索人和穆拉托人沦为大庄园上的依附性劳动力。在大庄园上,印第安人(以及部分混血种人)最初主要是西班牙人的常驻雇工(被称为laboríos),绝大多数常驻雇工居民点都很小,通常不到10户家庭。也有的是作为租佃农(被称为terrazgueros)居住在西班牙人庄园上,向西班牙人每年缴纳部分租金,换取一小块土地耕种,维持生存。与常驻雇工相比,租佃农具有相对的独立性,但是二者都依附于控制着土地资源和地区政治生活的大庄园主。

---

① John Tutino, *De la insurrección a la revolución en México, Las bases sociales de la violencia agraria, 1750–1940*, p. 55.

因为当时墨西哥中部和南部地区印第安人口大量下降，印第安人还没有来自土地的压力。因此，要吸引印第安人前来，巴希奥的庄园主不得不向庄园的劳动力提供较高的工资、玉米配给、免费耕种庄园的小块土地等较其他地区更优惠的劳动和生活条件。1640年后，由于生产过剩，农产品价格下降，农牧业庄园的利润减少，经济陷入衰退。但是，从中南部向巴希奥地区的移民并未因此中断，而且，由于劳动力依然短缺，新来的移民的劳动和生活条件并未恶化。D. A. 布拉丁对于莱昂地区的研究表明，1640年后移居到莱昂地区的一些外来人依然能够得到一小块土地，成为小农场主，虽然不够富裕，但一般能够维持相对较为舒适的生活。① 当然，在17世纪，能够成为小农场主的总在少数，绝大多数成为大庄园上的常驻雇工或租佃农。然而，这些依附于庄园主的常驻雇工或租佃农在1640年后的经济萧条时期仍享有较好的待遇和工作条件。例如，在克雷塔罗周围的圣克拉拉（San Clara）女修道院经营的六家庄园上，每个常驻雇工的月工资在6比索以上，另外还有免费的玉米配给，这个收入水平明显高于当时人口密集的墨西哥城周围地区。② 更重要的，墨西哥城周围地区的庄园仅在每年的农忙季节从周围的印第安村社雇佣劳动力，但在巴希奥，由于劳动力短缺，雇工是常年被雇佣的。这些雇工通常都欠有庄园主相当数量的债务，由此成为庄园的债役雇农。传统观点认为，"债务劳役制是这样一种制度：没有良心的庄园主通过它以最小的花费从一支受控制的劳动力榨取最大量的劳务"③。但是，新的研究表明，雇工之所以负债，是由于他们得到了超出工资以外的物质或现金

---

① David A. Brading, *Haciendas and Ranchos in the Mexican Bajío, León, 1700–1860*, Cambridge: Cambridge University Press, 1978, p. 171.

② John Tutino, *De la insurrección a la revolución en México, Las bases sociales de la violencia agraria, 1750–1940*, pp. 59–60.

③ 莱斯利·贝瑟尔主编：《剑桥拉丁美洲史》，第二卷，第408页。

收入。布拉丁对莱昂地区的研究表明，雇工以债务的形式获得工资以外的收入，反映了庄园主以此来吸引和稳定劳动力的需要，债务对雇工的强制性约束力是很小的。在圣克拉拉，10%的雇工在离开庄园时并没有还清所欠的债务。①

但是，18世纪后半期，情况发生了变化。矿业在经过一段衰退期后再度繁荣，庄园商品性农业生产迅速扩大，利润激增，而印第安人口恢复增长，劳动力供应过剩。这些因素直接导致了印第安人生活条件的恶化。

从利润高昂但风险较大的矿业中获取财富，然后投资于利润一般但风险较小的农牧业地产，一直是墨西哥精英集团的传统。在莱昂地区，从大约1740年开始，一些白人将矿业中获取的利润投资购买农村地产，那些被不断扩张的大庄园所挤占、又因子女分散继承（与大庄园不同，小农场一般不实行长子继承制）而支离破碎的小农场往往被有钱人买下。大庄园进一步扩展，小农场逐渐减少，失去土地的小农场主往往沦为大庄园上的租佃农或常年雇工。②

随着农产品市场的扩大，庄园的生产模式也发生了变化。在16世纪，巴希奥地区的绝大多数庄园以放牧牲畜为主，生产谷物为辅。1570—1635年间，随着第一次矿业繁荣，低地地区生产谷物的土地面积增加，而畜牧业转移到高地地区。到18世纪后半期，谷物生产范围进一步扩大，畜牧业被挤到更加边缘的地带。面向城市和矿区的食品生产——小麦、水果、蔬菜等——占据了巴希奥地区最肥沃的、可灌溉的土地，而贫困的农村人口的主要食物玉米的生产则被迫转移到贫瘠的、得不到灌溉的土地上。畜牧业基本上被挤出巴希奥，原来的牧场被用来生产玉米。在

---

① David. A. Brading, *Haciendas and Ranchos in the Mexican Bajío, León, 1700–1860*, pp. 112–113.

② Ibid., p. 171.

东部盆地最早发生了这一生产模式的转变，到 1785 年，这里生产的小麦已经是玉米的三倍。在后来伊达尔戈领导的农民起义爆发的东北部高地，这一转变来得稍晚。直到 1720 年，圣米格尔仍主要生产羊毛等畜牧业产品，小麦、玉米等农作物产量仅占总产量的不到 20%。但到 1740 年，农作物产量已上升到 30%。1750 年后，谷物产量从未低于总产量的 60%，18 世纪末更达到 80%。也就是说，在半个世纪的时间里，圣米格尔从一个以生产畜牧业产品为主的地区转变为一个生产谷物为主的地区。多洛雷斯位于圣米格尔正北，远离巴希奥盆地的富饶地区。最初，这里的干旱的土地主要放牧来自巴希奥中心地区的牲畜。但在 1760 年后，即使多洛雷斯周围最贫瘠的土地也迅速转而种植玉米。到 18 世纪末，巴希奥地区农业生产模式的转变基本完成了。最富饶的、得到灌溉的土地集中生产小麦、水果和蔬菜等，以满足城市和矿区的市场需要，而广大农村人口的主要食物玉米的生产则被转移到边缘地带、原来用作牧场的土地，牧场则转移到巴希奥以北更加干燥的草场。①

这一转变背后的动力是瓜纳华托银矿业繁荣带来的农产品市场的扩大，而农业人口的迅速增长则为这一转变创造了条件。相对于畜牧业，谷物生产需要更多的劳动力。17 世纪中期以后，墨西哥中部主要居民为印第安人的地区，人口开始从最低点回升。巴希奥地区肥沃的土地吸引来自中部的印第安人到此安家落户，使这里的居民人数在 17 世纪后半期增加了四倍半。②18 世纪后，人口继续增长，1742—1792 年，巴希奥地区的人口从 165 140 人增长到 397 924 人。③在劳动力短缺现象消失

---

① John Tutino, *De la insurrección a la revolución en México, Las bases sociales de la violencia agraria, 1750–1940*, p. 66.

② 莱斯利·贝瑟尔主编：《剑桥拉丁美洲史》，第二卷，第 29、32 页。

③ David A. Brading, "La Estructura de la Producción Agrícola en el Bajío de 1700 a 1850," *Historia Mexicana*, Vol. 23, No. 2, 1973, p. 201.

的情况下，18世纪后半期农业生产模式的变化使得庄园上劳动力的生活处境急剧恶化。

常年雇工的工资严重下降。位于克雷塔罗以南20公里的拉巴兰卡庄园（La Barranca）是巴希奥地区一座典型的庄园。1768、1770、1776年的庄园账目显示，50个常年雇工的收入自17世纪以来大大下降了。绝大多数常年雇工每月工资为4比索，而一个世纪前，在位于同一地区的圣克拉拉（Santa Clara）庄园，常年雇工每月工资为6比索。18世纪末，拉巴兰卡庄园的雇工必须每月干满30天才能得到足额的月工资。绝大多数人每年平均干270天，仅能得到9个月的工资36比索。与上一个世纪相比，收入水平明显下降了。①

然而，与其他农村劳动者相比，常年雇工还属于幸运者。他们的工资虽然下降，但没有失业，并每周获得工资之外的玉米配给，以及以债务的形式获取的额外收入。当然，这两种形式的收入也比前一个世纪减少了。但是，随着巴希奥地区农业生产模式的加速转型，常年雇工在农村人口中所占比重越来越少，租佃农则越来越多。例如，18世纪60年代末，在拉巴兰卡庄园的高地上，生活着53家租佃农。他们开垦原来的牧场和林地耕种，向庄园主交纳租金。附近的圣卢卡斯庄园（San Lucas）上，生活着60户租佃农。1783年，位于莱昂和圣费利佩之间亚巴拉庄园（Ybarra）上，有42户租佃农。这些租佃农租种庄园边缘一块很小的贫瘠土地耕种维生。如果风调雨顺，他们尚可生产足够的玉米供家庭成员果腹，甚至有一小部分剩余拿到市场上销售。但是，如果遇到霜冻、干旱等不利气候，他们则无力糊口，只得在庄园做季节性的劳动力贴补生活，而季节性劳工的工资比常年雇工还要低。此外，庄园上还

---

① John Tutino, *De la insurrección a la revolución en México, Las bases sociales de la violencia agraria, 1750–1940*, p. 70.

有一些赤贫的居民（被称为 arrimados），主要依赖于在庄园做季节性劳工为生。与常年雇工比较，租佃农和赤贫居民的处境更加艰难。庄园将最肥沃的土地用以生产小麦和蔬菜等商品性作物，玉米则主要由这些租佃农在最贫瘠的土地上生产，因此，玉米产量越来越不稳定，价格持续上升，而工资却在下降，一旦遇到自然灾害，玉米减产，就会发生严重的饥馑，致使大量的贫困人口死亡。

1785—1786年，持续的干旱，加上1785年发生的霜冻，造成农业严重减产。在莱昂地区，1785年秋季的产量仅及上一年的六分之一或七分之一，不到1782年产量的十分之一。玉米价格陡升，造成了一场严重的饥馑，致使巴希奥地区大量人口死亡，仅1786年就有8.5万人丧生。但是，这场灾荒对整个经济生活的影响并不大，1785—1787年，白银生产下降了不到五分之一，到1788年又恢复增长，对外贸易一如既往。①原因在于，矿区的供应主要由肥沃的、得到灌溉的大庄园满足，受自然灾害的影响较轻，真正的受害者是以玉米为生的农民。表面上看，饥馑是由自然灾害造成的，但最根本的原因在于农业生产模式的转变。如上所述，18世纪后期，为了满足城市和矿区的市场需要，获取更高的利润，庄园将最肥沃的、可灌溉的土地转向小麦和蔬菜等作物的生产，玉米生产则转由贫困的租佃农在边远地带的贫瘠土地上进行，玉米产量赶不上人口的增长，这才是饥馑的真正原因。

1785—1786年的饥馑并未减缓巴希奥地区农业生产模式转型的步伐。18世纪90年代和19世纪初，由于谷物价格上升，庄园主提高租佃农的租金，租佃农如果抵制或者无力缴纳，则被逐出庄园。被逐出后，他们只好在更加边缘的牧场或林地租用、开辟新的土地耕种。结果导致

---

① D. A. Brading, *Haciendas and Ranchos in the Mexican Bajío, León, 1700–1860*, pp. 189–190.

地力迅速耗竭、产量下降、生存艰难。而他们原来租种的土地，则往往被并入庄园，生产小麦、水果、蔬菜等商品性作物。庄园主获取了更多的利润，而满足农村居民需要的玉米生产进一步下降。1808—1810年，又一场严重的旱灾袭击巴希奥，玉米大量减产，再次引发饥馑。正如1785—1786年的饥馑期间一样，大庄园主不是将自己的储粮投放市场赈灾，而是囤积起来，以期高价，以下层民众的疾苦为代价，牟取暴利。农民的处境和怨恨情绪达到了顶点。正是在这种背景下，1810年9月，伊达尔戈领导发动了武装起义，巴希奥地区大量生活无望的农村民众加入了起义队伍，成为起义军的主力。埃里克·范·杨通过对独立战争时期被俘起义者的审讯档案的研究表明，生活贫困是驱使大量农民参加起义的最主要原因之一。例如，一名被捕的起义者供述，参加起义军每天可得到4雷亚尔（real，1比索合8雷亚尔），大体上相当于墨西哥中部地区农业工人工资的两倍。①

早在独立运动爆发前，墨西哥各地农民的反抗运动已经此起彼伏。1809年，在普埃布拉的乔卢拉（Cholula）和阿特利斯科（Atlixco），恰尔乔阿潘（Chalchoapan）的印第安人占据了波特瑞拉庄园（Portezuela）的土地。1806—1808年，在多洛雷斯东北58公里的圣路易斯波托西，查尔卡斯（Charcas）、萨利特里（Salitre）、帕尔米利亚斯（Palmillas）和卡普林（Capulín）的庄园主抱怨，他们的土地遭到来自西楚（Sichú）和西埃奈古里亚（Cieneguilla）的印第安人的武力侵犯。1809年，在瓜纳华托的比利亚－德圣费利佩（Villa de San Felipe），哈拉尔庄园（Jaral）修筑篱笆，以阻止来自布拉沃农场（Rancho de Bravo）的居民占领他们号称自1743年以来一直租种的土地和水源，由此引发了1810年4月和5

---

① Eric Van Young, *The Other Rebellion: Popular Violence, Ideology, and the Mexican Struggle for Independence, 1810–1821*, pp. 87–88.

月的暴力冲突。在墨西哥城附近的塔库瓦(Tacuba),1809—1812年的旱灾期间,维斯基卢卡(Huisquiluca)的村民与私人地主之间围绕着水源的权利之争,一直持续不断。① 独立运动爆发前,此类事例已屡见不鲜。

正是在这种深刻的社会不满和严重的生存危机的形势下,1808年,拿破仑大军入侵西班牙,西班牙王室倒台,由此引发了墨西哥独立运动。巴希奥地区成为革命风暴的核心。

1810年,在巴希奥重要的政治和工业中心克雷塔罗,一场克里奥尔人暴动正在密谋之中。只有两名密谋者属于克里奥尔地方精英的上层圈子成员,密谋者试图争取其他知名的克里奥尔人参与,但被拒绝。大多数密谋者属于"被边缘化的精英",一些在困境中挣扎的地主、一名杂货商、一名庄园管家、一名教区牧师。从一开始,密谋者就打算动员印第安人和混血种人参与。如果说绝大多数密谋者的目标是为了建立一支军队,那么米格尔·伊达尔戈则对社会下层具有真正的同情心。伊达尔戈于1753年生于墨西哥城西北的瓜纳华托,曾担任位于瓦利阿多利德(今莫雷西亚)的圣尼古拉斯神学院的院长,1803年起担任多洛雷斯镇的牧师。伊达尔戈思想自由,对科学拥有浓厚的兴趣,曾着力在他的教区内发展工业,因此,早就拥有很高的知名度,并且引起了当局的注意。

起义原计划在10月初发动,但在9月的头两个星期,保王当局从不同的来源获得了反叛的消息。于是,密谋者举行紧急会议,决定提前举行起义。9月16日,星期日,许多印第安人正纷纷来到城镇教堂做礼拜。伊达尔戈让人敲响教堂大钟,发表了著名的"多洛雷斯呼声",号召人民参加起义,保卫宗教,摆脱"半岛人"的束缚,废除贡税等。但同时,伊达尔戈宣布拥护被法国人废黜和监禁的国王费尔南多七世。起义得到人

---

① Brian R. Hamnett, "The Economic and Social Dimension of the Revolution of Independence in Mexico, 1800–1824," *Ibero-amerikanisches Archiv*, Neue Folge, Vol. 6, No. 1, 1980, pp. 5–6.

民的广泛响应,不到两个星期,起义者已达到几千人。在伊达尔戈的率领下,起义军向矿业和工业中心瓜纳华托进军。进军途中,伊达尔戈得到一面印有瓜达卢佩圣母肖像的旗帜,宣布瓜达卢佩圣母是起义者的保护神。9月28日,在几千名矿工的帮助下,起义者占领瓜纳华托。西班牙官吏、民兵和当地精英撤退到一个大谷仓内固守,等待援军。但谷仓很快被起义者攻破,守卫者被杀。随后,起义者对瓜纳华托进行了两天的洗劫,几百名西班牙人被杀。瓜纳华托的屠杀和洗劫暴露了伊达尔戈与起义民众之间的分歧:前者的目标是在克里奥尔人的控制下实现墨西哥的自治或独立;后者是为了复仇和实现社会公正,他们反对一切白人,既包括"半岛人",也包括克里奥尔人。在瓜纳华托的事件发生后,绝大多数克里奥尔人占到了起义的对立面。

取得初步的胜利后,伊达尔戈签署法令,宣布废除奴隶制,废除印第安人和混血种人每年缴纳的人头税。三个月后,在瓜纳华托的总部,伊达尔戈首次、也是唯一一次提到土地问题。他命令将该城附近被西班牙人租借的印第安人公共土地归还印第安人,希望"只有在各自村社的印第安人才享有这些土地的使用权"①。这些改革措施虽然极为温和,但赋予了墨西哥革命人民运动的色彩,这是南美洲的独立革命所不具备的,但同时,这些措施也疏远了许多渴望自治或独立但反对社会革命的克里奥尔人。另一方面,这些措施又不够激进,难以满足参加起义的农民和工人的基本要求。由于没有明确的社会和经济改革计划,起义者通过对白人杀戮、抢劫发泄自己的愤懑。伊达尔戈显然无力将这支乌合之众改造成一支纪律严明的队伍。

1810年10月28日,伊达尔戈率领8万人的起义军到达墨西哥城近

---

① Eric Van Young, *Hacienda and Market in Eighteenth-Century Mexico*, Berkeley: University of California Press, 1981, p. 292.

郊。击败了一支保王派军队之后，起义军在城外驻扎了三天，要求总督投降，但被拒绝。伊达尔戈没有下令进攻这座几乎毫无防御的首府，而是下令向克雷塔罗撤退。原因在于，伊达尔戈担心，一旦占领墨西哥城，将可能发生以前那样的屠杀和抢劫；或者，伊达尔戈认为，没有当地农民的支持，他无力控制这座巨大的城市。他的担心是有道理的。殖民地晚期，人口的增长、银矿业的繁荣、西班牙王室的自由贸易政策，为庄园主、村社首领、商人带来了获利的机会，而普通的印第安人村社成员却陷入了生活的困境。村社内部、村社之间、村社与庄园之间零星的暴力冲突不断增加。但是，这种冲突在墨西哥不同的地区造成的后果是不同的。与巴希奥地区不同，在中央谷地，殖民地的农村社会结构尚有能力消化和吸收这种压力与冲突。因为如上所述，庄园与村社之间是一种虽不平等但相互依存的共生关系。没有村社农民提供的廉价的季节性劳动力，庄园无法盈利；同样，随着农民人口的增加，没有来自在庄园劳动的工资所得，村社农民也难以生存。倘若某个庄园主为了快速致富试图侵占村社的土地，村社农民往往能够得到其他庄园主在资金或司法上的援助。因为很多庄园主认识到，使村社失去土地不符合庄园的整体利益。庄园仅在某些季节需要村社劳动力，而在其他季节，村社土地可以维持这支劳动队伍，不必由庄园付出任何代价。殖民政府也在某种程度上对村社的土地加以保护。殖民征服之初，殖民地的官员就担心征服者的自主权过于膨胀。限制征服者权力的一个有效途径就是保护与之抗衡的村社。殖民地法庭通常捍卫村社至少维持最基本生存的土地所有权和最低限度的自主权。也就是说，由此形成的农业生产模式和农村社会结构中，村社和庄园相互对立又相互依存，二者之间的平衡由殖民地政府负责协调。村社、庄园、殖民地的官员都不想打破这种平衡关系。因此，1810年，伊达尔戈领导的起义队伍抵达墨西哥中央地区时，这里的绝大多数农民待在家里，而当地贵族则在墨西哥城的媒体上发布公告，宣布他们的村社忠于殖民政府。18世纪末，虽然中央地区的农民反抗庄园主侵占村社土地和政治自主权利的地方性抗议、骚动，甚至零星的暴力事件不断增多，但是绝大多数争端仅仅引起短期的、示威性的暴力事件，并最终在殖民地的法庭上得到解决。直到1810年，暴力性的武装起义对于中央地区的村社农民没有吸引力。

从墨西哥城撤军，使起义军失去了获胜的最好机会。11月7日，起义军在阿库尔科附近与保王军遭遇，惨遭失败。随后，伊达尔戈和另一起义领袖阿连德兵分两路；伊达尔戈前往巴里亚多德，再去瓜达拉哈拉；阿连德前往瓜纳华托。

与墨西哥城周围的中部地区不同，伊达尔戈领导的起义在瓜达拉哈拉得到了热烈的响应。瓜达拉哈拉是哈里斯科地区（在殖民地时期被称为新加利西亚）最重要的城市。最初，瓜达拉哈拉城的规模较小，周围地区的农业人口也不密集。由于印第安人较少，同时也没有发现贵金属，被吸引到这里定居的西班牙人也不多。18世纪以前，哈里斯科的商品经济并不发达。西班牙人一般经营畜牧业，因为与种植作物相比，放牧牲畜所需要的劳动力较少。印第安村社农民靠种植作物和制造手工产品为生，如果不通过强制，他们很少到西班牙人的庄园上劳动。

然而，进入18世纪后，瓜达拉哈拉迅速从一个落后的、死气沉沉的小镇发展为一个欣欣向荣的城市，1700—1820年，人口从5000人增长到4万人，殖民地晚期的增长速度更快，仅在1793—1813年，城市人口就增长了一半。到1793年，瓜达拉哈拉成为新西班牙总督辖区居墨西哥城、普埃布拉和瓜纳华托之后的第四大城市。殖民地末期和独立后初期，大量人口持续不断地从农村移居到城市，导致瓜达拉哈拉城市发展的动力来自其作为新加利西亚的行政中心、墨西哥西部和西北部的商业中心、该地区的金融中心、周围广大地区的制成品供应中心的多重地位。到19世纪初，瓜达拉哈拉已成为墨西哥重要的纺织品生产地，在棉织品方面几乎可与普埃布拉抗衡。导致18世纪人口普遍增长的另一个原因是17世纪中期后印第安人口的恢复增长和混血种人口的增加。①

随着人口的增加,瓜达拉哈拉对于农牧产品的需求急剧上升。例如,大约在1750年前后,牛肉的消费缓慢增加,尽管价格在上升;人们同时消费了大量羊肉。城市贫民和劳动人口的基本口粮玉米的消费几乎增长了一倍,从18世纪中期的4.5万发内格(fanega)增长到19世纪初的8万发内格。从1750年到1810年独立战争期间,小麦和面粉的消费增长了7倍到8倍。②

城市对于农产品的需求主要是通过商品性的大庄园的扩张而实现的。在强有力的城市市场需求的刺激下,加上来自不断扩展的矿业、制造业和商业部门的资金注入,以及丰富的劳动力储备,庄园生产迅速扩大,由此导致了农村地区一系列深远的经济和社会变革。进入18世纪,从庄园的生产来看,最重要的变化是从传统的、粗放型的畜牧业向劳动密集型的谷物生产的转变。以往,瓜达拉哈拉地区生产的牛和其他牲畜主要销往人口更加密集的新西班牙中部和南部,而非在本地消费。但是,1700—1800年,从新加利西亚(瓜达拉哈拉及其周边地区)每年销往外地的牛从2万头减少到1万头,其他牲畜的销售也呈现出类似的趋势。同时,销往外地的牲畜越来越多地产于距离瓜达拉哈拉城市距离更远的地区。这说明,瓜达拉哈拉城市本身越来越多地消费了原来销售到外地的牲畜,特别是牛,或者瓜达拉哈拉城市周边地区的土地越来越多地由畜牧业转向谷物生产。从土地的价值变化上也可看出这一趋势。甚至到18世纪中期,作为农业生产要素,瓜达拉哈拉地区的土地相对而言是充足和便宜的。18世纪上半期,瓜达拉哈拉地区的土地价值只有普埃布拉、

---

① Eric Van Young, "Moving Toward Revolt: Agrarian Origins of the Hidalgo Rebellion in the Guadalajara Region," pp. 186–187.

② Ibid., p. 187.

特拉斯卡拉的十分之一，到 18 世纪 60 年代，墨西哥城周围的土地价值也大大高于瓜达拉哈拉周边地区。但是，18 世纪末，情况发生了根本性的变化。瓜达拉哈拉周围的土地价格，特别是那些拥有大量资本投资的土地价格，急剧上升。例如，1763—1793 年，瓜达拉哈拉西部的阿美加谷地（Ameca valley）的卡维松–拉维加庄园（El Cabezón-La Vega）的价值在三十年的时间内增长了 500%，该庄园的拥有者是来自罗萨里奥的一名前矿主曼努埃尔·卡里科思托·卡涅多（Manuel Calixto Cañedo）。土地价值的上升源于庄园主投入的资本增加和充足的劳动力供应。殖民地晚期，庄园投入了大量的资金修建仓储、篱笆、灌溉设施，目的在于增加谷物生产。以位于查帕拉湖（Lake Chapala）附近的维霍提坦庄园（Hacienda de Huejotitán）为例，1759 年，牲畜占庄园全部资产总值的 61%，到 1808 年下降到 22%。此前庄园以生产牲畜为主，原因一方面是谷物市场需求有限，另一方面也是受到劳动力的供应的限制。①

但是，17 世纪中期后，印第安人口下降的趋势停止了，并恢复增长。随着城市对庄园产品的需求增加、劳动力更易获得，投资于生产商品性作物的庄园更加有利可图了。但是，值得注意的是，在瓜达拉哈拉，村社居民虽然也向庄园提供季节性的劳动力，但占庄园劳动力的比例很小，通常不到 10%。这与墨西哥城周围的中部谷地地区完全不同。也就是说，在瓜达拉哈拉，庄园与村社之间不存在一种相互依赖的关系。18 世纪后期，大庄园的主要劳动力来自庄园常驻雇工。庄园常驻雇工（被称为 sirviente）每月工资 4 比索，加上足够的玉米配给。一般情况下，庄园雇工每年欠庄园的债务为一到两个月的工资，这意味着，他们在工资之外还可得到 5 比索到 10 比索的商品或现金。这些债务并不能阻碍他们离

---

① Eric Van Young, "Moving Toward Revolt: Agrarian Origins of the Hidalgo Rebellion in the Guadalajara Region," pp. 190–191.

开庄园，很多雇工在未偿清债务的情况下在不同庄园间流动。瓜达拉哈拉周围的中等庄园内生活的家庭一般拥有约 200 人，能提供 50 人到 70 人的固定劳工。大庄园一般拥有 600 人到 1000 人，提供 150 人到 400 人的固定劳工。① 由于享有较高的工资和安全感，庄园雇工的生活条件远高于巴希奥，因此，毫不奇怪，1810 年后，在这里，庄园雇工中没有发生大规模的反抗和暴动。②

对社会的不满主要来自印第安人村社。18 世纪后期，随着庄园生产的扩张，村社人口的增加，村社土地越来越不能养活不断增加的村社人口，村社与大庄园之间、村社内部的土地争端持续增多。实际上，在 18 世纪，大庄园为了扩张规模兼并村社土地的情况较少。更多的情况是，庄园和村社之间围绕着此前双方都不感兴趣的边缘土地发生争执。随着人口的增加，这些土地对于村社居民而言日益重要。为了贴补生活，村社居民在这些土地上砍柴、制砖、烧制陶器、采石、烧制木炭等，甚至种植作物。同时，由于庄园原来用作牧场的土地转向谷物生产，庄园需要在这些边缘土地上放牧牲畜。双方之间的争端频繁发生。村社内部的分化也日益严重。村社贵族利用职权，侵吞公共土地或者其他村社居民的土地。例如，位于特拉霍穆尔科（Tlajomulco）的圣克鲁斯村社（San Cruz）的弗朗西斯科·米盖尔（Franscio Miguel），在 1743 年去世之前已经积聚了大量的土地，包括 18 块耕地（多数是从本地其他印第安人居民手中购得），拥有几百头牲畜、大量的农具和两座小房子。③ 在人口增加和土地紧张的压力下，印第安人村社经济在很大程度上从过去面向城

---

① Eric Van Young, *Hacienda and Market in Eighteenth-Century Mexico*, pp. 245–269.

② John Tutino, *De la insurrección a la revolución en México, Las bases sociales de la violencia agraria, 1750–1940*, p. 150.

③ Eric Van Young, "Moving Toward Revolt: Agrarian Origins of the Hidalgo Rebellion in the Guadalajara Region," p. 197.

市市场生产谷物，特别是玉米，转向出卖劳动力或者生产劳动密集型的手工产品和农产品。1750年之前，印第安村社生产的玉米在满足自身消费后，还将剩余部分销往瓜达拉哈拉的市场，但到18世纪后半期，玉米产量满足基本的需要已成严重问题。1785—1786年，一场严重的干旱袭击墨西哥，玉米大量减产，灾荒致使大量村社居民丧生。在萨尤拉（Sayula）周围的一些村庄，当地牧师估计，大约三分之一的印第安人因饥饿致死。这样，18世纪末，饥饿的村社居民与大庄园之间围绕着土地资源的冲突不断升级。在他们看来，这场饥荒与其说是一场自然灾害，不如说是一场社会危机。他们的怨恨矛头，直接指向了当地的大庄园主。1809—1810年发生在巴希奥的饥馑虽然没有波及至此，但伊达尔戈起义的消息传来，当地随即爆发了农民暴动，参加者主要是村社居民。

1810年12月至1811年1月，伊达尔戈在瓜达拉哈拉整编军队，人数又扩大到8万人。1月17日，他率军在瓜达拉哈拉城外的卡尔德隆桥（Puente de Calderón）与卡列哈率领的保王军主力战斗。但是，起义军遭到失败。3月，在向北部逃亡过程中，伊达尔戈和他的主要军官们在科阿韦拉被捕，于7月30日被处死。

由以上的分析看出，1810年爆发的墨西哥独立运动期间农民起义的直接导火线虽然是西班牙国内政局的变化，但有着深刻的社会根源。18世纪后半期农村地区商品经济的发展，大庄园的扩张，生产模式的转变，严重危及了庄园雇工和租佃农、村社农民的生存，正是在这种社会背景下，由伊达尔戈等被边缘化的土生白人上层领导的起义才得到了如此众多的农民参加和支持。越是在商品经济发达的地区，农民的处境越是困难，起义得到的支持越强，参加起义的农民越多。由于土生白人领导者与下层农民之间的目标不一致，许多地区（如墨西哥中部谷地、圣路易斯波托西等地）的农民仍站在政府军一边，1811年，伊达尔戈领导的农民起义失败。

此后，何塞·马里亚·莫雷洛斯继续领导墨西哥的农民运动。莫雷洛斯出生在米却肯一个贫苦的梅斯蒂索人家庭，年轻时当过骡夫。后来通过学习成为一名神甫，被派到米却肯贫苦的印第安人教区。1810年10月，他在瓦利阿多里德（Valladolid，现在改为莫雷利亚［Morelia］以纪念莫雷洛斯）加入伊达尔戈领导的起义。受伊达尔戈的派遣，他在自己熟悉的太平洋沿岸热带地区发动起义。很快，他得到了一些庄园主的支持，并招募了一支主要由穆拉托人组成的、灵活机动的武装。参与莫雷洛斯起义的人员成分较为复杂，一些庄园主率领他们的雇工加入起义军，也有一些村庄的农民参与。这与太平洋沿岸低地的社会经济结构有关。与高地地区相比，在整个殖民地时期，这里的印第安人口相对稀少。16世纪晚期，西班牙人开始在这个炎热、潮湿的地区占据土地，建立庄园，种植商品性作物，如甘蔗、可可、棉花、靛青和大米等。但是，由于地广人稀，未被西班牙人的庄园占据的土地仍足以满足当地农民的需要。前往庄园做工对当地农民也没有什么吸引力，庄园只好依赖于自非洲进口的黑人奴隶作为劳动力。

但是，18世纪晚期，因大量外部人口的移居，太平洋沿岸低地地区的人口迅速增加。虽然此地人口相对稀少，但是这些外来者发现，只有具备一定经济实力的人才有可能购买土地，建立庄园；同时，也只有当地人才能作为村庄成员拥有土地。因此，绝大多数外来者别无选择，只得成为依附于庄园的劳动力。少部分人成为庄园的常驻雇工，更多的人成为佃农（tenant），还有人成为擅自占地者（被称为arrimados），他们获准住在庄园土地上，向庄园提供季节性的劳动力。

18世纪，因受高地地区市场的竞争，沿海低地地区的蔗糖产量下降。最初，棉花和靛青的生产部门弥补了蔗糖产量下降的损失，因为这是墨西哥不断增长的纺织工业的原料。但是1785年后，随着进口纺织品取代当地产品，巴希奥等地纺织工业的危机致使棉花和靛青的生产的利润受损。庄园经济的危机不可避免地引起了庄园雇工雇佣机会的减少。与此同时，村庄贵族利用职权，将土地租给不满足于成为庄园雇工的外来者，扩大商品生产，增加村庄的收入。但是，村庄农民赖以生存的土地却受到威胁。总之，18世纪晚期太平洋沿岸低地地区人口增加，经济也陷入不稳定状态。有产者因市场变化利润下降，庄园雇工就业机会减少，村庄农民的土地受到威胁。他们成为莫雷洛斯领导的农民运动的群众基础。

为了赢得当地各阶层的支持，莫雷洛斯宣布了他的起义纲领。1810年，他宣布废除奴隶制，废除印第安人村庄的贡赋。1811，他宣布公社土地只能分配给当地居民，不能租给外来者。虽然莫雷洛斯至少两次宣布，土地和土地上的收入属于实际耕作者，但是，关于他是否曾提出没收和分配大庄园的土地，史学界曾存在争论。1821年，一位西班牙律师在一份题为《新西班牙革命的真正起源》(*Verdadero origen de la revolución de Nueva España*)的小册子中首次发表了一份未签署的、没有日期的文件，其中提到，"所有大庄园范围超过2里格的土地将被认定为无用的，因为来自农业的最大利润源于将土地分为小块，使很多人从中获利的体制。而且，所有属于庄园的堤坝、房屋、商店应予摧毁。种植烟草和甘蔗的庄园和所有矿山也应予摧毁"。但是，研究发现，莫雷洛斯并非这份文件的作者。① 和伊达尔戈一样，莫雷洛斯也没有关注到庄园雇工的问题。因为他手下的将军其中有一些为庄园主，为了赢得这些人的忠诚，莫雷洛斯只能拒绝考虑改善庄园雇工待遇的改革。此外，为了缓和社会革命，争取克里奥尔人的支持，莫雷洛斯宣布天主教的绝对

---

① W. H. Timmons, "José María Morelos–Agrarian Reformer?" *Hispanic American Historical Review*, Vol. 45, No. 2, 1965, pp. 183–195.

地位和征收什一税的权利，还宣布尊重私有财产。①

　　1811年，莫雷洛斯虽然未能占领太平洋沿岸的港口城市阿卡普尔科，但是在热带地区建立了基地。然后，他率军向墨西哥中央高地和墨西哥城进发，他明白，只有占领为新西班牙首府墨西哥城，才能取得政治上的决定性胜利。他通过托卢卡（Toluca）谷地首先占领了特南戈（Tenango），但是他发现，当地村民对他的支持很小。很快，莫雷洛斯的武装在保王派的进攻下后撤。随后，莫雷洛斯率军前往墨西哥城以南的甘蔗产区，即现在以他命名的莫雷洛斯州。1812年，保王军将莫雷洛斯的部队包围在夸乌特拉的阿米尔帕斯镇，长达72天之久。在今莫雷洛斯州，殖民地时期主要生产从事蔗糖生产。种植甘蔗和生产蔗糖需要较多的劳动力，到18世纪末，庄园的常驻劳工能够满足一半以上的劳动力需求。与此同时，特别是在甘蔗收获季节，庄园从附近村庄、甚至周围山区招募季节性的劳动力。由此，庄园和村庄形成一种相互依存的关系。为了从周围村庄获取季节性劳动力，庄园有意识的避免甘蔗收获与周围村庄的玉米生产发生时间上的冲突。但是，这种依存关系在18世纪后半期受到了一定的冲击。随着蔗糖市场需求的扩大，庄园试图侵吞周围村庄的土地，扩大生产，由此引起了双方之间的冲突。但是这种冲突因双方在劳动力关系上的依存而不是特别激烈，此外，与其他地区不同，18世纪晚期发生的多次饥荒没有冲击到莫雷洛斯州，这也在一定程度上缓和了社会矛盾。莫雷洛斯占领夸乌特拉后，一些当地牧师、庄园管家、庄园雇工和村社居民加入了他的队伍。但是，当地贵族仍支持保王军，并动员自己的雇工与莫雷洛斯的起义军对峙。庄园雇工和村庄居民对起义军虽有所同情，但并未加入。因为未能在当地得到广泛的响应

----

① 莱斯利·贝瑟尔主编：《剑桥拉丁美洲史》，第三卷，中国社会科学院拉丁美洲研究所组译，社会科学文献出版社1994年版，第68页。

和支持,莫雷洛斯只得独立面对保王军的封锁。最后,5月1日,莫雷洛斯率军突出重围,虽损失惨重,但未被消灭。随后,莫雷洛斯往南撤退,进入瓦哈卡,但是在这里也没有得到大多数农民的支持。1813年,莫雷洛斯在奇尔潘辛戈(Chilpancingo)组织召开了国民会议。1814年,在阿帕钦甘(Apatzingán)颁布了一部《宪法》。但是,对于克里奥尔人而言,他所倡导的社会改革过于激进,同时他又不愿提出更为激进的社会改革以争取底层农民的支持,起义军最终只能以游击战争的形式不断迁移。1815年,莫雷洛斯最终被俘并就义。到1820年,墨西哥的农民游击运动基本上被平息,1821年,在奥古斯丁·伊图尔维德的领导下,墨西哥以一种保守的方式实现了独立。

四、独立后庄园经济的衰退

伊达尔戈领导的农民起义和随后的农民游击运动被镇压之后,1821年,墨西哥实现独立。克里奥尔上层阶级谋求独立的目的在于,保护自身的地位免受墨西哥社会下层起义和西班牙自由主义改革的挑战,决心维护殖民地时期的经济社会结构不变。但是,独立后的社会现实与墨西哥克里奥尔上层的目标事与愿违。独立后相当长一段时期,经济的衰退、政治的分裂、外敌的入侵、社会下层的反抗,使墨西哥陷入一个国家解体的时期。[①]在这种形势下,殖民地时期的社会上层及其后裔的财富减少了,力量削弱了,但对占人口绝大多数的下层农民而言,国家解体在客观上为他们带来了一个向统治阶层的权力提出挑战的机会。农村社会下层不再驯顺,自19世纪40年代起提出了许多新的要求,举行了越来越多的暴力性起义,殖民地时期墨西哥农村相对平静的局面一去不复

---

① Andrés Molina Enríquez, *Los grandes problemas nacionales*, México: Ediciones Era, 1978, p. 111.

返了。

独立后,墨西哥的庄园经济陷入了持续的危机。自16世纪后半期到18世纪,与商业、矿业的密切结合对于庄园经济的运转起着根本性的作用。根据戴维·布拉丁的研究,在殖民地后期,墨西哥成功的企业家主要是来自西班牙移民。他们一般在晚年将其财产分为两部分。一部分投资于农村地产,并传之于长子;另一部分继续从事于商业活动,传之于一名女儿,而这名女儿一般与另一名西班牙移民,通常是她的堂表兄弟结婚,由后者负责继续开展家族的商业活动。[①]如上所述,大庄园通常是通过将农产品囤积到市场短缺和价格上升时再投放市场而获取暴利,而流动资产是支持庄园在市场最有利的时机到来之前维持生产的前提。与商业、矿业的密切结合就使得庄园主在不必求助于信贷的前提下达此目的。

然而,独立后,商业、矿业与农业的结合破裂了。白银产量急剧下降。1810年独立战争爆发后,由于矿石质量下降和开采成本上升,瓜纳华托等大矿山面临着严重的困难。随后为期十年的战争致使很多矿山关闭或减产,矿井被水淹。要恢复生产,需要一笔巨大的投资。1821年后,只有引进蒸汽泵才能恢复矿业生产。伴随着这种新的技术需要,英国资本进入墨西哥的矿业。但即使英国的资本和技术也只能极缓慢地恢复矿业生产。绝大多数矿山被排干并恢复生产,但英国资本家发现,成本太高,利润很低。到19世纪中期,矿业逐渐回归墨西哥本国控制。矿业的下降明显反映在白银产量的变化上。殖民地晚期,墨西哥的白银产量达到顶点,1801—1810年超过550万千克,19世纪20年代下降到260万千克,不到独立前的一半。19世纪30年代后,产量缓慢回升,到40年代达到

---

① David. A. Brading, *Miners and Merchants in Bourbon Mexico, 1763–1810*, pp. 95–219.

独立前的75%，但直到70年代才恢复到殖民地时期的水平。①矿业的衰退严重冲击了独立后墨西哥的国际贸易，因为殖民地时期的主要出口产品白银产量大大下降了。此外，战争期间，整整一代西班牙商人离开了墨西哥，随身带走了他们的资本。没有充足的白银出口，失去了殖民地时期的商人积累的资本，独立后墨西哥的商人集团遭到严重削弱，取而代之的是来自英国、法国和北美的商人。但是，与独立前来自西班牙的商人不同，这些新的商人对于投资于墨西哥的地产或与墨西哥庄园主联姻兴趣不大，而主要将其利润汇往母国。这样，殖民地时期庄园与矿业、商业的密切结合破裂了，正当战争结束后需要大量资金恢复庄园经济的关头，庄园主失去了以往的资金来源，资金严重短缺。

教会本来是殖民地时期墨西哥庄园的重要信贷机构。但是，独立战争使教会在经济上也同样遭到严重破坏。什一税的征收减少，很多债务人无力偿还教会的贷款。教会自身面临着严重的资金困难，更无力向庄园主提供贷款。在这种压力下，很多庄园主只好向城市内的磨坊主、银行家、谷物交易人等借贷，以维持庄园的生产。虽然这些交易人愿意向庄园提供资金，但通常要求庄园主在收获之后以预定的价格立即向他们偿还谷物。这样，庄园主自然无力像殖民地时期那样囤积谷物、等到粮食短缺价格上涨时再出售。庄园的利润自然大大下降，或者庄园本身被迫转移到其债主手中。

经济困难致使很多庄园破产。根据半官方的杂志《墨西哥公报》（*Gazeta de México*）刊登的通告，在查尔科地区，1784—1799年，每2.5年有一家庄园被法院判令拍卖以偿还债务；1800—1810年，每1.8年有一家；1811—1821年，每1年就有一家。由于资金短缺，庄园利润下降，

---

① John Tutino, *De la insurrección a la revolución en México, Las bases sociales de la violencia agraria, 1750–1940*, pp. 193–194.

经营农业庄园已难以成为维持一个上层家庭的经济基础。因此，独立以后，大庄园频繁易手。旧庄园主的地产丧失，被渴望成为庄园主阶层的人以低价购买，但后者由于同样没有充足的资金支持，也很少取得成功，只好再将庄园以更低的价格出手。在巴希奥地区，1830—1850年间，除教会拥有的地产之外，圣地亚哥谷地（Valle de Santiago）周围的庄园几乎每家都至少易手一次。在莱昂，独立后庄园的产权同样极不稳定。即使是在殖民地末期瓜纳华托矿山最大的受益者奥夫雷贡家族也丧失了在莱昂颇有价值的地产。[1] 查尔科地区最大的庄园之一莫拉尔庄园（Moral）的命运就极有代表性地显示了独立后墨西哥庄园经济的处境。1793年起，华金·戈麦斯·德·佩德罗索（Joaquín Gómez de Pedroso）开始拥有和经营莫拉尔庄园。到1817年7月，他的债主从新西班牙检审庭得到判令，将莫拉尔庄园拍卖。该庄园价值为20.1629万比索，但经过第一轮投标，最高出价仅为11万比索，戈麦斯拒绝按此价出售。出价后来提高了，莫拉尔庄园转入富有的巴索科伯爵（Conde de Basoco）的遗孀之手。但是，为了支付庄园的债务，一年后，戈麦斯只好将他的两处城市财产拍卖，而巴索科伯爵夫人在1821年也被迫将莫拉尔庄园出手，以偿还她后来的丈夫的庄园所欠债务。莫拉尔庄园此后归阿蒂拉诺·桑切斯（Atilano Sánchez）拥有，但在1837年，因债务所迫，桑切斯将莫拉尔庄园再次出卖，要价12万比索，但仅以11万比索售出。[2]

---

[1] Hector Díaz-Polanco, *Formación regional y burguesía agraria en México*, México: Ediciones Era, 1982, pp. 40–41.

[2] John Tutino, "Hacienda Social Relations in Mexico: The Chalco Region in the Era of Independence," *Hispanic American Historical Research*, Vol. 55, No. 3, 1975, pp. 508–509.

五、庄园与村社关系的变化

19世纪初墨西哥的独立运动虽以社会下层要求社会、经济和政治变革的起义开始，却以上层土生白人保守派的政变而结束。独立后的政治领导人力图将社会变革减少到最低限度。但是，独立后，持续的经济困难和政治动荡削弱了社会上层维持社会稳定的能力。农村社会的基本制度——大庄园、村社、小农场（rancho）等并未改变，但是土地贵族、小农场主、村社农民、庄园劳工之间的关系发生了重要的变化。一般说来，这种变化有利于小农场主和农民，而不利于大庄园。"独立后的年代带来了土地拥有者经济的下降和农民、小农场主经济的扩张。"① 矿业的瓦解、国际贸易的衰退和混乱、困扰上层阶级的财政困难，致使1810—1880年间墨西哥的经济停滞不前。根据约翰·科茨沃斯的估计，直到19世纪60年代，墨西哥的全部国民收入一直低于1800年的水平，直到19世纪70年代，人均收入低于殖民地后期的水平。② 但是，值得注意的是，独立后，并未有类似于1785年、1876年、1809年、1810年那样的大饥馑发生。国民收入水平下降的同时却避免了毁灭性的饥荒发生，说明独立后经济的衰退主要体现在大庄园商品性经济的衰退，而满足农民家庭消费需要的粮食生产却在上升，这与殖民地后期的情形恰好相反。

大庄园和村社的关系发生了变化。如上所述，殖民地后期，在墨西哥中部地区，绝大多数农民仍生活在村社里，拥有自己的小块土地维持生存。但由于人口的增长，村社首领在分配土地时谋取私利，村社内出

---

① John Tutino, *De la insurrección a la revolución en México, Las bases sociales de la violencia agraria, 1750–1940*, pp. 197–198.

② John Coatsworth, "Obstacles to Economic Growth in Nineteenth-Century Mexico," *American Historical Review*, Vol. 83, No.1, 1978, p. 82.

现了越来越多的无地或少地农民,依赖于在庄园劳动赚取工资维持生存的农民越来越多,庄园的劳动力得到充足的供应。但是,独立后,庄园与村社的关系向着有利于村社、不利于庄园的方向转变。在墨西哥中部高地,1875年前,人口增长微不足道,疾病的传播依然是造成人口下降的重要因素。例如,1833年和1850年,查尔科地区霍乱流行,致使这里人口大大减少。此外,独立后,边缘地区经济的发展,吸引中部高地很多人口移居到北部或其他边缘地区,村社的人口给土地资源带来的压力降低,减少了迫使村社农民前往庄园劳动的压力,增加了村社农民与庄园讨价还价的砝码。

在村社农民的压力下,庄园主被迫提高工资水平。在查尔科地区的莫拉尔和孔帕尼亚庄园(Compañía),工头日工资为3雷亚尔,绝大多数成年劳工日工资为2到2.5雷亚尔,而在殖民地时期,查尔科地区庄园的工资最高仅为2雷亚尔。为了吸引庄园生产所必需的劳动力,庄园被迫在劳动开始之前,向农民预付一个星期的现金。而且,有的村社距离庄园较远,村社劳工周一出发前往庄园,周二开始劳动,但要求庄园为周一花费在路上的时间支付全部工资。例如,1835年5月,在孔帕尼亚庄园,周一时只有50名劳工,但该周其他五天却有124名劳工在劳动,所有人都得到了六天的全部工资。① 在墨西哥中部地区,只有极少数庄园主拥有充足的资金以保证庄园的劳动力供应。1844年,由于缺少现金支付工资,劳动力短缺,查尔科地区的阿恰尔科庄园(Axalco)春季的播种被迫推迟。村社农民在前往庄园劳动的时间安排上也拥有相当的自主权。节日期间,农民不去庄园劳动;更重要的,农民还要优先照料自己的小块村社土地上的作物。仅在时间允许时,他们才有可能前往庄园劳

---

① John Tutino, "Hacienda Social Relations in Mexico: The Chalco Region in the Era of Independence," pp. 522–523.

动。有时，庄园为了等待村社农民在自己的土地上播种或收获完毕，不得不推迟庄园的播种或收获时间，由此导致经济上的损失。因为推迟播种减少了生长期，而推迟收获增加了作物遭霜冻侵害的可能性。1849年，马里亚诺·里瓦·帕拉西奥（Mariano Riva Palacio）在亚松森（Asunción）的庄园被迫推迟收获，因为附近的特马马特拉（Temamatla）村社以及其他村社的农民在收获自己的作物之前，拒绝前往庄园劳动。

庄园与村社之间的关系还体现在二者之间发生的土地争端中。独立后，在墨西哥城南部从事奇南帕（chinampa）[①]农业的农民不仅保住了他们的土地，而且维持着强有力的凝聚力，尽管墨西哥城的上层集团一直试图夺取这里如此靠近本国最大的农产品市场的肥沃土地。1850年，位于托卢卡谷地的奥科约阿卡科（Ocoyoacac）村社甚至购买了一块与临近的庄园长期争执的土地。[②]利用大地产主的经济困难，更多的村社与庄园对簿公堂，对庄园的土地提出所有权要求。通常，双方都出具对争议的土地拥有所有权的证据，多数情况下，法庭站在庄园主一边，但也有一些村社通过持续的努力，获得了一定的成功。例如，19世纪40年代，托卢卡谷地的一些村社赢得了对于原被圣地亚哥伯爵（墨西哥最古老和富有的地产家族之一）占据的土地的所有权。随着村社农民越来越不愿在庄园劳动，随着村社与庄园之间土地争端的不断加剧，二者之间的关系不断恶化。

[①] 阿兹特克人在特斯科科湖上建立的人工园地，他们在排筏上铺垫淤泥建造成一个个浮动小岛，然后用木桩加以固定，也有直接打木桩围湖造田。人工园地通常呈长方形，大的达200平方米。这种人工园地在每次播种前可以很方便地挖取淤泥肥田，使之一年四季都可种植庄稼和果蔬。他们就是用这种方法，将易遭水涝灾害的沼泽之地改造成大片肥沃良田。尽管使用的是简单的生产工具，却大大增加了农业产量。林被甸、董经胜：《拉丁美洲史》，人民出版社2010年版，第32页。

[②] John Tutino, *De la insurrección a la revolución en México, Las bases sociales de la violencia agraria, 1750–1940*, p. 203.

为摆脱困境，19世纪中期，一些庄园开始实行租佃制，将部分土地租给佃农耕种，收成由庄园与佃农分享。对于庄园而言，租佃制使其摆脱了资金短缺的困扰，他不必向佃农支付工资。如果遭遇歉收，损失可转嫁到佃农身上；如果获得丰收，庄园可获得一半的收成，而几乎不必付出任何代价。当然，实行租佃制可能使庄园牺牲部分利润，但是，在19世纪中期，财政困难和劳动力短缺已使庄园的利润大大下降了，在这种现实面前，庄园主宁愿与佃农分享利润，同时将生产的风险和提供劳动力的负担转移到佃农身上。此外，庄园主还认为，成为佃农的农民，一般不会对庄园土地提出所有权要求，而且可能更容易向庄园未租佃的土地提供季节性劳动力。对农民一方而言，之所以愿意接受租佃制，也有各种原因。因为绝大多数农民仍依赖于在临近庄园劳动以补充其维持生存的需要，如果庄园主拒绝提供工作机会，而代之以租佃制，农民没有其他选择，只得接受。而且，租佃农获得了对生产的控制权，获得了基本的生活必需品。因此，向租佃制的转变，一方面反映了大庄园在经济上的虚弱，另一方面也可被看作农民所获得的微小收获。

19世纪50年代，租佃制在查尔科地区已十分普遍。根据查尔科地区的亚松森庄园的管理者的记录，1856年，该庄园的部分玉米和所有劳动密集型的豆类、鹰嘴豆生产都是由租佃农进行的。60年代，在墨西哥城以北的哈尔帕庄园（Jalpa），租佃制也成为玉米生产的主要形式。1864年，哈尔帕庄园58%的玉米是由租佃农生产的，到1866年，这一比例上升到72%。该庄园的管理者称，之所以实行租佃制，是由于在这一动荡的时期劳动力供应以及支付劳动力工资的现金十分短缺。到80年代，租佃制成为墨西哥各地庄园玉米生产的基本形式。[1]

---

[1] Simon Miller, "The Mexican Hacienda between the Insurgency and the Revolution: Maize Production and Commercial Triumph on the Temporal," *Journal of Latin American Studies*, Vol.16, No. 2, 1984, pp. 329–331.

租佃合同在各地存在差别。在查尔科，合同是由庄园与村社、通常是村社首领之间签署的，而在哈尔帕，庄园直接与农民个人签订租佃合同。哈尔帕庄园的合同显示，庄园向佃农提供土地、种子和犁队，如果可能，还提供灌溉用水，佃农仅负责提供劳动力。收成由庄园和佃农平均分配，庄园从属于自己的一半收成中保留下一个季节耕种所需的种子。对于个别能够自己提供犁队的佃农，庄园向其提供一半的收获费用。可以看出，这一安排对佃农是相对有利的。

租佃制的实行，是适应庄园经济力量下降而出现的农村社会关系。通过租佃制，农民对于生产的直接控制权提高了，但同时租佃制也增加了农民与庄园之间冲突升级的潜在可能性。自16世纪以来，在墨西哥中部地区，农民主要依靠村社的土地生产自身生存所需粮食，他们对于庄园的依赖仅仅体现在向庄园提供季节性的劳动力。在这种传统的农业分工体制下，一旦发生农业歉收和饥馑，农民一般认为是难以控制的自然灾害所致，而庄园提供的工作机会成为农民摆脱困境的出路。但是，在租佃制下，农民独立地在庄园的土地上从事耕作。如果获得丰收，庄园和佃农皆可获利；一旦发生歉收和饥荒，在佃农看来，这与其说是由自然灾害所致，不如说是由于庄园主将边缘的、得不到灌溉的土地租给农民，而将更好的土地留给自己直接经营所造成的。也就是说，佃农不再将饥荒看作一场自然灾害，而是社会问题。因而，19世纪中期以后，墨西哥各地的农民运动此起彼伏，最终酿致1910年的社会大革命。

六、小农场的发展

学术界对于墨西哥的小农场和小农场主一直没有给予足够的重视和研究。甚至小农场主（ranchero）这个概念的含义也是很不明确的，或指哈里斯科州主要由西班牙人后裔构成的农场主，或指墨西哥中部和南部相对闭塞的地区占据不大地产的传统地主,或指人烟稀少的北部边疆地区的牧场主,有时还用来指那些租用大庄园的土地,但经营状况相对较好的农民。① 小农场主的共同的特点是他们在墨西哥农村社会中占据中产阶级的地位,或者是他们在广大的无地佃农与极少数大庄园主之间的中间角色。多数学者认为,典型的小农场主是一个独立的小土地所有者,一种较贫困的、主要依靠自身和家庭劳动力的农场主。② 墨西哥的许多小农场起源于殖民地初期西班牙人所得到的土地赐予。西班牙国王赐给许多征服者以大面积的贡税区,后来即发展为庄园。有些人只获得了土地的赐予,其中一些持有人的土地扩张到了大地产的规模,可是有一些赐予,特别是被称为征服区"士兵份地"的较小的一类并没有走上这条路,而是保持原有的大小,或者久而久之反而被分割了,这些地产被称为小农场。小农场的主人定居在这类土地上,像印第安人邻居一样生活,并且娶印第安人妇女为妻。到殖民地末期,小农场主大都变为混血种人。据统计,1810 年,墨西哥拥有 6 684 个小农场,其中有 5 954 个位于中部高原各省,其余约三分之一在尤卡坦,还有几百个在瓦哈卡。③ 小农场的产品主要面向地方性的市场,而非像大庄园那样主要面向大城市市场;小农场一般在市场产品充足、价格较低的时候出售其产品,而非像大庄园那样将产品囤积至市场短缺、物价飞涨时再出售,以牟取暴利。小农场主有时还在大庄园充当管家、仓库看管人、赶骡人等。④ 总体上说,

---

① Frans J. Schryer, "A Ranchero Economy in Northwestern Hidalgo, 1880–1920," *Hispanic American Historical Review*, Vol. 59, 1979, No. 3, p. 418.

② Roger Bartra, *Estructura agrarian y clases sociales en México*, México: Ediciones Era, 1974, p. 137.

③ 乔治·麦克布赖德:《墨西哥的土地制度》,杨志信等译,商务印书馆 1965 年版,第 84—86 页。

④ James Lockhart and Stuart B. Schwartz, *Early Latin America: A History of Colonial Spanish America and Brazil*, Cambridge: Cambridge University Press, 1983, p. 329.

在殖民地时期，小农场在墨西哥的经济生活中所起的作用并不重要。

独立以后，墨西哥小农场的数量迅速增长，重要性也得到加强。随着大庄园的生产转向租佃制，很多具有一定经济实力的农民承租大庄园的土地，建立了小农场。绝大多数人仍为大庄园的佃农，但是19世纪中叶，由于经济困难一直困扰着大庄园主，相当数量的庄园被迫将其土地分割出售，越来越多的佃农变成了土地拥有者。[1] 独立以后，在墨西哥全国各地，小农场的重要性都有了增强，但在殖民地时期核心区的边缘地带的一些高地地区，尤为明显。1854年，在圣路易斯波托西东部的瓦斯特卡（Huasteca），接近70%的农业人口属于小农场主家庭。[2] 19世纪，在米却肯和哈里斯科高地地区，小农场也占优势。在这里，由于大庄园主在独立后面临着经济困难，不得不将土地租给佃农，或者将土地分割出售，结果，大庄园的土地减少，重要性下降，而小农场的土地增加，重要性增强。

根据研究，在殖民地时期人口稀少、商品经济不发达的地区，独立后小农场最为发达。被小农场主占据的土地通常是大庄园内大片的、但尚未开发的地产。18世纪后期和19世纪初，大庄园主允许佃农在这些土地上定居，从这些从未利用过的土地上获取一定的利润。19世纪初，小农场主的数量通过自身繁殖或者由于为逃避战乱前来的外来人口而增加。一些情况下，大庄园将其土地分割出售，小农场主成为土地所有者，另一些情况下，小农场主仍为佃农。总体上说，在19世纪中期，小农场主群体扩大，并且变得较为复杂化。一些较富裕的小农场主还将土地租佃给小佃农，同时在收获季节雇佣后者劳动。但是，绝大多数小农场主

---

[1] David A. Brading, *Haciendas and Ranchos in the Mexican Bajío, León, 1700–1860*, p. 203.

[2] Moisés González Navarro, *Anotomía de poder en México, 1848–1853*, México: El Colegio de México, 1977, p. 71.

家庭成员依然与他们的小佃农一起在土地上劳动。①

七、小农经济的发展趋向

对于墨西哥的独立运动,学术界长期占主流的观点是,尽管下层民众发动并广泛参与,但这场运动仅仅是一场政治革命,完成了政治独立,而作为一场社会革命而言,独立运动是失败的。只是在一个世纪之后,由于民众的更广泛动员,社会上层的进一步激进化,1910年爆发的墨西哥革命才成为一场真正的社会革命。因此,只是在20世纪后,墨西哥的大地产才开始被征收,土地改革赋予了广大农民新的生命;只是在1910年后,以农民为政治基础的国家政权才建立起来。但是最近也有学者对这种观点提出了质疑,认为"在民众动员、国家转型和社会经济变革方面,暴动、独立和国家建构过程中充满冲突的19世纪看来至少与1910—1940年具有自我意识的革命时代同样具有革命性"②。根据这种观点,在很大程度上,墨西哥独立运动的革命性主要表现在,1810年由伊达尔戈领导的农民起义开始的独立革命引发了墨西哥农业和农村社会关系的深刻变化。独立战争期间,起义农民对于农村财产权和生产组织提出了挑战。独立后,由于大庄园主因经济困难而被削弱,农业直接生产者的力量相对增强,墨西哥的农业从主要满足大城市市场的大庄园商品性生产为主,转向主要以满足自身消费和部分满足地方市场的村社、租佃农、小农场生产为主。换句话说,在独立后的墨西哥,出现了一种

---

① John Tutino, *De la insurrección a la revolución en México, Las bases sociales de la violencia agraria, 1750–1940*, pp. 206–240.

② John Tutino, "The Revolution in Mexican Independence: Insurgency and the Renegotiation of Property, Production, and Patriarchy in the Bajio, 1800–1855," *Hispanic American Historical Review*, Vol.78, No.3, 1998, p. 368.

向"小农制"转变的农业发展模式。诚然,村社、租佃农和小农场在很多情形下并不拥有土地的全部产权,但是,正如有的研究者所指出的,"小农制"包含小农经营制和小农所有制两个层面上的含义,即使在第二次世界大战后进行了土地改革的韩国等国家和地区,也"都没有赋予农民完全的土地所有权,都只是将部分所有权交给农民"①,因此,称墨西哥独立后的村社、租佃农、小农场生产类似于小农制,应该基本上是适宜的。

那么,独立以后农业生产方式的这种转变对于墨西哥现代化道路的影响是积极的还是消极的呢?如果从传统经济学的解释来说,这种转变不管在短期内给农民大多数人口带来多少好处,但长远的后果是,限制了资本的积累和市场的发育,阻碍向资本主义经济的更加全面的转型,不利于经济的发展。资本积累和投资是经济增长的前提,限制资本积累的经济结构变化必然是破坏性的。如果按照这种观点,墨西哥独立后农业生产模式的变化对墨西哥现代化道路的影响就是消极的。但是,也有学者提出了相反的观点。例如,斯坦利·恩格尔曼和肯尼斯·索科洛夫指出,严格限制劳工和其他直接生产者福利的、高度集中的生产体制为精英阶层带来了利润,但是从长远来看,阻碍了经济的增长和民众福利的改善。在19世纪的新世界,建立由更多的生产者和更多的消费者参与的市场是经济增长的最佳途径。他们指出,在19世纪的美国和加拿大,正是大量小生产者控制着农业生产,创造了一个不断扩大的、大量人口参与的市场,如果按照人均产值来衡量,经济增长最为迅速。② 我

---

① 罗荣渠、董正华编:《东亚现代化:新模式与新经验》,北京大学出版社1997年版,第110、114—115页。

② Stanley Engerman and Kenneth Sokoloff, "Factor Endowments, Institutions, and Differential Paths of Growth among New World Economies: A View from Economic Historians of the United States," Stephen Haber, ed., *How Latin America Fell Behind: Essays in the Economic Histories of Brazil and Mexico, 1900–1914*, Stanford: Stanford University Press, 1997.

国学者也注意到,进入20世纪后,在现代化的发达国家,尽管"农业经营的规模已经扩大,但占统治地位的仍然是家庭农场",在现代化比较成功的东亚国家与地区,包括日本和韩国,其农业迄今仍以家庭自耕农为主。① 如果按照这种观点,墨西哥独立后农业生产模式的变化对墨西哥的现代化道路带来了积极的影响。这一变化不仅仅给农民带来了直接的经济利益,而且更重要的,还使墨西哥的农业从一种精英控制的、最有可能阻碍经济增长的生产模式,转向一种生产、交换和消费中拥有更多民众参与的生产模式,并为快速的经济增长和更加平等的分配创造了条件。

对照独立后墨西哥的历史事实,后一种观点似乎更加符合实际。独立后,尤其是19世纪40年代,墨西哥已呈现出经济增长的迹象。在瓜纳华托等地,银矿业逐步恢复,纺织工业向机械化转变,生产扩大,利润提高。在农业部门,尽管大庄园主抱怨利润微薄,但是成千上万的租佃农生产了大量的农产品,市场上粮食充足,价格低廉。大庄园管理者的抱怨并不说明经济的衰退,而是反映了一种新的生产模式的出现,反映了众多的小生产者(或称小农)控制了一个繁荣的、不断扩展的农业部门。矿业和纺织业创造利润,农业部门带来生产、交换和消费领域的广泛参与,墨西哥出现了经济增长和较为平等的社会发展趋势。

但是,墨西哥终究没有沿着这种趋势发展下去。究其根源,这种发展模式遭到大庄园主集团的激烈反对。墨西哥独立后,一直存在着两种不同的农业发展模式的较量。如上所述,19世纪中期以前,由于大庄园主的经济困难,小农经济占据了优势。此后,大庄园主集团展开反击。1855年,自由派在人民的支持下取得了政权,60年代,又在人民的支

---

① 董正华:《关于现代农业发展的两个理论问题》,南开大学世界近现代史研究中心:《世界近现代史研究》,第三辑,中国社会科学出版社2006年版,第12页。

持下战胜了法国的入侵。但是，自由派胜利后，他们转向了其群众基础的对立面。1856年，墨西哥政府通过《莱尔多法》，批准分解印第安人村社的公共土地。随着大庄园主不断侵吞农民土地，全国各地农民的反抗此起彼伏。直到80年代，墨西哥才基本实现了政权巩固和政局稳定。在迪亚斯的独裁统治下，大庄园主集团凭借国家政权的力量，有效地镇压农民的反抗，大肆侵占农民土地，大力发展面向出口的农业，墨西哥的农业重又回到了大庄园商品生产的模式，小农制的家庭农业再次失去了对于农业生产的控制。迪亚斯时期，商品性农业的发展为大庄园主集团带来了巨大的利润，但下层农民的处境不断恶化，阶级矛盾日趋尖锐，1910年，终于爆发了一场社会大革命。

第二章

反抗"自由"

——19世纪自由派的农业改革与农民动员

1821年9月27日,奥古斯丁·德·伊图尔维德率军进入墨西哥城,墨西哥宣告独立。独立并未带来和平与稳定,政治冲突由此开始。从独立到19世纪70年代,自由派和保守派之间的斗争使墨西哥政治和社会长期动荡不安。值得注意的是,冲突所反映的"并非仅仅是不同社会上层集团间利益冲突,社会和意识形态在其中也发挥了重要的作用"[①]。也就是说,两派在国家发展道路上存在着严重的分歧,而农业发展模式的选择是双方分歧的核心之一。自由派掌握政权期间,以土地私有化为中心推动了一场内容广泛的变革,不仅对墨西哥现代化的启动和现代化模式的选择,而且对农民的处境和农村社会关系产生了直接的影响,农民也对这场变革做出了自己的回应。对此,学术界已经进行了一定的研究[②],在上述研究的基础上,本章试图从国家与农民的关系的角度,着重考察墨西哥农民对于这场

---

① 林被甸、董经胜:《拉丁美洲史》,第167页。
② 参见林被甸:《拉美国家创建自由小农制理想的破灭:从印第安文化传统角度透视》,韩琦等主编:《拉美文化与现代化》,社会科学文献出版社2013年版。

改革的反抗及其对自由派改革进程和结果的影响。

一、自由派的土地改革

墨西哥的自由主义起源于西班牙18世纪由佩德罗·罗德里格斯·坎坡马内斯（Pedro Rodríguez Campomanes）和加斯帕尔·梅尔乔·德·霍韦利亚纳斯（Gaspar Melchor de Jovellanos）等人领导的启蒙运动。坎坡马内斯出生于奥地利，1762年成为卡斯蒂利亚委员会的皇家律师，1783—1791年担任卡斯蒂利亚委员会主席。他坚持王室的绝对主义，同时接受启蒙思想。坎坡马内斯认为，梅思达（Mesta, 牧羊主协会）、教士和行会有损于国家的利益。作为一名决策者和卡洛斯三世的皇家顾问，坎坡马内斯在西班牙推行了农业改革，包括在西班牙境内实行谷物自由贸易，限制教会、皇家社团或者贵族地产对土地的限定继承权，等等。为发展生产，他发动了对荒地的开垦定居运动，削弱梅思达在农业方面的特权。作为西班牙较开明的经济学家，霍韦利亚纳斯支持西班牙1778年颁布的《自由贸易法令》，并把卡洛斯三世改革的经济自由理念"与小农理想相联系"[①]。他的《土地法情况》（1795年版）在整个西班牙美洲深受重视，对独立后墨西哥的自由派思想很有影响。根据自由主义的理念，自由社会的核心是文明的个人，他们在法律上彼此平等，可以自由追求自己的利益。这种利益以财产为基础，财产权被认为是个人生存权力本身的外延。[②] 坎坡马内斯说："一切特权都是可憎的。"[③] 西班牙自由主义主张消灭教会、行会、村社等团体的特权，特别是对土地和财产的占有权。

[①] 雷蒙德·卡尔：《西班牙史》，潘诚译，中国出版集团·东方出版中心2009年版，第187页。

[②] 莱斯利·贝瑟尔主编：《剑桥拉丁美洲史》，第四卷，中国社会科学院拉丁美洲研究所组译，社会科学文献出版社1991年版，第378—379页。

[③] 莱斯利·贝瑟尔主编：《剑桥拉丁美洲史》，第三卷，第9页。

在反对拿破仑侵略期间，西班牙自由主义者开始制定法律，消除旧体制的过时原则，建立现代化的产权制度。1812年，自由派在加的斯起草《宪法》时，将公共财产（主要是教会和村社的土地）分割到各个家庭占有的条款纳入《宪法》之中。他们还简化对未开垦土地利用和殖民的程序，在大的村庄建立非印第安人控制的市政会（ayuntamientos）后，《宪法》允许出售市镇土地，为地方政府财政募集资金。显然，"加的斯宪法"是殖民地旧的国家体制向19世纪拉美独立的自由主义国家转变过程中的重要步骤。

受此影响，在墨西哥，早在独立战争初期，上层人士就建议，把印第安人村社土地分割后归个人所有。他们认为，村社土地所有制与自由个人主义的社会概念和经济自由原则不相容。根据这种原则，只有个人的财产利益和多种经济因素（如印第安人的土地和劳动力）在市场自由发挥作用才能提高生产力。[①] 独立后，自由派对殖民地时期的寡头势力提出了挑战，并对墨西哥独立后的社会结构提出了自己的设想。自由派不仅反对土地贵族、教会和军队的特权，而且主张废除农村村社的土地所有权。自由派设想，如果墨西哥村社共有的土地被盘活，即转入私人所有，可以买卖、抵押，那将会带来巨大的经济效益。他们坚持认为，土地私有将刺激农业产量的提高。但是实际上，在墨西哥，依赖于村社土地的农民为了维持生计，对土地的利用已经非常集约化了。土地由村社所有转为私人所有后，以前不可以易手的村社土地很可能因为债务而丧失。村社农民将失去以前共有土地所提供的生计保障。从根本上，墨西哥村社农民就不认为共有土地的私有化将为他们带来利益。

自由派虽然口头上常说，分割印第安人村社土地符合印第安人本身的利益，"但是他们也很清楚，印第安人土地一旦分割后，就有可能落到

---

① 莱斯利·贝瑟尔主编：《剑桥拉丁美洲史》，第三卷，第352页。

克里奥尔地主手中"①。而保守派"作为传统主义者,他们有时呼吁继续执行西班牙式的对土著居民的殖民政策"②。到19世纪40年代,少数上层人士,既有自由派,也有保守派,对分割村社土地可能对印第安人造成的影响表示惊慌。因此,围绕是否分割村社公共土地,无论在墨西哥制宪会议,还是在许多州的议会内,都展开了激烈的争论。

鉴于此,19世纪20年代,中央政府没有做出决定,允许各州根据各自的实际情况自行处理。1825年和1828年,哈里斯科州两次颁布法律,要求对村社共有土地实行私有化。但有的州比较谨慎,如位于中部高地核心地带的墨西哥州(后来的莫雷洛斯州、伊达尔戈州以及格雷罗州的大部分地区都是从当时的大墨西哥州分割出来的)迟迟没有推行村社土地私有化的措施。这反映出墨西哥各地农村经济和社会结构的差异。在哈里斯科州,直到殖民地晚期,庄园经济才开始起步,庄园与村社的矛盾比较突出,而对村社临时性劳动力的依赖较少,分割印第安人村社土地对庄园有利。相比之下,在墨西哥州,大庄园建立的时间较久,殖民地时期庄园和村社之间"共生"的依存关系一直延续到独立后,并且是当地经济的基础。正是这种经济和社会结构,在独立战争期间维持了中央地区的政治稳定。在独立后初期墨西哥上层阶级力量尚非常薄弱的形势下,他们不想马上破坏这种经济和社会结构,从而引发农民的暴乱。③在尤卡坦州,1825年12月2日,州议会通过了新的《殖民法》,加快空闲土地(terrenos baldíos)私有化的进程,目的在于吸引外来移民。但是,独立后初期,并未发生占据公共土地的浪潮。虽受自由主义思潮的影响,

---

① 莱斯利·贝瑟尔主编:《剑桥拉丁美洲史》,第三卷,第354页。

② 迈克尔·C.迈耶、威廉·H.比兹利编:《墨西哥史》,上册,复旦人译,中国出版集团·东方出版中心2012年版,第302页。

③ John Tutino, *De la insurrección a la revolución en México, Las bases sociales de la violencia agraria, 1750–1940*, p. 211.

尤卡坦政权依然被控制在温和的保守派手中，在19世纪二三十年代，他们还没有必要获取大片土地。①

但是，到19世纪20年代末，在墨西哥，已有十二个州通过了村社土地私有化的法律，包括中央地区的墨西哥州、普埃布拉州和米却肯州。然而，新成立的、虚弱的、分裂的各州政权尚无力推行这一激进的农村社会变革。到19世纪40年代，各州再次通过了村社土地私有化的法律。例如，1848年，墨西哥州州长命令丈量村社土地。1849年，墨西哥州宣布废除村社的财产所有权。面对村社农民的反抗，为推行这一激进的农村变革，各州相继成立了乡警。根据法律，乡警由地方土地所有者提供经济上的支持，并由他们所领导。但是，在墨西哥州，由于土地所有者以及州政府的经济困难，无法在农村地区维持一支有效的警察力量。新成立的乡警的财力、人力和装备都极为缺乏。因此，尽管许多州政府颁布了废除村社财产所有权的法律，但直到19世纪40年代，仍然无力对农村根深蒂固的社会结构进行改革。强行推行这一改革，势必引起农民的激烈反抗。

1852年，圣安纳在保守派的支持下通过军事政变取得政权，引起了自由派的激烈反抗。南部的格雷罗州爆发了最为激烈的反对圣安纳政权的运动。当地的领导人胡安·阿尔瓦雷斯得到民众的广泛支持。阿尔瓦雷斯帮助当地老百姓从地方政府那里争取到了土地，获得了包括减免税收在内的更好的待遇。1854年初，阿尔瓦雷斯公开宣布反对首都的圣安纳政权，得到了农民的热烈响应。随后，阿尔瓦雷斯与中央政权及其支持者展开了长达十九个月的游击战争。相邻的米却肯州、墨西哥州、

---

① Robert W. Patch, "Decolonization, the Agrarian Problem, and the Origins of the Caste War, 1812–1847," Jeffery T. Brannon and Gibert M. Joseph, eds., *Land, Labor and Capital in Modern Yucatán: Essays in Regional History and Political Economy*, Tuscaloosa: The University of Alabama Press, 1991, p. 55.

莫雷洛斯州和瓦哈卡州也加入起义队伍。最后，1855年8月，圣安纳流亡国外，自由派取得政权，墨西哥历史上著名的改革时代就此拉开了序幕。①

1856年6月25日，新政府颁布了以财政部长米格尔·莱尔多·德·特哈达命名的《莱尔多法》。该法规定："废止世俗团体和教会团体所占有的地产和城市不动产的限定继承权，规定属于这些团体的不动产必须转归承租人或拍卖，宣布在何种情况下应缴付转让与出售税，法令声明不准世俗与宗教团体购买不动产。"②这其中的宗教团体指的是教会，而世俗团体显然主要是针对印第安村社。法律规定，所有世俗和宗教社团拥有的"农村和城市不动产"必须卖给实际承租人。实际承租人必须在三个月内完成购买手续，国家从每笔交易中收取5%的税收。超过此期限，其承租财产将由国家公开拍卖。不过《莱尔多法》又规定："房产、公用地和那些为其所属的居民提供公共服务的土地除外。"1857年3月11日，墨西哥制宪会议通过了新《宪法》。1857年《宪法》吸取了1824年《宪法》的基本内容，但也增加了有关土地分配的新条款。新《宪法》规定："任何世俗团体和宗教团体，无论它的性质、名称和目的，都不得占有或以自身名义经营财产，唯一的例外是那些直接或间接用于公共服务的房屋。"③与《莱尔多法》相比，《宪法》规定的印第安人村社土地分配的范围进一步扩大了，因为在《莱尔多法》里，村社的公用地是免于被分割的。

《莱尔多法》和1857年《宪法》的颁布表明，到19世纪50年代，墨西哥自由派的农业改革从各州层面上升到全国性的层面。也就是说，

---

① 迈克尔·C.迈耶、威廉·H.比兹利编：《墨西哥史》，上册，第440—441页。
② 贝雷·弗伊克斯：《胡亚雷斯传》，江禾、李卜译，商务印书馆1983年版，第122页。
③ Robert Knowlton, *El Ejido de Mexico en el Siglo XIX*, 转引自林被甸：《拉美国家创建自由小农制理想的破灭：从印第安文化传统角度透视》，韩琦等主编：《拉美文化与现代化》，第16页。

自由派决心在全国范围内对土地占有结构和农村社会关系进行彻底的改造。

1855年领导自由派取得胜利的是太平洋沿岸阿卡普尔科周围地区的政治强人胡安·阿尔瓦雷斯，此外，和他站在一起的还有新政府的财政部长、来自韦拉克鲁斯州的莱尔多，司法部部长、来自瓦哈卡州的贝尼托·胡亚雷斯。由此看来，在自由派领导层中，很大部分来自正在兴起的边缘地区。[1] 很多自由派领导人不是坐拥既得利益的土地贵族，但很多人渴望跻身这一行列，而教会和村社土地私有化将为他们带来实现这一目标的机会。

自由派的政治基础来自什么社会阶层或集团？显然，殖民地时期传统的社会上层不支持自由派。1810年后，这一阶层虽然大大削弱，但仍有一定的实力，是保守派的堡垒。自由派也不代表农村贫困农民的利益。虽然胡安·阿尔瓦雷斯在他的家乡有时捍卫农民的利益，以反对他的政敌，但是其他自由派人士基本上与贫困农民没有联系。在自由派反对圣安纳保守派政权的斗争中，一些农民宣布支持自由派，但是，这主要是由于他们反对保守派政府的税收政策，而非支持自由派的土地改革计划。自由派废除村社土地所有权的目标广为所知，他们得不到农民的支持，特别是在村社较为集中的中央高地和其他地区，这是可以理解的。

城市中产阶级专业人员和梅斯蒂索小农场主构成自由派的政治基础。19世纪中期，仍归教会所有的不动产是城市中的房产。改革后，城市中产阶级专业人员将成为这些房产的实际所有者。根据改革计划，教会在农村的地产将转归承租人所有，其中既有单个的大承租人，但更多的是中等规模的承租人，其中很多人是小农场主。城市专业人员、农村

---

[1] John Tutino, *De la insurrección a la revolución en México, Las bases sociales de la violencia agraria, 1750–1940*, pp. 221–222.

小农场主都将从教会财产的转让中得到获取或增加财产的机会。因此，这些人是自由派改革的积极支持者。只有教会和村社农民将成为这一改革的受害者。大地产主不仅不会在改革中受损，反而会从中受惠。村社的力量削弱、土地减少，有助于庄园获取廉价劳动力，庄园将从中盈利。

村社土地分为三种类型：(1)用于支持当地政府财政和宗教节日开支的土地；(2)被用作牧场和林地的公用地；(3)农民家庭占据用以维持生计的小块土地。第一类土地通常被租给梅斯蒂索小农场主。根据自由派的方案，改革后，很多小农场主将成为所承租土地的所有者。第二类土地将被公开拍卖，富有的庄园主和小农场主可以通过购买扩大其地产规模。第三类土地虽然归村社集体所有，但实际上由村社成员所占据和使用，改革后，村社成员将拥有这些土地的所有权。但是，绝大多数的村社成员反对自由派的土地改革计划。因为在改革中，他们得不到实际使用的土地之外的其他土地。而且，他们将丧失对牧场和林地的使用权。传统上，村社政府承担两项重要的职能：保护村社土地权利和组织社团节日，这是维系村社凝聚力的两大基础。对第一类土地的强制拍卖虽然可能会为地方政府带来一定的资金收入，但这类土地被拍卖后，村社农民将没有资金来源用以支持地方政府在法庭上捍卫村社利益，而地方政府也就失去了捍卫村社农民的家庭财产的法律义务。同时，组织村社节日庆祝仪式的资金来源也随之遇到困难，村社农民很可能将被迫承担这部分费用。村社节日的庆祝仪式是维系村社的重要手段，自由派对村社土地的改革将对村社的凝聚力和自主性带来严重的打击。[①] 根据改革方案，绝大多数村社农民将成为小块土地的所有者，但是，他们丧失了对于牧场和林地的使用权，也失去了有力的、独立的地方政府的保护。因

---

① John Tutino, *De la insurrección a la revolución en México, Las bases sociales de la violencia agraria, 1750–1940*, pp. 223–224.

此，不出所料，1856年自由派政府改革方案一经公布，立刻就引起了墨西哥村社农民的激烈反对。

1872年7月，新一总统任期刚刚开始的胡亚雷斯突然病逝，副总统塞瓦斯蒂安·莱尔多·德·特哈达（米格尔·莱尔多·德·特哈达的兄弟）继任总统职位。但是，波菲里奥·迪亚斯希望成为自由派的领导人。迪亚斯来自瓦哈卡州，在墨西哥与法国的战争中屡立战功。1871年，迪亚斯就与胡亚雷斯竞争总统，但是没有成功。1876年，当莱尔多企图连任时，迪亚斯举行暴动。1876年初，迪亚斯发表了《图斯特佩克计划》（*Tuxtepec*），号召武装起义，推翻莱尔多，推选迪亚斯出任总统。计划还提出反对连选连任原则，并主张实行市政自治。3月，在帕洛布兰科（Palo Blanco）发表的计划修正文本中，迪亚斯承诺，消除国家集权、司法不公正和对外国利益的偏袒。计划中，"并无明显的迹象说明迪亚斯对争取农民的拥护表示任何强烈的兴趣"[①]，但是计划中对地方自治和司法公正的要求致使很多农民认为，迪亚斯将支持农村共同体的利益。在非正式的场合，据说迪亚斯曾宣布，在农民与土地所有者的斗争中，他将站在农民一边。[②] 但实际上，与其他自由派一样，迪亚斯不可能成为大多数农民的支持者。早在19世纪60年代末担任瓦哈卡州的军事司令时，迪亚斯就采取措施，加快当地村社土地的私有化。迪亚斯并不反对自由派的土地改革，而仅仅反对土地私有化成为对农民土地剥夺的借口。1876年就任总统后，迪亚斯政权不仅保留了胡亚雷斯政府的土地改革法案，而且采取措施加快法案的实施。与此同时，迪亚斯政府的计划是加快商品经济的发展，大力推动铁路网的规划和修建，以促进墨西哥经济

[①] 莱斯利·贝瑟尔主编：《剑桥拉丁美洲史》，第五卷，社会科学文献出版社1992年版，第19—20页。

[②] Donald Fithian Stevens, "Agrarian Policy and the Instability in Porfirian Mexico," *The Americas*, No. 2, 1982, p. 153.

的一体化以及与美国建立更为密切的联系。为了取得铁路修建带来的经济机会，墨西哥土地所有者把目光投向了铁路沿线的土地。农民村社和小土地所有者的土地成为新一轮被剥夺的目标。[1]"每当铁路建起来，甚至这条铁路线只是在设计阶段，沿铁路线的地价便会猛涨，各类投机商都会扑向土地抓住不放。"[2]

1880年的总统选举中，迪亚斯信守诺言，没有参加竞选，而是由他一手挑选的候选人曼努埃尔·冈萨雷斯竞选并就任总统。冈萨雷斯政府（1880—1884）继续推行迪亚斯政府的政策。1883年，在冈萨雷斯的指示下，墨西哥国会通过了《空闲土地法》（Ley de Terrenos Baldíos），该法令允许冈萨雷斯政府把测量空闲公共土地的任务交给私人公司，私人公司获得测量土地的三分之一作为报酬，政府获得其余三分之二，将其出售给大庄园主或者外国投资者。对于墨西哥农民来说，他们祖祖辈辈所耕作的土地，由于拿不出正式的地契，被划为空闲的公共土地而被剥夺。对于墨西哥国内外投资者而言，《空闲土地法》通过后，他们可以买到以前不予出售的大量公共土地。"大量的私人土地重新被划定为'公共土地'之后，现在就可以用一次巨额投标买到，不必再通过与众多的小块土地所有者一个一个地去进行协商。"[3]这样一来，在迪亚斯上台后，对农民土地的侵占浪潮达到了极点，"曾经不过是蚕食的做法转为十足的进攻"。据估计，当19世纪初期获得独立时，墨西哥中部和南部适合农业生产的土地约有40%属于农民村社所有。到1911年迪亚斯政权垮台时，仅有5%还留在村社手中。90%以上的墨西哥农民没有土地。[4]

---

[1] John Tutino, De la insurrección a la revolución en México, Las bases sociales de la violencia agraria, 1750–1940, p. 229.
[2] 莱斯利·贝瑟尔主编：《剑桥拉丁美洲史》，第五卷，第48页。
[3] 同上书，第26页。
[4] 同上书，第47页。

1875—1876年墨西哥自由派统治集团内部的纷争、迪亚斯表面上对农村社会公正的呼吁、铁路修建引发的新一轮侵吞农民土地的浪潮，加上1875年和1877年发生的严重大面积干旱，又一次引起了农村地区广泛而持久的反抗运动。

独立战争期间，墨西哥的农民暴动可分为两种类型：（1）伊达尔戈领导的起义农民主要来自巴希奥地区对劳动条件不满的庄园雇工，（2）哈里斯科、戈尔多山区（Sierra Gorda）等地的起义农民则主要是面临土地和村社自主性受到侵犯的村社农民。独立后，由于经济衰退，庄园经营困难，很多庄园生产转向租佃制，庄园主和庄园雇工之间的矛盾得到一定的缓和，因此前一种农民反抗基本上消退了。而对村社土地和村社自主权利的侵犯，致使后一种农民暴动成为独立后墨西哥农民运动的主要形式。

独立后到19世纪70年代，反对自由派土地改革的农民运动遍及墨西哥各地。其中，北部地区影响最大的是索诺拉州亚基人（Yaqui）的起义；中部核心地区最有代表性的查尔科（Chalco）地区的农民运动；南部地区则以尤卡坦半岛和恰帕斯州的玛雅人起义为代表。

二、索诺拉州亚基人的起义

殖民地时期，北部边境地区的西班牙殖民者人数较少，主要是一些传教士和前哨要塞守卫者。当地的印第安人如亚基人保留了自己的土地和很大程度的政治独立性。18世纪晚期，越来越多的西班牙人来到北部地区，独立后，西班牙人控制当地政权，侵占印第安人的土地，引起了土著农民的反抗。但是，总体上说，19世纪初，相对而言，北部边境地区的社会冲突并不突出。原因在于，19世纪30年代前后，阿帕切人（Apache）战争再度爆发，而刚刚建立的墨西哥政府对此束手无策。而且，大批美国人涌入美国西南部地区，迫使阿帕切人向墨西哥进逼。于是，在墨西哥，大庄园主和农民（无论印第安人还是梅斯蒂索人）之间的潜在分歧被搁置一旁，双方合力对付阿帕切入侵者。边境地区的庄园主欢迎自由农民前来定居，从而增强抗击阿帕切人入侵的力量。由于独立后墨西哥的军事力量不及殖民地时期，于是庄园主将他们的雇工武装起来，从而形成了一种庄园主和雇工之间的相互依赖关系，也迫使庄园主改善雇工的劳动条件和待遇。①

但是，在北部边境，并非所有的农民运动都因阿帕切战争而转移了。索诺拉州的亚基人的情况就是一个例外。墨西哥独立后，亚基人成为唯一持续地抗击墨西哥政府统治并取得一定成功的定居印第安人集团。1826—1827年和1831—1832年，在胡安·德·拉·克鲁斯·班德拉斯（Juan de la Cruz Banderas）的领导下，亚基人两次举行了暴动。②胡安·德·拉·克鲁斯·班德拉斯领导的农民暴动虽然被镇压，但是此后，索诺拉地区的和平主要依赖于曼努埃尔·甘达拉（Manuel Gándara）领导的当地政治派别维持，而该派别自称保守派，反对当地的自由派。19世纪30年代后期至1856年，曼努埃尔·甘达拉承认亚基人对土地的所有权和政治自治权，并依靠亚基人的支持维持对索诺拉州的统治。曼努埃尔·甘达拉—保守派—亚基人的联盟作为一种反对派政治运动一直持续到19世纪60年代，使亚基人保持了自身的独立性。③由于对自由派的强烈反对，曼努埃尔·甘达拉领导亚基人在墨西哥国内战争中站在保守派一边，支

---

① Friedrich Katz, "Rural Rebellions after 1810," Friedrich Katz, ed., *Riot, Rebellion and Revolution: Rural Social Conflict in Mexico*, Princeton: Princeton University Press, 1988, p. 523.

② Evelyn Hu-Dehart, "Peasant Rebellion in the Northwest: Indians of Sonora, 1740–1976," Friedrich Katz, ed., *Riot, Rebellion and Revolution: Rural Social Conflict in Mexico*, pp. 156–158.

③ John Tutino, *De la insurrección a la revolución en México, Las bases sociales de la violencia agraria, 1750–1940*, pp. 212–213.

持法国入侵者建立的马克西米利安政权。但是，随着马克西米利安政权的倒台和自由派重新执政，亚基人失去了保护他们的土地所有权的盟友。1867—1868年，他们被迫再次拿起武器，捍卫自身的自主权。最后，由于自由派军队的镇压，加上当时发生的水灾，这次起义最终失败。①1868年，曾与自由派携手作战镇压亚基人的起义卡哈迈（Cajeme）被委任以索诺拉州亚基人的代理人的职位。但到1875年，卡哈迈成为亚基人自治权的坚定捍卫者。利用索诺拉州自由派内部的分歧，卡哈迈宣称，他和亚基人只支持承认他们的自治权和保护他们土地所有权的政府。但是，无论哪一派，都不接受这样的条件。于是，卡哈迈领导亚基人再次举行起义。1887年，这次起义被镇压，卡哈迈被俘并被处死。但是，亚基人继续坚持游击战争。直到1900年后，迪亚斯政府加强镇压，于1903年和1907年发动了全面清剿亚基人的战役，并把大量亚基人（不论是对抗政府的还是不对抗政府的）作为奴隶被流放到南部的尤卡坦半岛的龙舌兰种植园。"这种策略不但把亚基人大批杀死，还可以从中获利。弗朗西斯科·B. 克鲁斯上校在三年内共把1.57万名亚基人流放到尤卡坦，从庄园主那里获得每人（男人、女人或小孩）65比索，其中10比索归其个人，55比索给作战部。"②

三、查尔科地区的农民运动

1848年起，在包括今墨西哥州、伊达尔戈州、莫雷洛斯州的地区爆发了若干起农民暴动，其中包括很激烈的暴力性对抗。约翰·图蒂诺对位于墨西哥城东南的查尔科地区的农民运动进行了深入细致的考察。根

---

① John Tutino, *De la insurrección a la revolución en México, Las bases sociales de la violencia agraria, 1750–1940*, p. 226.

② 莱斯利·贝瑟尔主编：《剑桥拉丁美洲史》，第五卷，第46页。

据他的研究，独立后，查尔科地区的庄园经济面临着财政困难和劳动力短缺的双重危机。美墨战争后，庄园主决心寻求新的途径振兴庄园经济，如修建新的堤坝和运河，开掘喷水井，以扩大土地灌溉面积；引进新品种，以增加小麦和玉米的产量；尝试生产新产品，在牧场栽种紫花苜蓿，生产奶制品。然而，这些革新措施与当地村社农民的利益发生了冲突。当庄园主占据新建的水利系统容易灌溉的村社土地时，引起了村社农民的反对。最初，村社农民诉诸法庭，这是殖民地时期以来的传统，而殖民地时期，为了抑制殖民者的势力，西班牙王室的法庭在某些情况下的确站在村社一边。但是独立后，国家和地方政权成为墨西哥统治集团利益的代理人，无论在何种情况下，法庭总是支持庄园主。于是，村社农民被迫自卫。他们阻止灌溉工程的修建，没收庄园的建筑工具和材料。他们袭击庄园的管家。庄园主一般住在墨西哥城，而把庄园交给管家打理。墨西哥州政府批准庄园主采取任何可以利用的措施，对付农民的反抗。庄园主往往武装庄园雇工，镇压村社农民的暴动。总体上说，40年代查尔科地区农民运动的规模与北部和南部边缘区无法相比，但是与同地区此前的农民运动相比，却达到了一个新的层次。殖民地时期，这里的农民抗议一般都局限于一个村的范围，一般持续一天，很少超过一个星期。但是，在19世纪40年代至50年代，来自许多村庄的农民联合行动，有时甚至举行暴力性的反抗，持续时间达几个月，甚至几年之久。[1]

1868年初，查尔科地区的农民再次举行反抗运动。当地农民不仅反对村社土地私有化，而且要求分配大庄园的土地。农民组成了游击队，与前来进剿的政府军作战。他们坚持斗争达六个月之久。值得注意的是，在19世纪60年代中部地区的农民运动中，农民的土地和自主权

---

[1] John Tutino, *De la insurrección a la revolución en México, Las bases sociales de la violencia agraria, 1750–1940*, pp. 219–220.

的要求得到了来自城市的知识分子的赞同。被墨西哥报纸称为"狂热的社会主义者"的普罗迪诺·罗达卡纳蒂（Plotino Rhodakanaty）把耶稣基督视为"人类神圣的社会主义者"和"世界自由的救世主"，在查尔科地区建立了一所学校，由他的两名弟子传授他的理论。他们的讲授接着又激励了他们的学生胡里奥·洛佩斯。洛佩斯同时也是一名农民，他发表声明，号召查尔科、特斯科科和其他临近城镇的农民起来反抗当地的地主。他写道："我们要社会主义"，"我们要摧毁当前可怕的剥削状况，……我们要有自己的土地，平和地进行耕作"。洛佩斯还领导农民在查尔科和特斯科科城镇周围侵占了一些土地并进行分配。后来，洛佩斯被政府军逮捕并被处死。在伊达尔戈州，两位农民弗朗西斯科·伊斯拉斯和曼努埃尔·多明戈斯领导了一支数千人组成的队伍，占领了特松特佩克镇和米内拉尔-德尔蒙特矿业中心。他们的主要目的是要收复他们认为被当地庄园主非法占有的土地。弗朗西斯科·伊斯拉斯在给《解放报》的一封信中写道："暴力是我们拨乱反正的手段。政府支持庄园主，'社会'也支持他们，而恬不知耻地待价而沽的记者们也这样干。我们除了战斗别无出路。"从1869年12月到1870年1月，他们坚持斗争两个月，当联邦政府军队前来镇压时，他们中许多人，包括伊斯拉斯和多明戈斯都逃到伊达尔戈的山中，得以幸存，在几年后再次领导反政府的运动。[①]

为什么几个世纪以来生活在封闭的、狭隘的状态中的墨西哥农民在19世纪60年代突然愿意与外部知识分子联合，并提出关于农民权利的政治要求呢？约翰·图蒂诺认为，至少有两个原因值得注意：第一，到60年代，保守派的失败使墨西哥农民失去了政治领域唯一潜在的盟友；第二，自由派将摧毁村社财产权确立为一项全国性的政策，村社农民开始意识到，有必要与将农民问题在国家政治层面提出来的领导人进行

---

① 莱斯利·贝瑟尔主编：《剑桥拉丁美洲史》，第五卷，第12—13页。

合作。①

四、南部地区的玛雅人起义

殖民地时期,南部的尤卡坦半岛在墨西哥经济中处于边缘地位。绝大多数人口是玛雅人,他们作为农民,保持着相当大程度的自主性。一小部分相对富裕的地方精英主要居住在梅里达,通过从被征服的人口中征集税收和劳务,维持贵族地位。18世纪晚期,尤卡坦地区生产牲畜和其他产品,销往古巴。由于商品经济的发展和人口的增长,18世纪80年代后,梅里达和坎佩切附近地区的庄园经济得到适度的发展,越来越多的玛雅人成为庄园土地的承租人或劳工。但是,墨西哥独立后,与古巴之间的贸易关系被迫中断,因为古巴仍为西班牙殖民地。牲畜出口渠道的消失使得尤卡坦统治集团的经济困难十分突出,迫使他们寻求新的方式以增加利润,但是由于财政紧张、由于这一干旱地区贫瘠的土壤、由于没有新的外部市场,商品经济复苏的希望一片渺茫。一些庄园试图种植甘蔗,但是成效甚微。还有的庄园试图出口用龙舌兰纤维生产的绳索,但在19世纪晚期之前,出口量也很少。1821—1845年,对于尤卡坦的统治集团而言,唯一可开发利用的新"资源"是他们对州政府的控制权。于是,他们利用政权的力量,夺取长期以来控制在印第安人手中的土地。长期以来由玛雅农民耕种、但无人具有明确的所有权的土地成为得到州政府支持的西班牙人掠夺的对象。19世纪40年代初,当时掌握尤卡坦州政权的自由派下令,将分散的、部分游牧状态的玛雅人集中到村落中,由此限制这些玛雅人共同体所拥有的土地。1841年4月5日,联邦主义者控制的州政府颁布法令,规定印第安人村社(ejido)的公共

---

① John Tutino, *De la insurrección a la revolución en México, Las bases sociales de la violencia agraria, 1750–1940*, p. 226.

土地范围限制在从村庄中心辐射到周围 1 里格（约等于 3 英里），或者 4 平方里格之内，而较小的印第安人聚居区（被称为 rancho 或 rancherías）公共土地范围限制在 1 平方里格之内。此范围之外的、没有明确法定业主的公共土地被视为荒地，可由私人合法地殖民。1842 年 8 月 26 日，为减轻州政府的财政负担，州政府再次颁布法令，授予与中央集权主义者作战的士兵四分之一里格的土地。在财政压力下，州政府还强行向私人借贷（被称为 contribución patriotica），给债主发放无息的债券。因为州政府无力兑现这些债券，于是，在 1843 年 11 月 17 日颁布法令允许使用政府债券购买荒地。1844 年 10 月 18 日，州政府再次颁布法令，对每 10 麦卡特（mecate，1 麦卡特等于 400 平方米）的玉米地征收 1 雷亚尔的税，同时规定村民要承担测量确定村社土地和荒地界限的费用。[①] 独立后尤卡坦政府已经完全成为地方统治集团从绝大多数玛雅人手中夺取土地资源的代理人。但是，尤卡坦州政府刚刚建立不久，财政紧张，内部分裂，不同的地区集团为争夺州政权相互倾轧，墨西哥全国性的自由派与保守派的冲突使尤卡坦地方的集团间矛盾更加复杂化。不同的统治集团在争权夺利的过程中，将玛雅人武装起来，卷入其政治派别冲突。令他们没有想到的是，玛雅人一旦武装起来，就要为维护自身的利益而战。[②]

1847 年，尤卡坦许多政治派别之一的领袖塞蒂诺（Cetina）上校与一些玛雅人的卡西克如马努拉尔·安东尼奥·阿伊（Manurl Antonio Ay）、塞利里奥·奇（Celilio Chi）、哈辛托·帕特（Jacinto Pat）接触，争取这些卡西克支持他举行暴动，反对当时执掌州政权的对立派别。塞蒂

[①] Robert W. Patch, "Decolonization, the Agrarian Problem, and the Origins of the Caste War, 1812–1847," pp. 55–56.

[②] John Tutino, *De la insurrección a la revolución en México, Las bases sociales de la violencia agraria, 1750–1940*, pp. 214–215.

诺许诺,作为回报,玛雅人将得到更多的土地,税收也将得到减免。这些玛雅人卡西克向塞蒂诺保证,他们将支持塞蒂诺,为此,他们将武装和动员他们所在村庄和其他更多的玛雅人。但是,这些卡西克向普通玛雅人所传递的信息则与塞蒂诺所期望的完全不同。他们宣称,印第安人夺回自己土地的时候到来了,他们号召驱逐和杀掉所有的白人和梅斯蒂索人。① 于是,19世纪美洲历史上"时间最长、伤亡最大、意义最重大的土著人反抗"②爆发了。在尤卡坦,种族关系和阶级关系是密切相关的。一般而言,庄园主是白人或梅斯蒂索人,农民是印第安人,因此这场起义又被称为"种族战争"(Caste War)。

1848年,起义的玛雅人对首府梅里达进行了围攻。所有白人和梅斯蒂索人被赶出尤卡坦、甚至被屠杀净尽的可能性,似乎就在眼前。但是,使白人和梅斯蒂索人吃惊的是,1848年年底,玛雅人在胜利即将到来之际突然撤退了。拉蒂诺人(latinos,此处指非印第安人,即白人和混血种人)不仅摆脱了起义者的控制,而且对起义的玛雅人展开了军事反击。为何起义的玛雅人突然转胜为败,对此,历史学者之间存在争论。一种解释是,当时播种季节到来,很多玛雅人赶回家种植玉米。另外,西北部地区的玛雅人,主要是庄园土地租佃人,与西班牙人有着共同的语言和文化,他们不仅拒绝加入起义队伍,而且站在西班牙人一边与起义军作战。这使得来自半岛南部的玛雅起义者的信心受到了打击。③ 随后,拉蒂诺人继续对已经受到削弱的印第安人队伍发动攻击,而玛雅人首领之间的不和进一步打击了仍在坚持战斗的印第安人的士气。当哈辛托·帕特被他的秘书、同时也是他妻子的情人暗杀后,起义军失去了最有感召

---

① Friedrich Katz, "Rural Rebellions after 1810," pp. 525–526.
② E. 布拉德福德·伯恩斯、朱莉·阿·查利普:《简明拉丁美洲史——拉丁美洲现代化进程的诠释》,王宁坤译,世界图书出版公司2009年版,第170页。
③ Friedrich Katz, "Rural Rebellions after 1810," p. 528.

力的领袖。政府的反扑非常有效和残忍,成千的玛雅人被捕,无论是否曾参与起义,都被作为奴隶卖到古巴。虽然政府成功地重新控制了尤卡坦的大部分地区,但是,仍无力最终完全击败起义的印第安人。坚持斗争的玛雅人撤入东南部丛林,转入游击战争。据说,1850年,何塞·马里亚·巴雷拉(José María Barrera)率领的起义武装在丛林深处发现了一个嵌刻在一棵树内的十字架,外形十分类似玛雅人神圣的生命之树,并且能说话。该十字架命令巴雷拉及其追随者继续战斗。由此,在此出现了一个宗教社团,并逐步发展起来。在昌·圣克鲁斯(Chan Santa Cruz)及其后继者克鲁索波(Cruzob)的领导下,坚持反抗政府的武装斗争达半个世纪之久。他们控制尤卡坦东部地区,并建立了一个独立"国家",在很多方面恢复了前哥伦布时期的传统和组织形式。这个"国家"得到相邻的英属洪都拉斯的企业家的支持,他们向玛雅人提供武器,作为交换,他们可在玛雅人控制区开采木材。英国承认昌·圣克鲁斯的"国家"主权。1893年,英国为改善与墨西哥迪亚斯政府的关系,撤销了对于玛雅"国家"的承认,并停止了英属洪都和独立的玛雅人之间的贸易。最终,1901年,墨西哥联邦军队占领了昌·圣克鲁斯控制的地区,并宣布与玛雅人的战争结束。此后几十年内,因墨西哥革命期间的政局动荡,尤卡坦半岛的玛雅人又多次举行武装斗争,1933年,政府武装和玛雅人民兵之间发生最后一次战斗,"种族战争"才最终平息。①

1868年,在墨西哥南部的恰帕斯州的恰穆拉(Chamula),玛雅人的一支——佐齐尔人(Tzotzil)——举行了一场起义。殖民地时期,恰帕斯属危地马拉检审庭长辖区管辖。1712年,为反对教会和殖民者的横征暴敛,当地的玛雅人曾发动了一场大起义。这次起义虽被镇压,但显示

---

① 关于尤卡坦的"种族战争",较有代表性的研究参看:Nelson A. Reed, *The Caste War of the Yucatán*, Stanford: Stanford University Press, 2001; Terry Rugeley, *Yucatán's Maya Peasantry and the Origins of the Caste War*, Austin: University of Texas Press, 1996。

了玛雅人的力量，迫使殖民者适度减轻了玛雅人的税负。到殖民地时期结束，恰帕斯的玛雅人仍保有大量的土地，该地商品经济的发展非常薄弱。1824年，恰帕斯并入独立后的墨西哥。19世纪中期，美国加利福尼亚出现淘金热。由于美国东西部大陆交通不便，东部的人需乘船绕过南美南端的合恩角进入太平洋沿岸北上，前往加利福尼亚淘金，这条运送淘金者的航线也开辟了将原材料和食品运往北大西洋港口的道路。外国企业家，主要是德国人，前来恰帕斯的索科努斯科（Soconusco）海岸马德雷山肥沃的山坡，投资经营咖啡种植园。咖啡种植园带动了邻近地区的经济增长。格里哈尔瓦河谷的低地向咖啡种植园提供食品和家畜，在19世纪后半期成为商品农业的基地。随着经济实力的增强，这里的农牧场主开始向中央高地的旧寡头集团提出挑战。当时的墨西哥，统治集团的两大派别——保守派和自由派——正为争夺国家政权进行激烈的角逐。恰帕斯的精英分子也卷入了这场政治漩涡。随着两派的冲突演变为内战，恰帕斯中央高地的精英希望维护他们对高地地区的经济和印第安人劳动力的控制，加入了保守派；而低地的农牧场主觊觎格里哈尔瓦河谷的教会庄园土地，加入了自由派。1860年，自由派击败了保守派，1861—1867年法国干涉的失败进一步削弱了恰帕斯州中央高地的保守派力量。1863—1864年间保守派曾一度控制州政权，但很快，自由派重新获得了州政权。1869年，自由派将首府自圣克里斯托瓦尔西迁至低地地区的恰帕-德库尔索（Chiapa de Corzo），不久后又迁往图斯特拉-古铁雷斯（Tuxtla Gutiérrez，以下简称图斯特拉），进一步削弱了中央高地的保守派力量。

两派斗争加剧了印第安人的负担。两方都增加了对印第安人的税收，并强征印第安人充作脚夫和士兵。无论哪一派执政，都利用政权的力量支持白人庄园主侵占玛雅人村社的土地。印第安人的反抗首先表现为对新的宗教神灵的崇拜。1867年下半年，恰穆拉的一名叫做奥古斯蒂娜·戈麦斯·切切巴（Augustina Gómez Checheb）的印第安妇女宣布，她看到有三块石头从天而降。一名村庄头人宣布，这些石头是圣灵，能与奥古斯蒂娜·戈麦斯·切切巴交谈。消息迅速传播，几千名印第安人从各地赶来朝拜。年底，一名来自恰穆拉的村社头人（fiscal）佩德罗·迪亚斯·库斯卡特（Pedro Díaz Cuzcat）宣布，自己也能够与这些石头交谈，并要求在这些石头被发现的地方策哈莱迈尔（Tzajalhemel）建立一座神庙。1868年1月底，受圣灵石头和佩德罗·迪亚斯·库斯卡特举行的定期布道吸引，前来策哈莱迈尔朝拜的印第安人络绎不绝。由于在此前的内战期间受到白人两派的虐待，很多印第安人在这个封闭的神庙里找到了一个避难所，在这里，他们不但可以和平地祈祷，而且能够不受白人干扰地与其他印第安人进行接触与贸易，这使策哈莱迈尔不仅成为一个重要的宗教中心，而且成为高地地区最繁忙的贸易中心之一。由于到策哈莱迈尔朝拜和贸易的人数增加，白人城镇周围的宗教收入和贸易下降了。1868年12月2日，一支50人的白人武装从圣克里斯托瓦尔出发，前来平息印第安人的分离运动。装备优良的白人成功地突入印第安人中间，抓住了切切巴，扣押了印第安人的圣物，神庙内的装饰被洗劫一空。库斯卡特最初逃脱，但后来也被捕。

1869年初，自由派州长潘塔莱翁·多明戈斯（Pantaleón Domínguez）宣布恰帕斯州实施新的税收条例，特别是开征人头税，目的一是为了承建公共工程募集资金，二是为了争取全州地方官员的支持，因为负责征税的官员将获得税收数额的8%。新的税收将按季缴纳，第一笔缴纳的时间为5月30日。然而，1869年4月和5月初，征税官向印第安人征收第一季度的人头税时，印第安人逃到了丛林。当时，有一位来自墨西哥中部的自由主义者、教师伊格纳西奥·费尔南德斯·德·加林多（Ignacio Fernández de Galindo）自1868年以来一直住在圣克里斯托瓦尔，他曾几次在公共辩论中捍卫印第安人的权利。看到政府决定采取新的军事行动，5月26日，他和妻子以及一名叫贝尼尼奥·特雷霍（Benigno Trejo）的学生悄悄离开圣克里斯托瓦尔，前往恰穆拉，向印第安人通报他们即将面临的危险。在当时的白人看来，伊格纳西奥·费尔南德斯·德·加林多想继承被捕的库斯卡特，成为印第安人的领袖，组织印第安人向白人发动战争。他们认为，印第安人撤往丛林，目的是集结力量，准备向白人展开进攻。在这种情况下，6月13日，米格尔·马丁内斯神父和以恰穆拉的牧师为首的一个小代表团前来与印第安人会谈，一方面是为了做出最后一次努力，劝说印第安人顺从，另一方面也是为了探查一下印第安人的实力。但是，在米格尔·马丁内斯及其同伴返回恰穆拉的路上，一些印第安人追上了他们。在随后发生的冲突中，米格尔·马丁内斯神父和随行的白人被杀。

流血事件发生后，高地地区的白人陷于一片恐慌。在圣克里斯托瓦尔城内，白人自卫队确信印第安人的袭击迫在眉睫，开始为守城做准备。附近村落的白人聚集在几个大村庄内准备战斗。可能在印第安人看来，这种集聚意味着白人将发动进攻，而自己既然已经开了杀戒，就没有退路了。因此，6月15日和16日，来自恰穆拉教区最南端的一些印第安人袭击并杀害了隐藏在圣安德烈斯（San Andrés）附近的纳蒂维达德（Natividad）和圣马尔塔（Santa Marta）附近的拉梅塞德（La Merced）两处的白人。大约与此同时，恰尔奇古坦（Chalchiguitán）的印第安人杀害了正逃往西莫赫维尔（Simojovel）的白人学校教师及家属、牧师，以及五名白人小贩。为了防止印第安人进一步的暴力行动，6月17日，伊格纳西奥·费尔南德斯·德·加林多率领几千名印第安人前往圣克里斯托瓦尔，要求释放库斯卡特。尽管此举造成了圣克里斯托瓦尔城内本已心情焦躁的白人的恐慌，但这次行动的方式和目的完全是和平的。印第安人不仅高举白旗，而且是在黄昏的时候到达的，这正是很难展开战斗的时分。加林多提出的要求是，以他本人、他的妻子、他的学生特雷霍作为人质交换库斯卡特和切切巴等人。白人答应了加林多的要求。6月17日到21日，印第安人返回策哈莱迈尔，庆祝库斯卡特等人获释。为防止白人的报复，他们留下了大约600人驻守在通往圣克里斯托瓦尔的道路上。6月20日，州长潘塔莱翁·多明戈斯突然调集低地地区的民兵出发，为圣克里斯托瓦尔解围。政府武装立刻袭击了在城西和城北扎营的印第安人，杀死了300多人。接着，6月26日，加林多和特雷霍经审讯后被处死。6月30日，1000多人的军事力量攻占了恰穆拉。7月3日，一队士兵被派往策哈莱迈尔，烧毁了那里的神庙。到1870年7月，坚持抵抗的起义者被最后镇压。①

五、农民运动的影响

独立后，墨西哥自由派废除村社土地所有制的目标已十分明确。但是，直到19世纪晚期实现经济繁荣和政治稳定之前，自由派尚不具备推行这一激进变革的能力，推行这一变革的尝试则引发了不断升级的农村冲突。所有这些农民运动都在政府军的镇压下失败了。但是，军事上的失败并不意味着这些运动毫无成果。19世纪墨西哥的农民运动加剧了统治集团的经济困难，延缓了自由派政权的巩固，更重要的，农民的反抗运动大大推迟了自由派土地私有化改革计划的实施，迫使政府"至少在一段时间里不得不通过进一步放慢土地征收的速度和对农村自治的攻击，暗暗地从过去政策上退却"②。1856年10月，面对农民的普遍反对和抗议，墨西哥政府对《莱尔多法》进行了修改，规定价值不足200比索

---

① Jan Rus, "Whose Caste War? Indians, Ladinos and the Chiapas 'Caste War' of 1869," Jr. John Womack, ed., *Rebellion in Chiapas: An Historical Reader*, New York: The New Press, 1999, pp. 88–96. 另参看董经胜：《玛雅人的后裔》，北京大学出版社2009年版，第35—48页。

② 莱斯利·贝瑟尔主编：《剑桥拉丁美洲史》，第五卷，第47页。

的土地将自动为实际占据者所拥有，不必经过出售或缴纳税收。①1858—1867年的政治混乱期间，土地改革实际上几乎完全中止了。1867年后，自由派政权巩固，决心利用政权的力量推动农村土地改革。但是，如上所示，由此引发了一系列的农村暴动，土地改革进展缓慢。例如，在托卢卡谷地的农村村社奥克约阿卡科（Ocoyoacac），直到1887—1889年以前，绝大多数村社农民维持生计的土地仍未转为私人拥有所有权的财产。在整个墨西哥州，直到1885年前，绝大多数村社土地仍未实现私有化。在瓦哈卡州，除了首府周围地区外，尽管有胡亚雷斯总统的大力支持，但直到20世纪初，土地私有化的进程尚未完成。②在圣路易斯波托西东部的塔马孙查莱（Tamazunchale）村社和瓦斯特卡地区的村社，1876—1883年曾举行暴动，反对土地私有化改革。此后，土地私有化改革实际上也中止了。直到1894年，迪亚斯总统才与圣路易斯波托西州州长开始重新讨论在这里实施《莱尔多法》的问题。在讨论中，迪亚斯强调，私有化改革必须在保证当地农民不失去土地的前提下进行。当地官员对迪亚斯的建议置之不理，仍坚持要求农民购买自己耕种的土地。农民表示抗议，声称他们没有钱来购买本已属于自己的土地。于是政府决定将农民的土地进行拍卖。1897年，农民向迪亚斯总统提出抗议。迪亚斯给圣路易斯波托西州州长写信，要求土地改革中向印第安人分配他们认为属于自己的土地，并免收赋税。③最终，鉴于以往农民暴动的教训，迪亚斯利用圣路易斯波托西当地精英的内部分歧，成功地在保持农民土地所有权的前提下，实行了土地的私有化改革。农民的抗议没能阻止土地改

---

① John Tutino, *De la insurrección a la revolución en México, Las bases sociales de la violencia agraria, 1750–1940*, p. 224.

② Ibid., p. 232.

③ 迪亚斯这封信件的部分译文，参见莱斯利·贝瑟尔主编：《剑桥拉丁美洲史》，第五卷，第51—52页。

革的进行，但成功地防止了改革成为对农民土地的简单剥夺。①

总之，自19世纪20年代开始酝酿、40年代许多州政府通过法令、1856年联邦政府通过法令逐步实行的自由派土地改革，由于农民的反抗，实际进展缓慢，很不彻底。农民并不反对获得他们赖以维持生计的小块土地的所有权，但他们不愿失去村社的牧场和林地，他们还强烈反对用以维持村社政府和宗教生活的土地私有化。因为失去了这部分土地，村社农民将被迫负担宗教和村社共同体集体活动的费用，村社政府将失去独立的收入来源，无力捍卫村社利益、免受外部势力的侵犯。在农民运动的压力下，1901年，迪亚斯宣布，对1857年《宪法》第27条进行修改，允许非宗教社团拥有土地。1902年12月30日，迪亚斯签署法令，规定土地测量由政府官员进行，以薪金而非土地来支付土地测量的费用。法令还规定，只有政府有权签署土地地契，任何人只有经过三十年的实际占有后，才可获得土地所有权证明。②这意味着，从19世纪40年代以来农民反对自由派土地私有化政策的斗争最终在法律上获得了胜利。但是，自由派的土地改革已经进行了相当长的一段时间，大批农民的土地已经丧失，加上农村人口的增长，进入20世纪后，墨西哥农民的自治权已经受到严重的摧毁。在迪亚斯时期复杂的社会经济变革面前，农民的不满日益加剧，最终在1910年大革命中全面爆发。

---

① Donald Fithian Stevens, "Agrarian Policy and the Instability in Porfirian Mexico," pp. 160–166.

② Ibid., pp. 162–163.

第三章

革命的前奏
——1910年前农村社会关系的变化

1911年5月,在墨西哥各地反对力量的军事压力下,波菲里奥·迪亚斯总统流亡法国。他对自己的对手、革命领袖弗朗西斯科·马德罗的处境做出了这样的比喻,马德罗"放出了一只老虎,且看他是否能驯服它"①。的确,革命一旦发动,绝非温和派的马德罗所能驾驭的,而最难以控制的是以埃米利亚诺·萨帕塔和以潘乔·比利亚为首的农民武装。美国政治学者塞缪尔·亨廷顿指出:"农村在现代化中国家的政治中起着举足轻重的作用。……西方和非西方社会发生的每一场大革命,基本上都是农民革命。"② J. 米格代尔也指出:"20世纪是农民革命的世纪。"③ 从法国大革命以来,直到20世纪的墨西哥、俄国、中国、古巴,农民在革命中发挥的决定性作用是不可否认的。虽然对于1910年爆发的墨西哥革命本质上是否是一场农民革命,

---

① Eric Wolf, *Peasant Wars of the Twentieth Century*, p. 3.
② 塞缪尔·P. 亨廷顿:《变革社会中的政治秩序》,李盛平、杨玉生等译,华夏出版社1988年版,第285—286页。
③ J. 米格代尔:《农民、政治与革命:第三世界政治与社会变革的压力》,第195页。

学术界存在着不同的看法,① 但毋庸置疑的是,农民是发动和推进这场革命的主要力量。在中部地区,特别是莫雷洛斯州,萨帕塔领导的革命农民成为土地改革的先锋。在北部地区,特别是奇瓦瓦州,比利亚率领的革命武装成为推翻旧政权和复辟势力的主要力量。但是,在商品性农业同样高度发达的南部低地地区,特别是尤卡坦和恰帕斯,却很少发生农民反抗运动。这两个地区的"革命"是外来力量或者是当地改革派精英所发动的。之所以存在这种差别,根源在于迪亚斯时期不同地区间农村经济结构和阶级关系的差异。

一、中部地区的农村社会经济关系

传统上,墨西哥中部地区的范围包括以墨西哥城为中心的中央谷地,加上南至库埃纳瓦卡(Cuernavaca)、西到托卢卡、北抵梅斯基塔尔(Mezquital)的盆地地带。② 自古以来,这里一直是墨西哥人口最密集、农业生产最发达、拥有最大的城市中心的地区,无论是阿兹特克人还是西班牙殖民者都明白,要统治墨西哥,就必须征服中部地区。1810 年,墨西哥独立战争爆发。对于伊达尔戈领导的起义农民来说,夺取墨西哥城,占领中部地区,同样成为取得革命胜利的关键。遗憾的是,伊达尔戈率领起义军从巴希奥地区来到中部地区,但是并没有得到当地农民的支持和加入。伊达尔戈之所以决定放弃攻占防守空虚的墨西哥城,正是由于他担心,如果得不到中部地区农民的支持,即使拿下墨西哥城,也难以持久坚守。而从墨西哥城的撤退,直接导致了起义的失败。然而,一个世纪之后,1910 年墨西哥革命爆发,在中部地区的绝大多数地方得

---

① 参见董经胜:《墨西哥革命:从官方史学到修正派史学》,《史学集刊》,2011 年第 6 期。
② John Tutino, *De la insurrección a la revolución en México, Las bases sociales de la violencia agraria, 1750–1940*, p. 126.

到了积极的响应，尤其是莫雷洛斯州，成为最重要的革命中心，并产生了埃米里亚诺·萨帕塔这样的革命领袖。为什么中部地区的农民在独立战争期间和墨西哥革命期间的表现如此不同？这与独立以后，特别是19世纪末20世纪初迪亚斯政权时期墨西哥中部地区农村社会关系的变化密切相关。

独立后，中部地区农村的社会稳定被打破了。19世纪上半期，在经济困境面前，庄园主试图利用手中的政治权力，剥夺村社的土地，而曾经在庄园和村社之间发挥协调作用的殖民政府瓦解了。殖民地时期庄园与村社之间的共生关系遭到破坏，庄园与村社之间的冲突成为独立后墨西哥中部地区的主要矛盾。19世纪40年代末到70年代末，中部地区发生了一轮接一轮的农民运动。在1880年以前，中部地区的人口增长缓慢，村社内部土地压力相对不大，庄园一直经受着财政困境，因此农民的反抗运动在一定程度上延缓了庄园对村社土地的剥夺。[①]

1880年后，商品经济的发展、人口增长的恢复，使得庄园与村社的关系朝着越来越有利于庄园的方向转变。迪亚斯政权建立后，国家实现了政治稳定，政府力量增强，使得《莱尔多法》得以有效地付诸实施，绝大多数村社丧失了土地。

与此同时，墨西哥中部地区的农业发展和农村社会关系的演变呈现出与南部和北部不同的特色。南部和北部主要生产供出口的热带作物和牲畜，而墨西哥中部地区的农业生产仍主要面向国内市场。南部和北部劳动力供应不足，而中部地区劳动力供应过剩。中部地区的人口密度一直很大，迪亚斯时期，大量印第安人村社丧失土地，又产生了一大批失地农民。中部地区的工业不够发达，只能吸收很少部分过剩的劳动力。

从产品来看，中部地区的庄园可分为两类，大多数庄园生产玉米、

[①] 莱斯利·贝瑟尔主编：《剑桥拉丁美洲史》，第五卷，第47页。

小麦和龙舌兰，小部分庄园生产热带产品，如位于低地的莫雷洛斯州的庄园，以种植甘蔗为主。

迪亚斯时期，虽然墨西哥对于玉米和小麦的需求大大增加，但产量下降了，墨西哥不得不依靠大量进口玉米。玉米生产从1877年的2 730 620吨下降到1907年的2 127 868吨，同期小麦生产从338 683吨下降到292 611吨。在中部地区，由于劳动力供应过剩，很低的劳动力费用妨碍了庄园主采用机械化生产。据估算，1902年，在哈里斯科州，采用机械化手段进行收获比手工收获的费用高出8%。[①]

农民仍旧生活在村社，但越来越多的失地农民成为庄园的分成农，同时在庄园充当季节性的劳动力。墨西哥中部生产玉米和小麦的庄园面临着来自其他更富饶地区的竞争，铁路建成后又面临着来自美国进口农产品的竞争，只有那些拥有富饶土地、充足水源且易于将产品运往市场的庄园才能赢利。高地地区绝大多数庄园将玉米地租给分成农耕种，留下最好的、得到灌溉的土地种植其他作物。而失地农民由于在村社和家庭的土地上不足以生产维持生存的玉米，只得租种庄园土地。庄园发现，分成制可将气候变化和市场变化带来的风险转嫁给分成农，而后者又可向庄园提供季节性的劳动力。迪亚斯时期，为了盈利，庄园主采取多种措施，减少分成农的收益。瓜纳华托州塞拉亚附近一家大庄园分成制的演变典型地反映了大庄园在这方面的做法：

> 直到19世纪后半期，这个大庄园有两类分成农，自备农具和耕牛的分成农，他们分收成的一半。向大庄园租借农具和牲畜的分成农，他们除把收成的一半交给庄园外，还要支付收成中的五分之一作为使用机器和牲畜的租金。这样，他们就至多留下40%的收

[①] Friedrich Katz, "Labor Conditions on Haciendas in Porfirian Mexico: Some Trends and Tendencies," *Hispanic American Historical Review*, Vol. 54, No. 1, 1974, p. 24.

成。到19世纪末期,该大庄园禁止佃农使用大庄园的牧场喂养牲口,从而缩减自备农具和耕牛的分成农人数。到20世纪初期就只有少数特许留下来的人仍以对半分成的方法耕作他们的土地了。所有其他佃农都成为租用农具和牲畜的分成农。①

中部地区其他生产玉米和小麦的庄园的情形与此类似。在瓦哈卡州,一家庄园将半公顷的土地租给分成农(被称为 terrazguerros),要求这些分成农自备耕牛、种子和农具。收获之后,收成分成两份,一半属于庄园,但另一半并不完全归分成农所有。分成农要从不属于庄园的另一半中缴纳"犁沟税"(derecho de surco):好的土地,每1犁沟缴纳1分(centavo);较差的土地,每3犁沟缴纳2分。有些情况下,分成农不缴纳收成或者货币,而是无偿在庄园土地上劳动10到15天。分成农还必须在庄园要求的情况下,在庄园土地上劳动,报酬为每天1.5到2.5雷亚尔;或者星期天在庄园土地上劳动,无报酬。分成农如果自己没有牛车将属于庄园的那部分收成运往庄园,则必须从庄园主那里租借牛车,租金为每天3到4雷亚尔。作为回报,庄园主允许分成农的妻子或孩子跟随将收成运往庄园的牛车,沿路捡拾从车上掉落的玉米,归自己所有。但是庄园的护卫随行,以确保掉落部分降低到最少限度。②

为了从分成农那里获取更多的收成份额,庄园主经常采用的一个有效办法是在播种时节借给分成农大量的货币和种子。在米却肯州,分成农(被称为 mediero)从庄园那里获得每1牛轭3百公升(hectoliter)的玉米,还有每周1比索的货币,另加整个期间额外的22到25比索的货币。分成农必须在收获时用玉米还清,庄园主付给分成农的价格远低于

---

① 莱斯利·贝瑟尔主编:《剑桥拉丁美洲史》,第五卷,第53页。

② Friedrich Katz, "Labor Conditions on Haciendas in Porfirian Mexico: Some Trends and Tendencies," p. 25.

他出借时的价格。于是,"毫不奇怪,在收获时节,分成农不仅得不到玉米,而且还负债于庄园主"。1912年,哈利斯科州的参议员加夫列尔·瓦加斯(Gabriel Vargas)在墨西哥议会发言中证实,很多庄园主甚至从分成农那里获得更多的份额。分成农在播种时节从庄园主那里借到的货币和玉米,在收获时节偿还时,还要追加100%的额外费。如果从庄园主那里租借的牛死了,分成农要全部赔偿。加夫列尔·瓦加斯注意到,这种情况时常发生,因为往外租借的通常是庄园主搜集的老病牛。因此,分成农处于一种极不安全的状态。无论分成合同如何,庄园主都可在收获季节突然出现,拿走所有的收成,分成农无法求助于司法机构。迪亚斯时期,由于大批村社失去土地,要求承租庄园土地的农民急剧增加,庄园主变得更加肆意妄为。①

对于失去土地的农民而言,为了维持生存,除了通过分成制租种庄园土地外,另一种选择是干脆成为庄园雇工。但是,在中部高地,成为长工的机会是很少的,这是因为失地农民很多,庄园可以很容易地雇佣到季节性短工。在迪亚斯时期,即使那些少数长工的生存环境也不断恶化。在位于墨西哥城东北龙舌兰产区的托查特拉科庄园(Tochatlaco),直到19世纪中期,长工的待遇除了工资外,还有玉米配给,并可得到庄园贷款。但是,19世纪末,随着铁路的修建,龙舌兰市场不断扩大,庄园主为扩大生产,取消了除工资以外的其他待遇,只有极少数长工例外。1897年,玉米短缺导致庄园主提供的玉米配给费用的提高,于是庄园主取消了给长工的玉米配给,也取消了向长工提供的信贷,仅以略微提高工资为补偿。但是,工资的提高难以弥补失去玉米配给带来的损失。与此同时,庄园内长工的数量不断减少,季节性短工数量越来越多,很多

---

① Friedrich Katz, "Labor Conditions on Haciendas in Porfirian Mexico: Some Trends and Tendencies," p. 26.

短工同时也是庄园的分成农。在伊达尔戈州的帕丘卡（Pachuca）东北的韦亚潘庄园（Hueyapan），随着市场的扩大，该庄园通过投资兴建新的灌溉设施和采用新的农业机械以扩大生产。生产扩大了，但需要的劳动力并未增加。而且，随着农作物的加工都使用机器来完成，庄园雇佣越来越少的长工，仅在播种和收获季节雇佣大量的短工。结果，稳定的长工逐步消失，不稳定的、缺少安全感的短工越来越普遍。①

在米却肯州的纳兰哈庄园（Naranja），由于铁路的修建，市场扩大，投资者将原来村社农民用来捕鱼、猎取水鸟、采集芦苇编制篮筐的沼泽地据为己有。这一沼泽地虽然对于村社农民的生活至关重要，但属于无人拥有明确产权的"空闲地"，因而投资者可根据迪亚斯政府分配土地的计划获得所有权。新的主人将沼泽排干，在此建成富饶的生产谷物的庄园。庄园只雇佣少量长工，主要来自该地区以外的梅斯蒂索人。少数当地农民，大约有二十家，成为庄园最贫瘠土地上的分成农。其余大多数则依靠在19世纪80年代公共土地分割时得到的小块土地维生，随着人口的增长，土地被不断分割。但是，"当庄园侵占附近农村的土地时，在农民中间引起的痛苦和不满非常之大，以致他们当中大多数人宁可在其他庄园而不愿到他们社区的那个庄园去干活"。在纳兰哈，土地被侵占后，"那里的塔拉斯科印第安人中，只有三户在庄园干活。其余的人都被与侵占土地毫无关系的别的庄园所雇用"②。但是，附近庄园所能提供的工作机会毕竟太有限，为了生存，失地的农民便流落到国内其他地区，甚至到美国。③

---

① John Tutino, *De la insurrección a la revolución en México, Las bases sociales de la violencia agraria, 1750–1940*, pp. 266–267.

② 莱斯利·贝瑟尔主编：《剑桥拉丁美洲史》，第五卷，第48页。

③ John Tutino, *De la insurrección a la revolución en México, Las bases sociales de la violencia agraria, 1750–1940*, p. 268.

这样，迪亚斯时期，在整个墨西哥中部地区，人口的增长、村社公共土地的私有化、庄园生产的扩大和机械化等因素使农村社会关系发生了重要的变化。越来越多的农民依赖村社和家庭土地，甚至加上在庄园做季节性短工，都已不能维持生存。他们只能作为分成农租种庄园的土地，同时在庄园土地上充当季节性短工。农民生存的自主性丧失殆尽。从1810年爆发独立运动到1910年爆发革命的一百年内，尤其是迪亚斯时期，墨西哥中部高地农民的生活状态发生了彻底的改变。殖民地末期相对自主、与庄园处于共生的依存关系的农民变为十足的依附性的农民，受制于地主，经受着贫困，失去了安全感。农民对庄园主和代表庄园主利益的国家政权的不满不断加剧，终于在1910年革命中全面爆发。

　　与生产玉米和小麦的庄园不同，在中部地区生产热带作物，特别是蔗糖的庄园，分成制不占主导地位，庄园的绝大多数土地用于直接经营，与东南部、南部地区（如尤卡坦州和恰帕斯州）类似，但是与西沙尔麻、橡胶、烟草和咖啡不同，甘蔗不是19世纪晚期新兴的农作物，自殖民地时期以来，蔗糖就一直是十分重要的产品。虽然一些原来租给农民生产谷物的土地转而种植甘蔗，19世纪晚期，甘蔗种植的扩大主要还是在新近侵占村社的土地上进行的。

　　莫雷洛斯州位于墨西哥城以南中部高地核心的盆地，气候温暖湿润。自殖民地时期以来，这里就开始种植甘蔗。最初，甘蔗庄园与农民村社共同占据富饶的莫雷洛斯盆地。在周围的高地地带，村社占有大部分土地。为了得到一支稳定的劳动力，莫雷洛斯的庄园主最初采用了奴隶制。16世纪中期以前，奴隶来自被抓到的印第安人；此后，庄园主引进了非洲黑人奴隶。此外，庄园从附近的村社征召季节性的短工。到18世纪后期，自由雇用的长工取代了奴隶，而农民村社继续在种植和收获季节向庄园提供季节性的短工。

　　1810年，在莫雷洛斯，庄园和村社之间的冲突不断加剧，程度要超过中部高地的谷物产区。但是，冲突并未严重到导致民众起义的程度。何塞·马里亚·莫雷洛斯率领的起义军尽管在1812年占领了夸奥特拉（Cuautla），但没有引起农民的普遍响应和加入。然而，独立后，莫雷洛斯州的农村冲突不断升级。庄园主由于经济困难，试图凭借政权的力量占据村社土地和水源，遭到村社农民的激烈反抗。到19世纪40年代末，在甘蔗产区，暴力性的冲突已屡见不鲜，莫雷洛斯的农民也由此获得了斗争的经验。到迪亚斯时期，莫雷洛斯州的村社农民面临的压力急剧增加。19世纪80年代初，铁路的开通使莫雷洛斯到墨西哥城的交通更加便捷，从而为莫雷洛斯的蔗糖开辟了一个巨大的市场。迪亚斯政权垮台前的1908—1909年，莫雷洛斯17家主要的大庄园每年生产5200万千克蔗糖。1880—1910年，莫雷洛斯的蔗糖产量增长了四倍。①

为了扩大生产，生产甘蔗的庄园"把分布在莫雷洛斯州的一百来个村社的其余土地都侵占过来"。在村社与庄园的冲突中，州政府完全站在庄园一边。1908年，大庄园主巴勃罗·埃斯坎东就任州长。"他属于这个州的地主寡头势力，曾与'科学派'有密切联系。因此莫雷洛斯州的权力完全落入当地寡头势力之手。对该州的村社来说，埃斯坎东的统治完全是一场灾难。"② 在位于莫雷洛斯州的霍纳卡特佩克区（District of Jonacatepec）的特潘辛格村（Tepalcingo），村社土地被圣克拉拉庄园侵占，村里一位受尊敬的长者安东尼奥·弗朗西斯科（Antonio Francisco）试图向法庭申诉，他因此于1886年被暗杀。当时担任莫雷洛斯州分警首领、后来成为州长的曼努埃尔·阿拉尔孔（Manuel Alarcón）策划了这场暗杀阴谋。此外，阿卡特里帕村（Acatlipa）、夸奇奇诺拉村（Cuachichinola）、萨尤拉村（Sayula）、圣佩德罗村（San Pedro）都完全被

---

① John Tutino, *De la insurrección a la revolución en México, Las bases sociales de la violencia agraria, 1750–1940*, pp. 272–273.

② 莱斯利·贝瑟尔主编：《剑桥拉丁美洲史》，第五卷，第72页。

庄园吞并了。圣何塞比斯塔埃尔莫索庄园（San José Vista Hermosa）为了将特克斯基特格（Tequesquitengo）最后一批村民赶走，干脆放水将此居民点淹没。①

此外，庄园主扩建灌溉设施，并在蔗糖提炼环节采用机械化。但是，庄园主的做法损害了村社农民的利益。新的灌溉设施通常占据或消耗此前由村民使用的水源。铁路的修建使得很多赶骡人失去了生计，而蔗糖提炼的机械化虽然增加了庄园的产量，却没有由此导致长工数量的增加，仅仅增加了对于季节性短工的需求。与此同时，1877—1910年，莫雷洛斯的人口不断增长，虽然增长率略低于墨西哥中部其他地区。到19世纪末，莫雷洛斯的村民控制的土地等资源已经达到了最少限度。

由于庄园需要大量的季节性短工，维持当地农民最低的生存条件符合庄园主的利益。为此，庄园主将得不到灌溉、不适合种植甘蔗的土地以分成的形式租给土地不足的农民耕种。与庄园管家关系密切的承租人从庄园租得土地，他们有义务每年向庄园提供规定数量的劳动力。于是，这些承租人再将租得的土地转租给不太幸运的村民，通常是与他们有血缘关系的人。实际上，这些人耕种土地，并向庄园提供劳动力。到19世纪末，越来越多的村民以这种方式获得了耕种维持生存的玉米地的机会。为了对农民加强控制，庄园主将土地承租期限制为1年，每年都要重新承租，那些对庄园管理者表现出任何不顺从迹象的人，在下一年就会失去承租土地的机会。进入20世纪后，由于可供出租的土地已远远不足以满足不断增加的村民人口的需要，新一代村民面临着基本完全依靠在庄园做短工维持生存的前景。随着当地劳动力供应超过庄园的需求，庄

---

① John H. McNeely, "Origins of the Zapata Revolt in Morelos," *Hispanic American Historical Review*, Vol. 46, No.2, 1966, p. 154.

园管家只向那些最老实、最听话的农民提供做季节性短工的机会。①

在庄园内部，有少数长工（被称为 acasillados）的自由受到一定的限制。在莫雷洛斯州的圣安纳庄园（Hacienda de Santa Ana），如果没有监工的批准，长工不得离开庄园，特别是不得前往夸奥特拉等城镇。但是，没有证据证明，庄园主采纳了任何公开的强制手段来将长工固定在庄园内。相反，如果长工在规定时间没有出现在劳动地点，监工通常简单地将其从房间内逐出。由于墨西哥中部劳动力过剩，这并不奇怪。一些证据表明，在甘蔗种植园，长工认为自己处于特权地位。1910 年革命爆发后，在圣安纳庄园，极少有长工参加革命，尽管此地处于萨帕塔的控制区。

季节性短工（被称为 cuadrillas）构成庄园的主要劳动力。甘蔗收获时节，这些短工前来庄园干活。但是与东南部热带地区不同，在中部地区，这些短工是自由的，不受庄园约束。原因在于，在中部地区，由于大量的村社农民失去土地，产生了大批的过剩劳动力。短工每天的工资为 3 到 4 雷亚尔，庄园不提供食物。庄园为每 10 到 12 名在庄园干活的短工花钱雇佣一名人员（被称为 tlaqualero），此人每两天在庄园与短工来源的村庄间往返一次，将短工的家属做好的玉米饼带到庄园。来自村庄的订约人（被称为 capitanes）负责将劳工带到庄园，并在庄园监督管理这些劳工。这些订约人从庄园获得每天 4 到 5 雷亚尔的工资，每监督管理 10 名劳工另外获得每天 1 雷亚尔。有的庄园干脆付给订约人每天 1 比索的工资，这大约是其他工人工资的两倍。②

这样，到 20 世纪初，通过分成制租种庄园土地，并在庄园充当季节性的短工成为莫雷洛斯农民维持生存的基本方式。这种状态使农民失去

---

① John Tutino, *De la insurrección a la revolución en México, Las bases sociales de la violencia agraria, 1750–1940*, pp. 274–275.

② Friedrich Katz, "Labor Conditions on Haciendas in Porfirian Mexico: Some Trends and Tendencies," p. 27.

了任何自主性和安全感，引起了农民的极大愤怒。对于社会不公的强烈感受促使莫雷洛斯的农民成为革命的积极参与者。在萨帕塔的领导下，他们要求收回失去的土地和自主权。虽然他们的斗争最后失败了，却开辟了墨西哥历史上一个革命的转折时代。

二、北部地区的农村社会经济关系

1910—1917年的墨西哥革命中，北部地区，特别是奇瓦瓦州、科阿韦拉州和杜兰戈州交界的拉古纳地区成为与中部的莫雷洛斯州同样重要的下层农民革命核心，并产生了以潘乔·比利亚为代表的一批革命领导人。由于革命前北部地区的经济结构、社会阶级关系有其自身特点，因此，促使北部农民参加革命的动因、革命队伍的构成，以及革命后北部地区的社会经济政策，特别是土地和农业政策，也与其他地区存在很大的差异。

美国历史学者亨利·帕克斯（Henry B. Parkes）认为：

> 比利亚和奥夫雷贡的军队是从矿区营地和牧牛农场，从沿美国边界城镇里充满老虎机的咔嗒声和廉价舞厅的机械钢琴的叮当声的赌场和红灯区征募来的。北方人的口号可能是自由和民主，推翻大庄园主、科学派和政治首脑，但是，当他们乘火车南下时，对大多数人来说，……革命意味着权力、意味着对大庄园的洗劫和对城市的劫掠。①

在很多学者看来，比利亚的军队主要来自矿工，如果来自农村，他们的主要目标是获得脱离中央政府控制的自主权，而非土地。但是，这种观点逐渐被后来的研究所修正。

---

① Henry B. Parkes, *History of Mexico*, New York: Houghton Mifflin, 1958, p. 339.

与中部和南部不同，在西班牙殖民者征服前，墨西哥北部地区未被纳入阿兹特克帝国的范围。由于绝大多数土地不适合于农业生产，这里没有密集定居的、从事集约型农业的人口，也没有形成大城市和高度分层化的社会结构。在奇瓦瓦州，生存着半游牧的印第安人，其中一些人从事很原始的农业，其余的人依靠打猎和采集为生。缺少大量的定居的印第安人作为征调劳动力的对象，阻碍了西班牙人向北部地区的扩张。只是在银矿发现后，这个地区才引起西班牙殖民者的兴趣。随着银矿的开采，出现了一些矿业城镇，西班牙人在城镇周围建立了大庄园，向矿区供应食物。虽然西班牙人建立了一些军事要塞，但由于人烟稀少，难以抵御来自北部的阿帕切印第安人的侵袭。① 为此，18世纪后半期，西班牙王室为了维持其北部的殖民地，在北部建立了一系列军事殖民地（被称为 presidios）。白人、梅斯蒂索人、印第安人被吸引到此定居，抗击阿帕切人的袭击。作为回报，他们被授予大量土地，获得自由地购买和出售多余土地的权利，可免交赋税，并享有很少受王室干预管理自己的城镇的权利，这是南部和中部印第安人城镇所不具有的。他们不仅有权利，而且有义务携带武器，以便与阿帕切人作战。在奇瓦瓦州北部，这些军事殖民地据点包括哈诺斯（Janos）、帕索德尔诺尔特（Paso del Norte）、圣卡洛斯（San Carlos）、科亚梅（Coyamé）、卡里萨尔（Carrizal）、纳米基帕（Namiquipa），形成了一个警戒哨线。这些军事殖民地居民及其后裔就形成了北部地区的小农场主，他们独立地、或者与相邻的大庄园以及其他军事殖民地合作，抵御印第安人侵袭。但是，他们经常与科曼奇人和阿帕切人入侵者私自达成协议，与后者进行走私贸易，甚至与后者联合向南发动袭击。②

---

① 阿帕切人因位于更北部的科曼奇人（Comanche）的进攻而被迫不断南下。

② Mark Wasserman, "The Social Origins of the 1910 Revolution in Chihuahua," *Latin American Research Review*, Vol.15, No.1, 1980, p. 31.

墨西哥获得独立后，政府软弱，内部纷争不断，难以有效地抵御北部阿帕切人的侵袭，致使北部很多庄园和矿主放弃产业。19世纪上半期，坚守在奇瓦瓦州的只剩军事殖民地居民。结果，在北部绝大多数地区，形成了美国边疆学派史学的创始人弗雷德里克·杰克逊·特纳理想中的民主的、以农民为基础的农业社会。根据当代美国历史学的研究，边疆社会很少像特纳所描述的那样仅由小农组成，还有土地投机者、银行家、富有的地产主。但是，在19世纪40年代到60年代的墨西哥北部，投机者、银行家、大庄园主在阿帕切人的袭击下都离开此地。①1908年，在一封致总统的信中，纳米基帕军事殖民地的小农场主写道："1832—1860年间，由于受到野蛮人的持续侵袭，所有临近的大庄园……都逃之夭夭，只有纳米基帕继续坚持战斗，并成为这个遥远的北部地区文明的堡垒。"②

19世纪60年代，由于战胜了法国人的入侵，一个更为强大、统一的中央政权出现了，愿意也能够投入资源抗击阿帕切人的进攻。大庄园主又回到了北部，其中最有名的是路易斯·特拉萨斯（Luis Terrazas），他不仅在奇瓦瓦州建立了庞大的养牛帝国，而且对该州实行了有效的政治控制。当时，与中部和南部相比，北部大庄园主与军事殖民地居民的关系是相对和谐的，因为二者都面对着一个共同的敌人——阿帕切人。这里有大量的空闲土地，没有什么动力去刺激大庄园主侵占军事殖民地居民的土地。因为阿帕切人的袭击，加上连接此地与墨西哥中部和美国

---

① Friedrich Katz, "The Agrarian Policies and Ideas of the Revolutionary Mexican Factions Led by Emiliano Zapata, Pancho Villa, and Venustiano Carranza," Laura Randall, ed., *Reforming Mexico's Agrarian Reform*, New York: M. E. Sharpe, 1996, p. 24.

② Friedrich Katz, "Pancho Villa, los movimientos compesinos y la reforma agraria en el norte de México," D. A. Brading, ed., *Caudillos y compesimos en la revolución Mexicana*, Fondo de cultura económica, México: Fondo de Cultura, 1985, p. 87.

的交通设施不完备,发展商品性农业的可能性很小,土地价格低廉。实际上,在19世纪60年代,路易斯·特拉萨斯在北部是一个很受欢迎的人,因为他有效地组织了抵抗阿帕切人袭击的战斗。

1885年后,情况发生了急剧的变化。阿帕切人首领赫罗尼莫(Geronimo)在美国被俘后,来自阿帕切人的威胁被消除了。①随着印第安人部落威胁的消失,大庄园主对军事殖民地的态度发生了变化。一方面,他们不再需要后者抵御印第安人袭击,另一方面,军事殖民地的土地对他们的吸引力大大增强了。1880—1884年和1897—1906年,墨西哥出现了两次铁路建设的高潮,墨西哥中央铁路自南至北穿越奇瓦瓦州,奇瓦瓦太平洋铁路则穿越该州西部,铁路的修建促进了出口农牧业的发展,铁路沿线的土地价值倍增。此外,由于美国西南部经济的迅速发展,致使墨西哥靠近美墨边境的土地价值也急剧上升。

在奇瓦瓦州,1884年,以路易斯·特拉萨斯和他的女婿恩里克·克雷埃尔(Enrique Creel)为首的特拉萨斯家族被迪亚斯总统剥夺了政治权力,此后几年,该家族集中发展面向美国市场的出口经济,大获其利。1900年后,该家族与迪亚斯缓和了政治关系。1903年,路易斯·特拉萨斯重登州长宝座,控制着奇瓦瓦州的经济命脉和政治权力,而恩里克·克雷埃尔则在墨西哥中央政府任职,直到1910年革命爆发。在特拉萨斯家族的统治下,1905年,奇瓦瓦州议会通过了地方土地法,"这个《莱尔多法》的边疆版虽然较晚来到奇瓦瓦州,但效果是一样的"②。从一开始,地方土地法在执行过程中,充满了私下交易、偏袒一方、裙带关系、程序违规等等不法行为。克雷埃尔宣称,地方土地法的目标是实现土地所

---

① 1884年赫罗尼莫被俘后成功逃脱,1886年在索诺拉州被再次俘获。然而,在1884年,他的军事力量就已基本上被摧毁了。

② John Tutino, *De la insurrección a la revolución en México, Las bases sociales de la violencia agraria, 1750–1940*, p. 255.

有权的"现代化",并为社会底层提供购买土地的机会。但实际上,该法案实施的后果是公共土地转入大地产主和投机者手中。小农场主看到,他们的土地和自主权受到带有明显的阶级利益倾向的州政府"合法行动"的侵犯。为了捍卫自身利益,最初,他们举行和平的抵制,后来逐步演变为武装暴动。

位于科亚梅市的库奇略-帕拉多(Cuchillo Parado)是1865年胡亚雷斯总统授权建立的军事殖民地,当地大庄园主利塞西亚多·卡洛斯·穆诺斯(Licenciado Carlos Muñoz)是特拉萨斯核心圈子的成员。1903年,他试图将原属于库奇略-帕拉多的4.3万英亩的土地据为己有。当地小农场主组成了以托里比奥·奥尔特加(Toribio Ortega)为首的"库奇略-帕拉多居民指导委员会"(Junta Directiva de Los Vecinos de Cuchillo Parado),托里比奥·奥尔特加代表当地834名居民在写给联邦发展部的电报中抗议:"我们知道,利塞西亚多·卡洛斯·穆诺斯试图攫取属于库奇略·帕拉多的十个大牧场。因为他据有的文件是通过武力手段得到的,我们请求你拒绝他的要求。"① 库奇略-帕拉多的居民最初在捍卫自身土地所有权的斗争中取得了成功,但是随后新的土地争端又接连发生。1910年革命爆发后,托里比奥·奥尔特加成为第一个起来反对旧政府的革命领导人。后来,他成为比利亚最为信任的将军之一。

位于奥希纳加(Oginaga)市的军事殖民地圣卡洛斯与拥有大片土地的庄园发生土地边界争端。双方的冲突达到白热化的程度,1909年5月,政府派乡警前来阻止暴力事件发生。②

奇瓦瓦州西北部属于加莱阿纳区(Galeana)的军事殖民地哈诺斯位于铁路的延长线两侧,结果,其土地成为大庄园主觊觎的对象。1905—

---

① Friedrich Katz, "Pancho Villa, los movimientos compesinos y la reforma agraria en el norte de México," p. 88.

② Mark Wasserman, "The Social Origins of the 1910 Revolution in Chihuahua," p. 31.

1908年，在哈诺斯，就有123起关于市镇和村社土地的裁决。其中66起发生于1908年，是在当地居民向迪亚斯总统抗议之后做出的。然而，1908年，两位当地庄园主和地方政治首脑对哈诺斯土地的侵占依然继续，当局动用警察和乡警将居民驱赶出他们自己的土地。波菲里奥·N.塔拉曼特斯（Porfirio N. Talamantes）就是失去土地的抗议者之一。1908年8月22日，他代表哈诺斯的居民在写给迪亚斯总统的信中写道："距离哈诺斯两里格(leagues)的费尔南德斯·里尔（Fernández Leal）殖民地的业主正在美国享受着舒适的生活，而我们这些遭受我们的父辈抗击的野蛮人侵袭的居民，却不能保住自己的土地。"① 波菲里奥·N.塔拉曼特斯后来成为比里亚军队的一名上校。

1906—1910年间，在奇瓦瓦州西部属于格雷罗区（Guerrero）的军事殖民地纳米基帕发生了296起土地争端。1908年，当地居民向迪亚斯总统提出抗议："如果你不保护我们，我们就将失去我们的土地，为了这些土地，我们的祖辈曾经跟野蛮人进行了斗争。"② 但和北部邻居哈诺斯一样，他们的抗议并未达到保护自己土地的效果。对于纳米基帕的居民来说，最令他们烦恼的可能是，当地最令人痛恨的两位地方首脑路易斯·Y.科马杜兰（Luis Y. Comadurán）和霍尔金·查韦斯（Joaquín Chávez）以及他们的家属是当地市镇和村社土地的最大的攫取者。1910—1920年，纳米基帕一直是革命活动的核心地区之一。1906年，比利亚袭击美国新墨西哥州的哥伦布市时，他的军事力量中相当部分来自纳米基帕的居民。格雷罗区的其他村落也受到铁路网扩张的影响。在巴契尼瓦（Bachíniva），地方首脑占据了临近其私人地产的村社土地。大庄园主恩卡纳西翁·科萨达（Encarnación Quesada）非法占据了特莫

---

① Friedrich Katz, "Pancho Villa, los movimientos compesinos y la reforma agraria en el norte de México," p. 89.

② 莱斯利·贝瑟尔主编：《剑桥拉丁美洲史》，第五卷，第70页。

萨奇克（Temosáchic）的居民所共有的土地。在铁路沿线的特莫萨奇克、马塔奇克（Matachic）、特霍罗卡奇克（Tejolocachic），都发生过很多土地争端。因此，格雷罗区成为不稳定和革命的核心并不是偶然的。①

在奇瓦瓦州的其他地方，土地纠纷也是引起社会不稳的重要根源。1910 年，诺诺阿瓦（Nonoava）的居民抗议自 1906 年以来的 81 起关于该村镇土地的裁决。1908 年，关于圣安德烈斯的一系列土地裁决导致了下一年发生的暴动事件。一家测量公司入侵了布拉沃区（Bravos）的另一前军事殖民地瓜达卢佩（Guadalupe）村社的土地，虽然四年后政府做出了有利于村社的裁决，但该地区此后成为革命军的重要来源地。

在奇瓦瓦城以东的阿尔达莫（Aldama），铁路的修建也导致了一系列的土地纠纷，尤其是 1907 年，铁路将延长到奥希纳加的消息宣布之后，更为突出。最严重的纠纷围绕着阿尔达莫森林（Bosque de Aldama）的归属展开。1906 年，在路易斯·特拉萨斯的干预下，这一纠纷看上去已经解决，但三年后复燃。1908 年，在圣洛伦索（San Lorenzo），威廉姆·本顿（William Benton）的庄园里发生了一起另一类型的纠纷。为了把庄园土地从粮食生产转为牧牛场，威廉姆·本顿将承租人从土地上驱逐。两年后，威廉姆·本顿又占据了本属于圣玛利亚德拉斯格瓦斯（Santa María de las Cuevas）村落的土地。凭借二十人组成的贴身保镖和一支乡警分遣队，威廉姆·本顿对该地的居民的权利肆意践踏。革命爆发后，他被比利亚处决。②

在特拉萨斯家族控制的州政府的支持下，大庄园主大肆侵吞小农场主的土地的同时，自然灾害的频发进一步加剧了小农场主的困境。1907、1908、1909 年连续发生的旱灾和霜冻导致农业减产，大庄园的土

---

① Mark Wasserman, "The Social Origins of the 1910 Revolution in Chihuahua," p. 32.
② Ibid., p. 33.

地由粮食生产转向放牧面向出口的牲畜,更加剧了食品的短缺,社会不满达到了前所未有的程度。在迪亚斯政府大力发展出口农业的经济繁荣中,大批面临着失地危险的小农场主先是在1910年拿起武器追随马德罗,后来又在1913年后成为比利亚的热情支持者。

迪亚斯政府期间,除了失地的小农场主外,依附于大庄园的劳工也深受出口农业发展的影响。在奇瓦瓦州,牲畜成为最基本的出口产品。大庄园主将原来种植玉米的土地原承租人赶走,以便将他们承租的土地转为牧场。这样,在绝大多数大庄园,仅需雇佣少量牛仔或牧羊人常年照看牲畜。一方面,与农业生产不同,牛仔和牧羊人的工作不是季节性的,而是常年的,因此他们的工作安全性和待遇有相对的保障。1902年,奇瓦瓦州的牛仔工资为每月7—8比索,另加食物配给。1913年,在特拉萨斯家族拥有的北部地区最大的庄园中,牛仔的工资上升到每月15比索。如果一名牛仔升到牧工头(caporal)的位置(平均每7—8名牛仔中就有一位牧工头),他的工资会涨到每月30比索。除工资外,很多牛仔还获准将部分牛占为己有,并在庄园的牧场上放牧。北部的牛仔之所以境况较为优越,是由于美国的牧场也需要大量牛仔,由于他们善于骑马,并常常拥有武装,因而相对于其他社会集团而言,能够较为容易地离开庄园。牧羊人的境况与牛仔基本类似。① 另一方面,牲畜的出口市场也是变化不定的,因而牛仔的工作和待遇也并未得到充分的保障。墨西哥的牲畜出口在19世纪90年代达到高峰,1904—1908年出现了连续四年的萧条,只是在革命的动荡波及奇瓦瓦州时才再度回升。奇瓦瓦州的很多牛仔,在畜牧业萧条期面临着失业的危险,加入了马德罗和比

---

① Friedrich Katz, "Labor Conditions on Haciendas in Porfirian Mexico: Some Trends and Tendencies," pp. 34–35.

利亚的起义队伍。①

19世纪晚期,在位于科阿韦拉州和杜兰戈州交界地带的拉古纳(Laguna)地区,商品性农业的发展最为迅速,对庄园雇工的影响也最大。在迪亚斯时代以前,该地区的大庄园主要从事畜牧业,仅在纳萨斯河(Nazas)和阿瓜纳瓦尔河(Aguanaval)的河畔,有少量土地承租人租种大庄园土地,在每年的洪水过后从事种植业。19世纪中期,一些庄园主或其承租人引进了棉花,并小范围种植。但是,拉古纳地区农业的发展却受到每年洪水的不稳定和通往遥远市场的高昂运费的限制而起色不大。铁路的修建改变了这一状况。1884年3月,墨西哥中央铁路完工,将拉古纳与埃尔帕索和墨西哥城连接起来。四年后,连接拉古纳与得克萨斯边界的小石城的铁路通车。铁路将拉古纳地区与国内和国际市场连为一体,并大大降低了运费,致使拉古纳的棉花生产迅速发展。庄园主修建灌溉设施,控制和分配一年一度的洪水。他们还引进了新的棉花品种。随着棉花生产的扩大和灌溉设施的修建,有权有势的大庄园主与贫困的小农场主和村民之间围绕着土地、特别是水源的争端不断加剧。19世纪70年代末和80年代初,由此引发了一系列的抗议运动和暴力冲突。1884年后,随着迪亚斯政权的巩固和拉古纳经济的繁荣,这些社会不安定因素被平息下去。但是,1905年后,抗议运动再次升级。②

然而,拉古纳地区的绝大多数贫困人口不是小农场主和村民,而是依附于大庄园的劳工。在19世纪80年代棉花种植开始扩展时,绝大多数庄园的人口为土地承租人,主要是贫困的分成农。他们在灌溉用水极不稳定的冲积平原上种植粮食,面临着极大的风险。但随着棉花种植一年年扩大,冲积平原成为庄园的棉花产地,原来的分成农被迫转移到庄

---

① John Tutino, *De la insurrección a la revolución en México, Las bases sociales de la violencia agraria, 1750–1940*, pp. 255–256.

② Ibid., p. 256.

园的边缘地带，土地基本上得不到灌溉。他们在这些贫瘠的土地上种植粮食，并在偶尔得到灌溉的地方种植一点棉花。由于产量极不稳定，很多承租人被迫在大庄园的土地上种植和采摘棉花，赚取工资补贴生活，成为大庄园的劳动力来源。在拉古纳地区的拉孔查庄园（La Concha），63%的常驻劳工为分成农，其余37%为雇工。但是，公司商店的账目显示，分成农和雇工的很多名字是相同的，这说明，很多劳工是同时依靠承租土地种植粮食和在庄园充当工人来维持生存。①

拉古纳地区的棉花生产受制于市场需求和灌溉用水。1902—1907年，市场需求量大，河水充足，致使拉古纳的棉花生产扩大，庄园对劳工的需求增加，劳工的待遇和劳动条件也有所提高。但是，1907年发生的经济危机致使市场萎缩，同时随后几年拉古纳几条河流水量的减少导致棉花生产急剧下降，就业率严重下跌。与此同时，干旱又导致分成农种植的玉米严重减产。大庄园为了谋利，将出售的玉米价格提高50%，甚至更高。农村的社会不满达到了顶峰。1910年秋天，当弗朗西斯科·马德罗发起反对迪亚斯政权的起义时，他在拉古纳地区很快赢得了大量的支持者。支持者中，既有失去土地的小农场主和村民，也有大量的庄园劳工。1913年9月，比利亚率军从奇瓦瓦来到拉古纳，在此也得到了广泛的支持。

总之，革命前，在北部地区，铁路的修建促进了商品性农牧业的发展，由原军事殖民地居民演变而来的小农场主的土地不断被大庄园侵占，大庄园主与小农场主的冲突激化。与此同时，由于商品性农牧业的市场不稳定，大庄园内部雇工的工作稳定性也受到威胁。1910年革命爆发后，小农场主和庄园雇工成为马德罗和比利亚领导的革命的重要力量。

---

① John Tutino, *De la insurrección a la revolución en México, Las bases sociales de la violencia agraria, 1750–1940*, p. 257.

三、南部地区的农村社会经济关系

1884年是墨西哥历史发生重大转折的一年。这一年，波菲里奥·迪亚斯开始了第二任期，并建立了墨西哥独立以来最为强大的国家政权。这一年，阿帕切人的首领赫罗尼莫被美国人俘获，标志着阿帕切人对墨西哥北部边境地区的袭击被平息。这一年，连接墨西哥和美国的第一条铁路线开通，一个政治稳定和经济高速增长的时代来临。

铁路的修建对于迪亚斯政权实现政治稳定和促进经济增长起着至关重要的作用。1876—1884年，即迪亚斯第一任期和冈萨雷斯政府期间，主要依靠外国投资兴建的墨西哥铁路网基本完成，大大促进了墨西哥国内市场的一体化以及与美国市场的联系。1884年，当迪亚斯再次回到总统位置时，墨西哥的铁路系统已非常完备，使他能够以前所未有的速度在全国各地调运管理人员、警察和军事力量。更重要的是，铁路的修建为墨西哥的土地精英集团带来了发财致富的机会。他们放弃对政治权力的直接追逐，而投身于铁路时代带来的经济利益。以经济利益换取政治上的支持，或者至少是政治上的中立，是迪亚斯对付墨西哥社会上层的策略：

> 他解除了忠于他的前任的地方头目（诸如奇瓦瓦州州长路易斯·特拉萨斯）的权力，由一些社会出身类似的对手取代他们。然而，只要他们不同他对抗，他允许被他撤职的人保留财产，扩大经济影响。对许多庄园主来说，丧失政治权力已被迪亚斯的出售公共土地政策补偿过来，因为这种政策使他们得到很大的发财致富的机会。①

19世纪晚期，由于铁路的修建，墨西哥成为重要的农牧产品出口国。

---

① 莱斯利·贝瑟尔主编：《剑桥拉丁美洲史》，第五卷，第21页。

北部边境的牧场主将牛出口到不断扩大的美国市场。铁路和汽船还将南部沿海低地地区的热带农产品运往美国。迪亚斯时期农业生产的扩大主要集中在产品面向出口的北部边境和南部沿海低地地区。满足国内消费的玉米生产增长赶不上人口增长的速度。为促进出口农牧业的发展，迪亚斯政府大量分配空闲土地。占迪亚斯时期分配面积的 90% 以上、价值达 97% 的土地位于新兴的出口农牧业区。在北部边境各州，1877—1910 年，大庄园的数量几乎增加了一倍，而小农场的数量增长了五倍。在南部沿海各州，大庄园的数量也增加了一倍，小农场数量增长了三倍。①

在尤卡坦、塔瓦斯科、恰帕斯以及瓦哈卡和韦拉克鲁斯州的部分地区，如下表所示，1877—1910 年，橡胶、咖啡、烟草、西沙尔麻（sisal）、蔗糖等热带农产品的生产和出口迅速增长。除了蔗糖产量相当部分来自中部地区外，其余产品绝大多数基本上来自热带低地地区。

1877—1910 年产品产量的增长（单位：吨）

产品	1877 年	1910 年
橡胶	27	7 443
咖啡	8 161	28 014
烟草	7 504	8 223
西沙尔麻	11 383	128 849
蔗糖	629 757	2 503 825

资料来源：Friedrich Katz, "Labor Conditions on Haciendas in Porfirian Mexico: Some Trends and Tendencies," p. 15.

虽然不同的作物生产都有特定的劳动力需求，不同的地区也都有各

---

① John Tutino, *De la insurrección a la revolución en México, Las bases sociales de la violencia agraria, 1750–1940*, p. 241.

自的社会特点，但是南部地区随着商品农业的发展，都面临着一个相同的问题，那就是劳动力的短缺。在这一人口相对稀疏的地区，出口经济的迅速增长，导致了对于劳动力的大量需求，当地人口显然无力满足。在尤卡坦半岛，种族战争致使人口大量下降，到1910年尚未恢复到原来的水平。伴随着经济的发展，南部沿海其他地区在19世纪人口增长较快，但是总体上说仍属人口较少的地区。据统计，1910年，墨西哥总人口为15 160 407人，其中南部地区（包括瓦哈卡、尤卡坦、坎佩切、韦拉克鲁斯、塔瓦斯科、恰帕斯）为3 235 075人。此外，很多沿海地区的居民仍然拥有自己维持生计的土地，他们不愿意为了很少的工资前往新兴的种植园劳动。

外部劳工成为墨西哥南部种植园劳动力的来源之一。19世纪后半期，在许多拉美国家，特别是阿根廷、乌拉圭等国，出口经济的发展吸引了大量的欧洲移民。但在墨西哥种植园主看来，吸引欧洲劳工的代价太高。曾有人试图将意大利劳工引进到尤卡坦，但未成功。也曾有中国和朝鲜的契约劳工被引入尤卡坦，但这些人难以适应当地的气候，加上种植园主的严酷虐待，很多人生病或死亡。

迪亚斯时期，由于可以获得的来自墨西哥国内其他地区的劳工越来越多，南部地区不再引进外国劳工。国内劳工分为两部分：被流放者和自愿的契约工人。被流放者主要有三种：

第一，边境地区抗击大庄园吞并自己土地的印第安部落成员，主要是索诺拉州的亚基人，被流放到尤卡坦。从北方的索诺拉州历经困苦来到南方的尤卡坦，被流放的亚基人发现自己处于完全陌生的环境中。他们不得不适应完全不同的气候、新的语言（西沙尔麻庄园上几乎所有的劳工都使用玛雅语言交流），他们与家人和朋友分离，并知道永无可能回到自己的故乡。据梅里达的报纸报道，1900年，有250名亚基人妇女和儿童被用船从索诺拉运往南部太平洋沿岸港口萨利纳克鲁斯（Salina

Cruz),然后被迫长途跋涉穿越地峡到达墨西哥湾沿岸,再用船运往尤卡坦州的港口普罗格雷索(Progreso)。这些妇女几乎全是寡妇,因为在马萨科瓦(Mazacoba)战役中,反叛的亚基男子几乎全被杀死。西沙尔麻庄园主对这些劳动力十分满意,表示对一些工作来说,妇女干起来与男子没有区别。有的妇女每天除草的数量甚至是男子的两倍。作为俘虏,在送往西沙尔麻庄园炎热的气候下干活的时候,被流放的亚基人实际上就相当于被判了死刑。心理上的震动、严酷的气候、繁重的工作致使大批的亚基人很快死亡。根据一家报纸报道,1911年,在尤卡坦西沙尔麻庄园干活的亚基人只有4 000人。①

第二,墨西哥中部和北部地区曾反对迪亚斯政权的持不同政见者,其中绝大多数是村民和城市工人,这些人也被流放到尤卡坦、瓦哈卡州的国家谷地(Valle Nacional)或者塔瓦斯科。

第三,罪犯,其中既有真正的罪犯,由于太穷,无力交钱得以离开监狱或者至少免予被流放;也有根据迪亚斯政权的标准被定性为罪犯的流浪者或失业者。②

契约工人主要来自墨西哥城和墨西哥中部其他地区的失业工人和失地农民。他们或者被许以高工资,或者被灌醉、被生拉硬拽地签字画押,被送往南部热带地区的种植园。当时一位同情迪亚斯政权的观察者写道:

> 上钩者(enganchado)通常实际上是从墨西哥气候温和与寒冷地区的城市劫掠的人。这些往往疾病缠身、几乎无一例外地沉溺于龙舌兰酒的人,在酩酊大醉的时候被抓住并被迫在劳动合同上签字,

---

① Allen Wells, "Yucatán: Violence and Social Control on Henequen Plantations," Thomas Benjamin and William McNellie, eds., *Other Mexicos: Essays on Regional Mexican History, 1876–1911*, Albuquerque: University of New Mexico Press, 1984, p. 227.

② Friedrich Katz, "Labor Conditions on Haciendas in Porfirian Mexico: Some Trends and Tendencies," pp. 15–16.

然后被戴上镣铐，成群送往南部，订约人以每人几百比索的价钱将其卖出。①

1914年，美国总统伍德罗·威尔逊在墨西哥的特别代表约翰·林德（John Lind）和驻韦拉克鲁斯的美国舰队司令弗莱彻（Fletcher）受邀参观美国人斯隆·埃默里（Sloane Emery）在韦拉克鲁斯拥有的甘蔗种植园，这个种植园劳工完全依赖契约工人。对于这些契约工人的状态，约翰·林德后来在报告中作了生动的描述：

> 他们是真正的囚犯，都是被政府遣送来的。弗莱彻海军上将和我看到了20世纪的这种奇怪的场面。人们被分散在玉米田里，8人或10人一组，由一名监工、一名头目、一名来自沿海的印第安人、一名腰带上系着两支手枪的彪形大汉陪同着；而一条长约8或10英尺的黑蛇紧跟着正在挖土的这组人后面；在公路尽头处站着一名手持短筒滑膛枪的人。这些人在清晨被放出来，在监工们的监视下这样干活，而在晚上实际上是被锁在大棚里。弗莱彻海军上将和我对于这种情况居然存在深感惊奇，可是这实际上确实存在。②

约翰·肯尼斯·特纳在瓦哈卡州国家谷地的烟草种植园看到了同样的情形，并在他著名的作品《野蛮的墨西哥》一书中进行了生动的描述。根据特纳的记述，在瓦哈卡州国家谷地，"上钩者"的平均存活期不到一年。他写道：

> 国家谷地的奴隶主发现，用45美元买一名奴隶，让他在7个月内劳累和饥饿致死，然后再花45美元买一名新奴隶，或者给予

---

① Friedrich Katz, "Labor Conditions on Haciendas in Porfirian Mexico: Some Trends and Tendencies," p. 16.

② 莱斯利·贝瑟尔主编：《剑桥拉丁美洲史》，第五卷，第54页。

第一名奴隶较好的食物，适当减少其劳动强度，使他的生命和劳动时间延长一段时间，两相比较，前一种做法更为划算。①

在墨西哥东南部塔瓦斯科州的木材产区，契约劳工的使用也非常普遍。在高工资的诱惑下，很多契约劳工被吸引到梅哈雷斯（Mejares）家族的产业中劳动。但承诺的工资标准仅维持一年。一年后，梅哈雷斯兄弟不准这些契约劳工返回家乡，而是强迫他们以不及前一年一半的工资继续劳动。②

除了外地劳工外，本地劳工也是种植园的重要劳动力来源。本地劳工也分为两部分：庄园雇工（通常被称为 peones acasillados，有时被称为 gañanes）和来自附近村社的自由劳工。

庄园雇工常驻在庄园中，他们的收入来源包括：庄园主给予他们使用的小块土地；庄园主每年发给他们的定量配给，通常是玉米，也有时是其他产品；获准在庄园的土地上放牧他们的牲畜；他们在庄园土地上劳动每日得到的工资。庄园雇工的主要义务是，随时根据庄园主的要求，在庄园主的土地上劳动或者照料庄园主的牲畜，有些情况下，庄园雇工还承担庄园主家仆的角色，甚至偶尔作为士兵随庄园主作战。③以尤卡坦为例，庄园雇工被称为"周一劳动者"（luneros），为了获得使用庄园给予的小块土地，以及更重要的，饮用庄园主控制的水源流出的水，庄园雇工不得不在每个星期一无偿为庄园主劳动，故名"周一劳动者"。此外，"周一劳动者"还要为庄园主耕种 20 麦卡特的玉米地。④

---

① John Kenneth Turner, *Barbarous Mexico*, 转引自 Friedrich Katz, "Labor Conditions on Haciendas in Porfirian Mexico: Some Trends and Tendencies," p. 17.

② Ibid., p. 17.

③ Ibid., p. 4.

④ Allen Wells, "Yucatán: Violence and Social Control on Henequen Plantations," pp. 218–219.

在西沙尔麻大规模引进以前，尤卡坦的大庄园主要以种植玉米和养牛为主。对劳动力的需求相对较少，劳动力供应充足，"土地所有者和劳工之间的契约安排存在着一定的灵活性"①。美国外交家和考古学者约翰·劳埃德·斯蒂芬斯（John Lloyd Stephens）在他的著作《中美洲、恰帕斯和尤卡坦旅行纪事》中对尤卡坦的庄园雇工的生活和劳动条件作了恰当的描述。1845年，他记述了自己参观的一家面积达300平方英里大庄园，"只有一小部分土地被耕种，其余皆为牛漫步的牧场"。他注意到，虽然庄园里有一些放牛者，"每年得到12美元的工资，以及每周5阿尔穆德（Almude）的玉米"，但绝大多数劳动力是"周一劳动者"。②19世纪末20世纪初，由于西沙尔麻生产的大量增加，用于玉米生产的土地面积从1845年的1.5万公顷减少到1907年的4500公顷。由此造成的结果之一是由庄园雇工使用的土地大量减少。很多情况下，只有极个别的人仍保有庄园土地的使用权，大多数庄园雇工只得完全依赖于庄园供给的食物为生。失去土地后，庄园雇工的生活和劳动条件也越来越与契约劳工无异。迪亚斯政权末期，由于西沙尔麻的价格下跌以及国际收割机公司（International Harvester Corporation）向尤卡坦的种植园主施加的压力增加，庄园主付给雇工的工资持续下降。

19世纪墨西哥自由派推行的土地改革使得很多失去土地的农民变为庄园雇工。墨西哥自由派政府在1856年颁布《莱尔多法》、1857年颁布《宪法》，主要内容之一是分割村社土地。这一政策马上被富有的土地投机者、土地测量公司和大庄园主利用，侵吞村社土地，扩大自身地产，由此造成村社土地的规模锐减。在尤卡坦，1878—1912年，有66个村社被分割。失去维持自身生存的小块土地后，村民除了前往附近庄园成

---

① Allen Wells, "Yucatán: Violence and Social Control on Henequen Plantations," p. 219.

② Friedrich Katz, "Labor Conditions on Haciendas in Porfirian Mexico: Some Trends and Tendencies," pp. 17–18.

为庄园雇工之外，别无出路。到迪亚斯政权末期，尤卡坦的庄园主已侵占了大批村社土地，不仅扩大了自己的地产规模，而且为自己带来了大量的劳动力供应。即使那些仍保留部分土地的农民，也不得不偶尔到庄园劳动以贴补生活。

在尤卡坦，还有其他若干因素迫使村社农民成为变为庄园雇工。除降雨量不足经常导致玉米减产外，蝗灾也时而导致饥荒发生。1881年，尤卡坦半岛发生严重的蝗灾，并持续长达6年之久，致使玉米绝产。很多农民，尤其是生活在玉米产区蒂库尔（Ticul）和索图塔（Sotutá）的农民，被迫离乡背井，前往西北部的西沙尔麻种植园受雇。当时，美国绳索市场上对于西沙尔麻的需求增加，尤卡坦的种植园主非常乐意雇佣这些饥民。虽然没有确切的数字，但是在1881—1887年的饥荒期间，种植园主提供进口玉米的确促使很多饥民加入到种植园的劳动力队伍之中。一旦进入种植园，这些农民就被债务劳役制束缚，失去了自由。①

1847年"种族战争"爆发后的五十年内，尤卡坦州需要维持一支常驻军保护东南部边境地区，以防起义的印第安人的袭击。另外，还成立了一支流动的军事力量来支持东南部的常驻军，并用以维护地方的法律和秩序。地方政治首脑（jefe político）负责完成每年度的征兵数额，凡15岁至60岁的农民皆有服兵役的义务。1891年前，尤卡坦政府还征召15岁至60岁的男子每年两次参加筑路劳役。但在三种情况下，兵役和筑路役可免：被征召者交纳一笔资金或找到他人代替自己服役；被征召者证明自己是庄园的常驻雇工（jornalero de campo）、从属于（也就是负债于）一家庄园；医生出具证明被征召者身体有病。由于在庄园临时性劳动的村社农民不属于常驻雇工，不能被免除兵役和筑路役，于是很多农民干脆成为庄园的常驻雇工。②

---

① Allen Wells, "Yucatán: Violence and Social Control on Henequen Plantations," p. 222.
② Ibid., pp. 222–223.

除了庄园雇工外,庄园主还雇佣来自附近村社的自由劳工。恰帕斯州的索克努斯科地区位于太平洋沿岸,西北起特旺特佩克地峡的平原,东南至危地马拉边境,绵延 140 英里,宽度仅 15 至 30 英里,由沿海低地和马德雷山地构成。在这个海拔位于 200 米到 1200 米之间的多山地区,崎岖的山坡和肥沃的土壤为咖啡种植提供了绝好的条件。但是,长期以来,由于危地马拉和墨西哥对恰帕斯的归属存在争议,加上劳动力短缺,此地经济发展一直十分落后。1882 年,墨西哥和危地马拉终于签订条约,危地马拉放弃了对于恰帕斯的领土要求。此后,美国和德国资本大量进入,在此购买土地,种植和生产咖啡。为解决劳动力问题,1900 年,恰帕斯州州长拉斐尔·皮门特尔(Rafael Pimental)批准从圣克里斯托瓦尔周围中央高地地区印第安村社招募和雇佣劳工,前往索克努思科的咖啡种植园劳动。[①] 一般而言,这些自由劳工的工资略高于庄园雇工,庄园雇工的工资为每天 4 雷亚尔,而自由劳工的工资为每天 5 雷亚尔。[②] 为了促进劳动力的流动,1892—1893 年,州政府调整了人头税,并增收新税。完不成税收任务的印第安人被逮捕,并被移交给劳工承包人。1907 年,在高地地区的社群坎库克(Cancuc),每个 12 岁以上的男子要缴纳的税收为 10.87 比索。根据当时低地种植园的工资水平,要在种植园劳动 40 天以上才能完成一年的税收任务。[③] 在索克努思科,每一家咖啡庄园都配有一名负责招工和监工的人(被称为 habilitador),且至少有两名助手,其职责是在恰帕斯高地地区征募劳工,并送往咖啡庄园;一旦有

[①] Daniela Spenser, "Soconusco: The Formation of a Coffee Economy in Chiapas," Thomas Benjamin and William McNellie, eds., *Other Mexicos: Essays on Regional Mexican History, 1876–1911*, pp. 123–133.

[②] Friedrich Katz, "Labor Conditions on Haciendas in Porfirian Mexico: Some Trends and Tendencies," p. 21.

[③] 董经胜:《玛雅人的后裔》,第 56—57 页。

劳工逃跑，还负责将其抓回。这些负责招工和监工的人每月可获 100 比索的报酬，相当于一名墨西哥城的警察首领的收入。他们的助手可获每月 17 到 20 比索的报酬。①

在劳动力短缺的形势下，债务劳役制（debt peonage）是庄园主限制庄园雇工和来自村社的自由劳工的自由、保证庄园劳动力供应的最重要方式。19世纪后半期，在墨西哥中部和北部债务劳役制逐渐消失的时候，南部的债务劳役制却在强化。在尤卡坦，债务劳役制度甚至体制化了。1901 年，一位观察家这样评论：

> 使仆役接受大庄园束缚的法律手段是预付工资，在这种情况下就意味着，对逃跑的工人可以通过警察强制送回大庄园。这些预付工资通常是在该大庄园出生的年轻人年满 18 岁或 20 岁和结婚时付给。他的主人当时付给他 100 到 150 比索，有时给 200 比索，建立一个家庭，而且双方默契，这类金额以及如果后来发生意外或生病而预付的其他金额是永难偿还的。这就是年轻的尤卡坦人出卖自由的代价。②

在尤卡坦，"周一劳动者"一般都负债于庄园主，由此失去了离开庄园的自由。在恰帕斯州，高地地区贫困的印第安人由于没有足够的费用支付到达索科努斯科的路费，被迫向种植园主借贷，以劳役偿还。然而，其劳动报酬通常以只能在公司商店（tienda de raya）消费的购物券支付，这些印第安人基本上不可能积累足够的钱还债，因而只能被迫接受新的贷款。为了加强印第安人对自己的依附，老板还经常借款给印第安人举行宗教庆祝活动，或者在公司商店向印第安人兜售廉价的酒，致使印第

---

① Friedrich Katz, "Labor Conditions on Haciendas in Porfirian Mexico: Some Trends and Tendencies," p. 22.

② 莱斯利·贝瑟尔主编：《剑桥拉丁美洲史》，第五卷，第 53 页。

安人所欠的债务愈积愈多。没有还清债务的印第安人不得离开种植园。由此,这些印第安人实际上变成了种植园主的债役奴。①1897 年,索克努思科的负债劳工达 50 万人之多。②

地方政府也采取措施,保证债务劳役制的实施。1843 年,尤卡坦州颁布法律,规定雇佣未还清债务而离开庄园的劳工为非法,并要求当地政府将债役劳工送还他们的庄园。③1882 年,尤卡坦州再次颁布《尤卡坦州工业农业法》(*Ley agriola industrial de estado de Yucatán*),第五款规定,雇工倘未还清债务离开庄园,将被诉诸法庭审判。如果一位负债的仆人逃跑,躲避在其他庄园,收留该仆人的庄园主将被逮捕。④在尤卡坦,由于地方政府负责征兵和筑路劳役,地方行政长官凭借核查常驻雇工免服兵役的资格,就能确定某人是否是从庄园逃出的。一旦逃亡的劳工被抓获,若征兵的数额不足,政治首脑就强迫其服兵役;或者将其送回庄园,这种情况下,政治首脑就会从庄园主那里得到一笔不菲的奖赏。对于庄园雇工来说,即使短期离开庄园,也必须携带证明信。根据约翰·肯尼斯·特纳(John Kenneth Turner)的记述,当地炎热的气候,加上缺水,迫使逃亡的劳工不得不前往其他庄园或村庄。一旦被发现,他将立刻被抓住,并被核查身份。"一位自由劳工,如果没有携带证明其自由身份的证件,极有可能被关起来,并且要花很大麻烦来证明自己不是逃亡者。"⑤除了依靠政府外,庄园还自己雇佣为领赏而追捕逃犯者(bounty hunter)。何塞·恩卡纳西翁·佩恩(José Encarnación Peón)

---

① 董经胜:《玛雅人的后裔》,第 55—56 页。

② Daniela Spenser, "Soconusco: The Formation of a Coffee Economy in Chiapas," p. 131.

③ Moisés González Navarro, *Raza y tierra, la Guerra de Castas y el henequen*, México: El Colegio de México, 1970, pp. 60–62.

④ Allen Wells, "Yucatán: Violence and Social Control on Henequen Plantations," p. 220.

⑤ John Kenneth Turner, *Barbarous Mexico*, 转引自 Allen Wells, "Yucatán: Violence and Social Control on Henequen Plantations," p. 225.

为他的母亲比维亚娜·佩恩（Bibiana Peón）经营梅里达附近的亚斯尼克庄园（Yaxnic），他有一本流水账，专门登记额外的支出，如支付给为领赏而追捕逃犯者的费用等。1860年，塞昆达里奥·卡伊（Secundario Callí）、何塞·苏鲁（José Sulú）和伊拉里奥·诺奥（Hilario Noh）三名劳工逃离庄园，佩恩不得不为追回这三名劳工支出几乎20比索的费用。雇佣为领赏而追捕逃犯者追回劳工的做法一直延续到20世纪。1905年，后来曾任尤卡坦州州长和墨西哥副总统的何塞·玛丽亚·皮诺·苏亚雷斯（José María Pino Suárez）出版的独立报纸《半岛人》（El Peninsular）日报报道，当地庄园一般要花50比索雇佣特别代理人抓回逃亡的劳工。庄园主还在报纸上刊登启事，声明其庄园劳工逃逸。启事一般说明某逃亡劳工所欠庄园的债务数额，并要求提供线索，以便找到其藏匿地点。有时启事还专门附文强调，该逃亡的劳工将被起诉，并将受到法律的严惩。1886年，何塞·E.马尔多纳多（José E. Maldonado）刊登一则启事，列举了12名以上从皮斯特庄园（Piste）上逃亡的劳工，详细说明了这些人所欠的债务数额、体貌特征、年龄等。作为负责这一事务的律师，何塞·E.马尔多纳多向公众宣布，皮斯特庄园的所有者有权追回这些逃亡劳工所欠的债务。[①]

20世纪初，墨西哥南部农村以残酷的、强迫性的劳动关系而声名狼藉。庄园上的劳工实际上与奴隶无异，国家和地方政权与庄园主勾结，共同维持这种劳动关系。然而，值得注意的是，1910年墨西哥革命爆发后，在南部低地地区的贫困农民中得到的响应却是最低的。迪亚斯政权崩溃后，各地农民运动风起云涌，南部低地地区却依然十分平静。难道是这个地区的农民缺少反抗斗争的传统么？当然不是。19世纪中期，尤

[①] Allen Wells, "Yucatán: Violence and Social Control on Henequen Plantations," pp. 224–225.

卡坦半岛的"种族战争"充分显示出玛雅人的反抗精神；1868年，恰帕斯州的玛雅人曾发动过一场大起义。①1907年后，随着出口经济的衰退，南部地区地方性的农民抗议运动不断升级。仍然残存的村社与庄园之间因土地问题不断发生争执，庄园雇工因工资和劳动条件也向庄园主提出挑战。但是，这些抗议运动局限于地方范围，围绕着具体的不满，没有以武力改变当地出口经济结构的目标。这些抗议运动很快就被地方精英镇压下去了。

有的学者认为，南部庄园主一般拥有自己的警察机构，与其他地区相比，较少依赖国家和地方政府的镇压力量。在尤卡坦，以奥莱加里奥·莫利纳（Olegario Molina）为首的当地寡头集团经济实力雄厚，并与迪亚斯政府、与国际收割机公司存在着密切的联系，能够在很大程度上抵御来自下层的挑战。在南部庄园，劳动力来源复杂。在尤卡坦的西沙尔麻庄园，来自索诺拉州的亚基人、来自墨西哥中部地区的被流放者、来自当地的玛雅人农民并肩劳动，相互之间的竞争和冲突时而发生，并被庄园主有效利用，在他们中间很难产生具有感召力的领导人。此外，南部地区在地理上的孤立使得当地农民较难获得其他地区的消息。总之，根据这些学者的看法，当地庄园主和地方政府的力量和镇压能力强大、贫困农民不团结且缺乏领导人是阻碍1910年后南部地区农民革命动员的两大因素。②但是，约翰·图蒂诺对此提出了质疑。他指出，南部庄园主的力量固然强大，但并非铁板一块。在尤卡坦，莫利纳与国际收割机公司实行垄断性的合作，致使1902年后西沙尔麻的价格下跌，从而分裂了尤卡坦的精英集团。特雷萨斯－克雷埃尔家族在奇瓦瓦的势力并不弱于尤

---

① 董经胜：《玛雅人的后裔》，第35—48页。

② Allen Wells, "Yucatán: Violence and Social Control on Henequen Plantations," p. 236. Friedrich Katz, "Labor Conditions on Haciendas in Porfirian Mexico: Some Trends and Tendencies," pp. 43–44.

卡坦的莫利纳，但是，1911年，特雷萨斯家族的统治在革命暴动爆发后迅速瓦解了。南部玛雅人农民的分裂、闭塞也不是阻止农民动员的根本性因素。1810年，巴希奥地区成千上万没有任何组织的庄园雇工曾揭竿而起；1910年后，北部地区大批毫无组织的庄园雇工纷纷加入到比利亚革命队伍之中。"在墨西哥，不是领导人发动农民革命，相反，在农民的不幸达到极致、农民暴动的时机到来的地方，领导人自会频繁出现。"①

那么，真正的根源是什么呢？根据图蒂诺的分析，随着南部地区出口农业的发展和强制性劳动的普遍推行，南部农民固然失去了流动性的自由，但是他们获得了一定程度的安全性，这种安全性缓和了农民的不满，阻碍了农民动员和革命。在墨西哥，农民最珍视的是自主性，即拥有自己的小块土地，生产自己维持生存需要的产品。当农民的小块土地被侵占，自主性受到威胁时，往往会发生农民反抗运动。但是，19世纪晚期，随着出口经济的发展和大庄园的扩张，农民的生存只得依赖于当地庄园提供的土地和就业机会，农民维持自己的土地和自主性已经不现实了。于是，安全性成为农民退而求其次的关切。流动性固然重要，但自主性和安全性却是维持生存的根本所在。而在迪亚斯时期，南部农民虽然失去了自主性，成为被强制的劳动力，但他们得到了一定安全性。②

图蒂诺指出，在尤卡坦，由于西沙尔麻出口的增长，"种族战争"造成的人口下降，庄园所需的劳动力供不应求。与其他农作物不同，西沙尔麻常年都可收获，不受季节限制，因此对于劳动力的需求也是常年的，而非季节性的，由此进一步加剧了劳动力的短缺。西沙尔麻庄园的扩张导致很多玛雅人村社土地被侵占，失去土地的农民被迫成为庄园雇工。最初，庄园给予他们一小块土地种植玉米，维持生存，同时要求他们在

---

① John Tutino, *De la insurrección a la revolución en México, Las bases sociales de la violencia agraria, 1750–1940*, pp. 248–249.

② Ibid., p. 247.

固定的时间为庄园劳动。后来，随着西沙尔麻生产的扩大，从19世纪80年代起，庄园将雇工种植玉米的土地收回，使雇工完全依靠在庄园劳动赚取工资维生。从这个意义上讲，庄园雇工的自主性的丧失是极彻底的。但是，由于依然面临着劳动力的短缺，庄园主拿出部分利润为雇工购买进口玉米。这不仅为庄园雇工提供了基本的安全性，而且吸引了庄园以外的农民。当旱灾或蝗灾使农民的玉米绝产时，这在尤卡坦经常发生，村社农民前往西沙尔麻庄园劳动，成为庄园雇工，在这里获得生存的必需品。也有农民虽未离开自己的村社，但每年仍需抽出部分时间到庄园劳动，以获得庄园进口的玉米。在此过程中，他们发现，自己所欠庄园的债务不断上升，因为微薄的工资不足以支付从庄园主那里购买的玉米以及其他生活用品。债务将他们束缚在庄园，失去了流动性的自由，但是他们获得了一定的安全性，庄园主提供充足的玉米、水和薪木成为农民生存的保障。1902年后，西沙尔麻经济出现危机，但这场危机仅表现为价格的下跌，而非产量下降。相反，为了弥补价格下跌带来的损失，庄园扩大了生产，西沙尔麻的产量在1910—1911年达到顶点。产量的增加意味着更多的劳动力需求。当然，在西沙尔麻价格下降的形势下，为维持利润，庄园主也降低了雇工的工资，但是，对绝大多数庄园雇工来说，工资下降仅仅意味着他们所欠庄园债务的增加，而这一债务早已超出其偿还能力了，只要西沙尔麻出口强劲，只要劳动力供应依然不足，庄园就不得不向雇工提供维持生存需要的玉米，雇工就拥有生存的安全性。①

在恰帕斯，索克努思科地区咖啡生产和出口的繁荣，也导致了对于劳动力的大量需求。与西沙尔麻不同，咖啡生产仅在收获季节需要大量劳动力，因此索克努思科的庄园主较少依赖长工，而是通过劳工经纪人

---

① John Tutino, *De la insurrección a la revolución en México, Las bases sociales de la violencia agraria, 1750–1940*, p. 250.

向人口相对稠密的高地地区的村社农民预付工资,吸引他们在咖啡收获季节前往庄园劳动。但是庄园劳动所得工资不及预付工资数额,导致农民欠下庄园债务,迫使他们在下一个收获季节再次到庄园劳动。此外,与尤卡坦一样,索克努思科的咖啡庄园主也拿出部分利润购买进口玉米,满足庄园劳工的生存需要。因此,恰帕斯的庄园的劳工虽然是被强迫的,虽然受到剥削,但是,他们在高地地区仍保有自己的小块土地,拥有一定的自主性;当他们在低地地区的咖啡庄园劳动时,又得到庄园主提供的玉米供应,得到了一定的安全性。在1910年革命爆发前,恰帕斯的出口经济并未下降。1908年,连接索克努思科和特旺特佩克的铁路完工,恰帕斯地区与墨西哥的铁路网连为一体,使得这里的产品可以出口到美国和欧洲。1910年前的三年间,轮船运费下降,恰帕斯的咖啡出口数量增长了一倍,价值增长了两倍。劳动力需求增加,而供应依然不足,由此保证了恰帕斯庄园劳工的安全性。高地地区村社农民的自主性、低地地区庄园雇工的安全性,削弱了恰帕斯农民动员和革命的基础。[①]

总之,根据图蒂诺的分析,迪亚斯时期,墨西哥南部,尤其是尤卡坦和恰帕斯,农业发展和农村社会关系发生了深刻的变革,传统的农村社会与世界经济融为一体。出口经济不断增长,而劳动力供应不足。为保证劳动力来源,庄园拿出部分利润,为雇工的生存提供安全性保障,从而缓和了农民的不满,正是这种安全性抑制了庄园雇工的革命性。当然,庄园雇工的生存条件是极其严酷的,但是,"在墨西哥,农村暴动不是针对强迫劳动、剥削甚至残忍的不满而发生的。在农民面临着丧失生存自主性、在庄园雇工面临着丧失安全性的情况下,才会发生农民暴动"[②]。

[①] John Tutino, *De la insurrección a la revolución en México, Las bases sociales de la violencia agraria, 1750–1940*, p. 252.

[②] Ibid., p. 250.

四、农民与墨西哥革命的根源

通过对墨西哥革命前农村社会经济和阶级关系变化的分析,可以看到,促使农民参与革命的根源在于迪亚斯时期农业商品经济的迅速发展对农民生存方式的剧烈冲击。与历史上许多其他国家的革命一样,在墨西哥,革命的发生不是由于经济的落后,恰恰是由于经济的迅速增长和现代化,这与托克维尔笔下大革命前的法国颇有类似:路易十六统治时期是旧君主制最繁荣的时期,但是"繁荣反而加速了大革命的到来"[①]。这也印证了亨廷顿对20世纪第三世界国家的论述:"政治动乱的产生,不是由于缺少现代性,而是由于试图获取现代性。如果贫穷国家不稳定,那并非因为它们穷,而是因为他们力图致富。"[②]

但是,这种现代化是以农民为主的社会底层生活和工作条件的严重恶化为代价的,托克维尔在对法国大革命的研究中认为,"革命并不是在那些中世纪制度保留得最多、人民受其苛政折磨最深的地方爆发;恰恰相反,革命是在那些人民对此感受最轻的地方爆发的"[③]。从墨西哥革命前的历史事实来看,托克维尔的这一结论并不具有普遍性。革命前的莫雷洛斯州和奇瓦瓦州,恰是农民负担最重、遭受压迫最严酷的地方,也是革命要求最强烈的地方。现代化将封闭、落后的农村和农民卷入了市场经济,但是,如果没有政治民主化的保障,市场经济必然是不完善的、扭曲的,对农民来说,"这种市场参与充满了由腐败、垄断以及结构不完善的危险和损失"[④]。在这种情况下,如果统治上层不主动进行政治

---

① 托克维尔:《旧制度与大革命》,冯棠译,商务印书馆1992年版,第209页。
② 塞缪尔·P.亨廷顿:《变革社会中的政治秩序》,第41页。
③ 托克维尔:《旧制度与大革命》,第64页。
④ J.米格代尔:《农民、政治与革命:第三世界政治与社会变革的压力》,第197页。

开放和改革，政治动荡不安、通过革命的方式来推进政治现代化是不可避免的。墨西哥的现代化所经历的就是这样一条道路。正如亨廷顿指出的："1910年以前的二十年间，墨西哥经历了迅速的经济发展和现代化。1910年以后的三十年内，墨西哥出现了同样迅速的政治发展和政治现代化。"正是在1910年的墨西哥革命中"诞生的政治体系给墨西哥带来了拉丁美洲前所未有的政治稳定，以及四五十年代经济迅速增长所必需的政治结构"[1]。

---

[1] 塞缪尔·P. 亨廷顿：《变革社会中的政治秩序》，第309页。

第四章

"许多个墨西哥、许多场革命"
——革命期间各派别在土地改革问题上的斗争

1910年,墨西哥举行总统选举。已经掌权34年的波菲里奥·迪亚斯再次参选。大选的前一天,他的竞选对手弗朗西斯科·马德罗被投入监狱,迪亚斯第八次当选总统。选举后获释的马德罗逃到美国的得克萨斯,发表了《圣路易斯波托西计划》,号召墨西哥人民武装反抗迪亚斯独裁。由此,一场轰轰烈烈的革命风暴席卷墨西哥。革命进程一波三折,众多力量卷入其中,一百多万人丧失生命。那么,这场革命的本质和目标究竟是什么?1929年,美国著名学者弗兰克·坦南鲍姆出版《墨西哥的农业革命》一书,认为1910年爆发的墨西哥革命从根本上说是一场农民革命。在革命中,千百万农民要求归还他们从殖民地时期到19世纪,特别是迪亚斯专制政权期间失去的土地,恢复他们的传统权利。[①]但是,20世纪六七十年代后,

---

[①] Frank Tannenbaum, *The Mexican Agrarian Revolution*, New York: Macmillan, 1929. 另可参看 Charles A.Hale, "Frank Tannenbaum and the Mexican Revolution," *Hispanic American Historical Review*, Vol.75, No.2, 1995, pp. 215–246。

这种观点越来越受到质疑。根据修正派的看法,"在墨西哥革命的历史中,把土地改革的重要性也许估计太高了"①。虽然没有人怀疑萨帕塔领导的运动的农民革命的特色,但是对墨西哥北部比利亚领导的运动是否也可做出同样的判断,很多学者持怀疑态度。他们指出,在长期的革命战争期间,除了萨帕塔控制的地区外,很少有土地被分配给农民;此外,革命期间,最为激烈的战争发生在以卡兰萨为一方的立宪派和以比利亚、萨帕塔为另一方的革命武装之间,而无论哪一方,都宣称支持土地改革。既然土地改革是各方都致力于实现的目标,那么各派别之间又为何爆发内战呢?本章首先回顾和总结国际学术界关于墨西哥革命的史学思潮的演变,然后通过对革命期间各派别的社会基础、它们在土地问题上的立场和措施进行分析,来回答上述问题。

一、墨西哥革命是一场农民革命么?

从某种意义上说,墨西哥革命的史学是伴随着1910年革命的爆发而产生的。过去一百多年来,这场革命一直是墨西哥政府和执政党的合法性来源、人民的"集体记忆",也是墨西哥国内和国外历史学者持久不衰的研究热点,由此产生了难以计数的学术文献。然而,正如克罗齐所言,"一切真历史都是当代史"②,历史学者对墨西哥革命的解释不可避免地受到其所处时代的影响,墨西哥革命史学思潮的发展趋势与革命以来墨西哥的经济、政治、思想和学术潮流的变化密不可分,反映了并在某种程度上影响着革命以来的墨西哥历史和现实。

墨西哥革命史的最初撰写者也是革命的参加者。由于来自不同的革

---

① 莱斯利·贝瑟尔主编:《剑桥拉丁美洲史》,第五卷,第196页。
② 贝奈戴托·克罗齐:《历史学的理论和实际》,道格拉斯·安斯利英译,傅任敢译,商务印书馆1982年版,第2页。

命派别，这些作者对革命的解释自然是站在自身所属派别的立场之上的，不可能写出"客观的"历史。

1910—1911年，弗朗西斯科·马德罗领导的自由派和起义农民的联盟推翻了迪亚斯政权。马德罗派以及其他革命者认为，推翻迪亚斯政权的"革命"不同于墨西哥历史上的历次暴动，它并非简单的政权易手，而是一次真正的革命，就如同1789年的法国大革命一样。1911年5月，迪亚斯辞职，他的政权立即被称为"旧制度"（ancien régime），直接借用了对大革命前的法国政权的称谓。根据马德罗派的观点，1910年的革命是墨西哥历史上继1810年的独立运动、19世纪50年代中期的革新运动之后的第三次革命，而这次革命的领导人马德罗可与伊达尔戈、胡亚雷斯相提并论。

1913年，韦尔塔发动政变，推翻了马德罗政权，马德罗被暗杀。韦尔塔试图重建一个迪亚斯式的政权。支持迪亚斯和韦尔塔的反革命派别认为，1910年的墨西哥革命是一场无政府状态的政治混乱，革命是由煽动人心的野心家发动的，他们追求个人权力甚于关心社会公正。天主教徒也撰写著作和文章，批判革命中的反教会措施，他们试图将墨西哥革命涂上布尔什维克主义的色彩。很多外国观察家站在外国投资者的立场上，宣称革命仅仅是一场对外国人进行盗窃的借口。①

1914年夏，在萨帕塔、比利亚领导的南、北农民武装以及贝努斯蒂亚诺·卡兰萨为首的立宪派武装的进攻下，韦尔塔政权武装被击败。7月，韦尔塔被迫流亡欧洲。从一开始，立宪派就宣布，韦尔塔政权是反革命的旧制度的复活，立宪派的革命是1910年革命的延续。站在卡兰萨派立场上的莱尔多·德·特哈达（Lerdo de Tejada）指出，墨西哥历史

---

① David C. Bailey, "Revisionism and the Recent Historiography of the Mexican Revolution," *Hispanic American Historical Review*, Vol. 58, No.1, 1978, p. 68.

上只有三个时期发生了进步的变革,这就是伊达尔戈起义、胡亚雷斯领导的革新运动、马德罗和卡兰萨领导的墨西哥革命。① 但是,立宪派认为,1913年反对韦尔塔政权的革命在1910年反对迪亚斯政权革命的基础上向前推进了一步。在他们看来,革命的根本目标,除了要解决政治问题外,还要解决经济问题。1914年,卡兰萨指出,他所领导的革命是"一场社会革命,而马德罗领导的革命仅仅是一场政治革命,即争取有效选举和反对连选连任的斗争。而人民的要求,你能相信我,则比这要深刻得多"②。在卡兰萨派看来,这场社会革命意味着社会的、经济的、民族精神的、道德的改革,就经济方面而言,最重要的是土地的平均分配。因此,卡兰萨派一方面肯定马德罗的革命功绩,但同时也直接或间接地对马德罗派提出了批评。对此,马德罗派并不认同。他们站在自由民主的立场上,批判卡兰萨政权实行军事专制、腐败,推行民粹主义以及政党政治,要求建立"没有形容词修饰的民主"③。

随着韦尔塔政权的倒台,反韦尔塔的革命联盟也随之解体。卡兰萨派、比利亚派、萨帕塔派之间的内战随之开始。除了战场上的较量外,围绕着对墨西哥革命的立场,各方也展开了激烈的辩论。比利亚派认为,墨西哥革命包括马德罗反对迪亚斯的起义和立宪主义者反对韦尔塔的斗争。与卡兰萨派不同,比利亚派认为,自己是坚定的马德罗派。显然,这种立场致使一些原马德罗派成员和马德罗家族的成员在1913和1914

---

① Thomas Benjamin and Marcial Ocasio-Meléndez, "Organizing the Memory of Modern Mexico: Porfirian Historiography in Perspective, 1880s–1980s," *Hispanic American Historical Review*, Vol.64, No.4, 1984, p. 338.

② Thomas Benjamin, *La Revolución: Mexico's Great Revolution as Memory, Myth and History*, Austin: University of Texas Press, 2000, pp. 51–52.

③ Alan Knight, "Revisionism and Revolution: Mexico Compared to England and France," *Past and Present*, No. 134, 1992, p. 162.

年加入到比利亚的阵营中。① 比利亚指出，卡兰萨背叛了建立民主政府和实行社会经济改革的革命理想。比利亚号召墨西哥人民，在他的领导下，为了民众的解放和真正民主制的建立，再做一次流血牺牲，以实现革命的原则。与比利亚派不同，对萨帕塔派来说，无论马德罗派还是立宪派，都不是革命者。墨西哥革命是一场"人民革命"，开始于1910年反对迪亚斯独裁政权，继之以后来反对马德罗、韦尔塔和卡兰萨的斗争，革命的理想是实现1911年萨帕塔宣布的"阿亚拉计划"。

1914—1915年，卡兰萨战胜了比利亚和萨帕塔。1917年，新《宪法》通过。同年，卡兰萨当选为墨西哥总统。卡兰萨派利用政府的各种宣传工具，贬低对手，抬高自己。根据卡兰萨政府的官方观点，虽然马德罗是墨西哥民主制的殉道者，但是，在马德罗被暗杀后，马德罗派成员却胆怯地逃之夭夭。随后，所有反革命利益汇集到韦尔塔身上，立宪派反对韦尔塔的战斗实际上是人民与反革命势力的斗争。比利亚和萨帕塔虽然不是反革命者，但是他们被卡兰萨政府描述为反革命的工具，尽管可能是不自觉的工具。因而，墨西哥革命可以被分为三个时期：战胜韦尔塔政权、打败比利亚和萨帕塔、恢复立宪秩序与重建墨西哥。② 因此，"立宪派的胜利使卡兰萨得到了构建他自己的'历史'，即胜利者的历史的权力"③。但是，这种"胜利者历史"的灌输并没有完全消掉墨西哥下层民众对于萨帕塔和比利亚的正面评价。在流行歌曲、民间传说中，萨

---

① Alan Knight, *The Mexican Revolution*, Vol. 2, Cambridge: Cambridge University Press, 1986, pp. 113–114.

② Thomas Benjamin, *La Revolución: Mexico's Great Revolution as Memory, Myth and History*, pp. 66–67.

③ Eugenia Meyer, "Cabrera y Carranza: Hacia la Creación de una Ideología Oficial," Roderic A. Camp, Chales A. Hale and Josefina Zoraida Vásquez,eds., *Los intelectuales y el poder en México*, México: El Colegio de México, 1991, p. 256.

帕塔和比利亚依然是墨西哥人民心目中的革命英雄。①

1920年大选中，卡兰萨试图扶植傀儡接班人，自己在幕后继续操控墨西哥政权。为此，以奥夫雷贡为首的"索诺拉帮"发动政变，建立了新政权，卡兰萨被暗杀。奥夫雷贡上台后，卡兰萨构建的墨西哥革命的"官方史学"观点受到了第一次"修正"：马德罗派被恢复名誉，反韦尔塔的三派政治力量——萨帕塔派、比利亚派、卡兰萨派——被置于平等的位置上。马德罗再次成为无与伦比的革命英雄，奥夫雷贡是马德罗的法定政治继承人。卡兰萨则被说成是反革命的工具、革命的叛徒。对此，卡兰萨的支持者表示反对，他们坚持，卡兰萨代表了"我们国家历史上最高贵的人物，在个性和领导能力方面远高于马德罗"②。根据奥夫雷贡政府的观点，萨帕塔是革命理想，尤其是农民愿望的化身。20世纪20年代出现了几部站在萨帕塔派立场上的墨西哥革命史，将奥夫雷贡和卡列斯看作萨帕塔主义者和墨西哥农民的朋友。但比利亚依然被官方看作"试图攫取人民的权利和自由"的反革命的工具，尽管在民间传说中，比利亚依然被描述为为正义而战的英雄。

因此，从革命期间一直到20世纪20年代，由于革命中不同派系间的斗争，不可能出现一部观点和立场都能得到所有革命者赞同的墨西哥革命史。革命的不同派别中出现的业余历史学家都站在自身的立场上看待革命，为自身辩护，指责对手。当然，也有个别人试图摆脱派系的影响，撰写"客观的"历史。例如，1914年，著名法学家、记者拉蒙·普利达（Ramón Prida）在流亡美国期间，撰写了第一部、也是最客观的一部墨西哥革命史——《从专制主义到无政府主义》（*De la dictadura a la*

---

① John Rutherford, *Mexican Society during the Revolution: A Literary Approach*, Oxford: Clarendon Press, 1971, p. 132.

② Thomas Benjamin, *La Revolución: Mexico's Great Revolution as Memory, Myth and History*, p. 71.

anarquía)。在序言中，普利达写道："自始至终，我以历史学家无情的、非个人化的严肃性评价事实和人物。"书中，他批评迪亚斯压制真正的民主制度的发展，认为马德罗虽然令人尊敬、意图良好，但没有能力使墨西哥转向稳定的民主制度，还批评韦尔塔建立了军事专制主义。他认为，当时正由卡兰萨领导的革命是完全正确的。然而，像普利达这样历史撰写者毕竟太少。1927年，一位墨西哥业余历史学者指出，"在墨西哥，我不知道有任何客观性的历史"[1]。阿道夫·希尔里（Adolfo Gilly）认为，这个时期的史学，"甚至不是政治化的史学，而是纯粹的政治"[2]。

革命期间的派系之争延续到革命之后，成为阻碍国家团结统一的重要因素。奥夫雷贡统治期间，尚无迫切的必要将所有革命派别统一起来，因为奥夫雷贡个人的巨大声望使其能够将各派分歧置于控制之下。1928年，奥夫雷贡在第二次当选总统后被暗杀，墨西哥革命后的政治秩序面临着巨大的危机。前总统卡列斯（在本应由奥夫雷贡任总统的六年期间，有三位总统相继执政，但是实际上由1924—1928年担任总统的卡列斯控制政权）认识到，要维持政治稳定，必须将各派别的革命者统一为一个整体。1928年12月，卡列斯宣布："如果我们要在墨西哥实现和平和制度化的秩序，实现革命者的统一化是绝对必不可少的。"[3]为此，1929年，成立了国民革命党（PNR），旨在将自马德罗发动革命以来的所有革命派别团结到一起，"模糊过去的对抗，忘记仇恨"[4]。国民革命党的《原

---

[1] Thomas Benjamin, *La Revolución: Mexico's Great Revolution as Memory, Myth and History*, p. 138.

[2] Adolfo Gilly, "México contemporáneo: Revolución e historia," *Nexos*, 62, 1983, p. 15.

[3] Plutarco Elías Calles, "En pos de la unificación revolucionaria," Carlos Macias, ed., *Plutarco Elías Calles, Pensamiento político y social*, México: Fondo de Cultura Económica, 1988, p. 284.

[4] Thomas Benjamin, *La Revolución: Mexico's Great Revolution as Memory, Myth and History*, p. 141.

则声明》规定，以 1917 年《宪法》作为党的纲领。① 当时，和解成为墨西哥政治文化的主流。1931 年 7 月，议会下院同时将卡兰萨和萨帕塔的名字刻在墙上，与独立战争和革新运动期间的民族英雄一起相提并论（1925 和 1929 年，马德罗和奥夫雷贡已分别享此荣誉）。1931 年 7 月 8 日，国民革命党主办的《民族报》(El Nacional)发表文章说，从根本上说，现在已经没有理由将解放运动期间牺牲的伟人之间的"争执"延续下去，"马德罗与萨帕塔之间、萨帕塔与卡兰萨之间、卡兰萨与奥夫雷贡之间由于政局的变幻不定所引起的敌意和疏离在今天已经无关紧要了"。曾担任总统的埃米利奥·波塔斯·希尔后来指出，"对于英雄们集体的、非个人化的解释"已成为"国家的准则"。20 世纪 30 年代，国民革命党每年制定的"国家历法"中，为革命期间不同派别的每位革命领袖都设立纪念性的节日，以促进"和谐与统一"②。

但是，墨西哥革命史的撰写者依然站在各自派系的立场上，这显然不符合现实的需要。历史学家鲁伊斯·查韦斯·奥罗斯科（Luis Chávez Orozco）指出："墨西哥的历史编纂学已经达到这样的地步，很多作者在其中找到了展示自己的激情、表明其政治立场的最佳途径。他们对过去所做的解释转变为现实中战斗的武器。"然而，到 20 世纪 30 年代，在和解的政治文化背景下，这种从不同的派系立场出发撰写历史的做法受到了越来越多的批评。1933 年，在第一届墨西哥历史学大会前夕，一位批评者宣布："现在，结束我们历史撰写过程中的斗争精神，对历史进行客观研究的时刻已经到来。"有的批评者指出，从派系的立场撰写历史，分

---

① 徐世澄：《墨西哥革命制度党的兴衰》，世界知识出版社 2009 年版，第 52 页。
② Thomas Benjamin, *La Revolución: Mexico's Great Revolution as Memory, Myth and History*, p. 142.

裂了革命大家庭，延长了野心家和伪革命者的政治生涯。①

1931年，拉斐尔·拉莫斯·佩德鲁埃萨（Rafael Ramos Pedrueza）对墨西哥的历史教学提出建议。虽然他的主要兴趣在于提倡从经济的视角解释历史，但是他明确反对从派系的立场出发撰写的历史。他认为，墨西哥革命是由马德罗、卡兰萨、萨帕塔、比利亚和奥夫雷贡共同发动的。他尤其赞扬奥夫雷贡，因为他的政府"统一了革命力量，结束了分裂的怪圈"。他认为，一名历史教师，"在其课堂上和报告中、在新闻媒体和著作中，在其所有的知识活动中，都应倡导这样的观念，即革命仍在继续，并取得了胜利"。1934年，J. D. 拉米雷斯·加里多（J. D. Ramírez Garrido）创办了第一份研究墨西哥革命的杂志《墨西哥革命》（La Revolución Mexicana）。拉米雷斯在第一期上撰文指出："经过几年沮丧、痛苦的经历，现在我们已经把自己从这种或那种'主义者'中解放出来了。"《墨西哥革命》每期都会发表同情不同派别和地区的革命运动的文章。拉米雷斯还建议编写一部包含"历史的、地理的、人物传记的、图书目录的"全面的墨西哥革命史词典。虽然这一计划未能实现，但是，1935年由弗朗西斯科·纳兰霍编写的《革命者传记词典》问世。② 纳兰霍写道，编写这部"小书"的目的是促进革命大家庭内部的联合、友爱。③

1935年初，参议员霍苏埃·埃斯科韦多（Josue Escobedo）和新闻记者何塞·T. 梅伦德斯（José T. Meléndez）代表"墨西哥革命历史著作"编辑委员会给卡德纳斯总统写信，要求查阅政府文件中与墨西哥革命有

---

① Thomas Benjamin, *La Revolución: Mexico's Great Revolution as Memory, Myth and History*, p. 143.

② Francisco Naranjo, *Diccionario Biográfico Revolucionario*, México: Editorial Cosmos, 1935.

③ Thomas Benjamin, *La Revolución: Mexico's Great Revolution as Memory, Myth and History*, p. 144.

关的所有档案，得到了卡德纳斯总统的批准。后来，二人又给卡德纳斯写信，说明了他们即将编写的墨西哥革命史的基本特点："这是一个寻求所有的革命者——不分派系或类别——合作，以撰写一本全面的、与激发这场伟大人民运动的高尚性相当的著作的计划。"在卡德纳斯总统的支持下，1936年，梅伦德斯组织和主编的《墨西哥革命史》第一卷出版，主要内容包括迪亚斯政权和革命的起源、韦尔塔的政变、1914年美国的干预和阿瓜斯卡连特斯（Aguascalientes）会议。1940年，第二卷出版，主要内容包括卡兰萨、奥夫雷贡、卡列斯等政府时期。[①] 这部著作对于墨西哥革命时期主要领袖人物的评价值得注意：马德罗是一个真正的民主主义者，但他过高估计了国家的政治能量，由此导致他犯了一个最大的错误，即与迪亚斯签署了《胡亚雷斯城协定》，保留了旧政权的大部分机构，削弱了新的革命政权的力量和权威。比利亚是一个既慷慨又残酷、既伤感又冷漠的人，同时具备军事天才。没有谁比他和他所率领的"北方军团"在推翻韦尔塔政权的军事斗争中做出的贡献更大。比利亚的身上体现了墨西哥真实的矛盾性："无知、暴力、勇气、高贵、美德与缺陷的惊人结合。"萨帕塔是"墨西哥最伟大的革命者"，这是由于他毫不动摇地致力于土地改革和墨西哥农民的福祉。卡兰萨是一名无与伦比的爱国者、改革者和立宪主义者，是"革命的象征，是国家的拯救者"。奥夫雷贡是一个"伟大的人"，尽管他犯过错误，其中最严重的错误是在1928年再次参与竞选。该书赞扬卡列斯推行体制改革，但是将这位最高首领的统治称为"最严厉的独裁"。1986年再版序言中，奥科塔维奥·帕斯称，此书是"第一部具有包容性视野的历史，不同革命派别的领袖都受到了公正的对待"。该书的思想反映了20世纪三四十年代墨西哥政治

---

① José T. Meléndez, ed., *Historia de la Revolución Mexicana*, Tomo 1, México: Instituto Nacionalde Estudios Históricos de la Revolución Mexicana, 1987; José T. Meléndez, ed., *Historia de la Revolución Mexicana*, Tomo 2, México: Ediciones Aguilas, 1940.

文化中"治愈旧伤"的倾向。书中强调，虽然马德罗、卡兰萨、萨帕塔、比利亚相互之间曾经发生冲突，但是他们所有人都是真正的革命者，都以自己的方式为了民众获得拯救而斗争，结果，"为了一个更美好的未来，他们共同成为一个流血牺牲的、摧毁性的、伟大和英雄主义的以及各种各样的混乱的聚合体"[1]。

在梅伦德斯主编的《墨西哥革命史》的影响下，20 世纪三四十年代，墨西哥出版了多部墨西哥革命史。同样，主要的思想都是强调各个不同的革命派别对于革命所做的独特贡献。对历史的重构其实是为现实中建立和维持政治联盟而服务。执政党和政府在其中发挥了越来越重要的作用，墨西哥革命史越来越具有"官方特色"。1949 年 9 月 1 日，改名为革命制度党（PRI）的执政党宣布，为了纪念下一年 8 月立宪派军队进入墨西哥城 36 周年，举行墨西哥革命史著作竞赛。结果，一位年轻的教师、记者阿尔贝托·莫拉雷斯·希门尼斯撰写的《墨西哥革命史》手稿在竞赛中脱颖而出，并于 1951 年首次出版。作者获得圣路易斯波托西金质奖章和 1 万比索的奖金。[2] 希门尼斯的《墨西哥革命史》是一部经典的官方历史著作。根据该书的观点，墨西哥革命是继独立战争、革新运动之后的墨西哥民族运动的第三个阶段，是一场民众的、民族主义的和民主的革命。革命由先驱们发动，但只是到 1911 年，由于马德罗对民主制度不可动摇的追求才获得胜利。1910—1911 年以及后来 1913—1914 年的军事斗争是人民反对反革命的运动。不幸的是，反革命势力一次次分裂革命，由此导致了《胡亚雷斯城协定》、萨帕塔反对马德罗政府的起义以及后来立宪派运动内部的分裂。但是，所有的革命派别都为 1917

---

[1] 转引自 Thomas Benjamin, *La Revolución: Mexico's Great Revolution as Memory, Myth and History*, pp. 145–147.

[2] Alberto Morales Jiménez, *Historia de la Revolución Mexicana*, Tercero edición, México: Editorial Morelos, 1961.

年《宪法》的最后形成做出了贡献。最终建立的革命政府致力于土地改革、建立医疗机构和农村学校、组织工人捍卫自身权利、促进农业和工业现代化，继续履行墨西哥革命的承诺。希门尼斯指出，墨西哥革命从根本上说是一场农民革命，"所有革命派别——卡兰萨派、比利亚派和萨帕塔派——虽然由于个人的原因相互之间处于分裂状态，但从本质上都希望实行土地改革"。这三位革命领袖"在革命的社会纲领方面是一致的，但是，由于当时不存在一个现实概念，他们之间互相斗争"。然而，所有这些革命潮流，最终都汇集到一起，体现在1917年《宪法》之中，"墨西哥革命在最高法律中得以体现"。① 评审委员会认为，本书是"墨西哥革命事件以及直到今天为止的墨西哥发展进程的流畅、简易的读本"，但是，出版后第二年就有学者评论道，该书无论在结构上还是资料上，都依据赫苏斯·罗梅罗·弗洛伦斯（Jesús Romero Flores）1939年出版的《墨西哥革命编年史》(Anales históricos de la revolución Mexicana)写成，并对历史资料有忽略、歪曲之处。因此，如果要了解"作为意识形态的革命"，这是一本必读书，但"作为历史的革命"，该书无非是"加了注释的民间传说"。②

为政府的合法性寻求依据，为避免革命大家庭的分裂，革命后的墨西哥政府和后来成立的执政党对墨西哥革命的历史提出了官方的解释，承认不同的革命派别的贡献，强调墨西哥革命的人民性、民族性、进步性，成为墨西哥革命"官方史学"的核心思想。

墨西哥"官方史学"对墨西哥革命的总体评价得到了国外，特别是美国主流史学界的赞同。20世纪20年代以来，一大批美国学者开始致

---

① 转引自 Thomas Benjamin, *La Revolución: Mexico's Great Revolution as Memory, Myth and History*, pp. 148–149。

② Horword Cline 发表的书评，无标题，见 *Hispanic American Historical Review*, Vol.32, No.2, 1952, pp. 424–246。

力于对墨西哥革命的研究。其中最有代表性、最著名的学者是弗兰克·坦南鲍姆,他对墨西哥革命的研究成为美国史学界传统观点的代表。① 虽然美国学者之间在一些细节问题上存在分歧,但主要的观点是一致的。他们认为,墨西哥革命是一场伟大的革命,是一件好事;革命使墨西哥摆脱了过去负面的负担,将国家推向自由民主的发展道路;革命具有本质的统一性;革命中的英雄和恶棍很容易区分,即使是革命的英雄之间的流血冲突也是整个革命过程中必不可少的组成部分,最终汇集到一起,保证革命取得成功。这种观点在美国史学界长期占据主导地位。②

"官方史学"主导墨西哥革命史研究的时间并不长。进入 20 世纪五六十年代后,一股修正派史学思潮勃然兴起,这与墨西哥社会、政治发展和学术环境的变化密切相关。

卡德纳斯总统六年任期(1934—1940)"标志着墨西哥革命达到最高峰"。但"1940 年后,革命进入保守阶段,各种体制变得僵化,新的特权上层人物占有了国民收入的大部分,贫富之间的悬殊显而易见"③。政府大力推进工业化,但忽视、放慢社会改革。官方宣传的"革命性进步"与千百万墨西哥人的贫困形成了巨大的反差。1959 年,墨西哥铁路工人举行大罢工,但被政府镇压,罢工领导人被捕。同年,古巴革命取得胜利。"对新一代墨西哥学生和历史学者来说,古巴革命是一场真正的革命,而墨西哥革命已经被'冻结'了。"④ 20 世纪 40 年代中期,墨西哥知识分

---

① Frank Tannenbaum, *The Mexican Agrarian Revolution*. 另可参看:Charles A. Hale, "Frank Tannenbaum and the Mexican Revolution."

② David C. Bailey, "Revisionism and the Recent Historiography of the Mexican Revolution," pp. 68–69.

③ E. 布拉德福德·伯恩斯:《简明拉丁美洲史》,王宁坤译,涂光楠校,湖南教育出版社 1989 年版,第 245、248 页。

④ Thomas Benjamin, *La Revolución: Mexico's Great Revolution as Memory, Myth and History*, pp. 158–159.

子开始察觉到墨西哥革命的危机。1943 和 1949 年,赫苏斯·席尔瓦·艾尔佐格(Jesús Silva Herzog)发表文章提出,墨西哥革命已经失去了基点,因为在国家向工业化飞速迈进的过程中,牺牲了民主和社会公正的目标。1947 年,经济学家、墨西哥学院的创始人之一丹尼尔·科西奥·比列加斯(Daniel Cosío Villegas)也撰文,断言墨西哥革命已被腐化,在没有达到其目标的情况下死亡了。① 1949 年,著名历史学家卡洛斯·佩雷拉(Carlos Pereyra)出版《伪造的墨西哥》(México falsificado),抨击胡亚雷斯的革新,为迪亚斯政权的正当性申辩,谴责墨西哥革命。1955 年,丹尼尔·科西奥·比列加斯主编的《墨西哥现代史》(Historia moderna de Mexico)第一卷出版。② 与此前的墨西哥革命史学者不同,丹尼尔·科西奥·比列加斯没有将迪亚斯时期视为"旧制度",相反,他从这一时期中看到了"现代性"因素。根据这部著作,墨西哥现代历史不是开始于墨西哥革命,而是始于迪亚斯时期。1966 年,莫伊塞斯·冈萨雷斯·纳瓦罗(Moisés González Navarro)写道,工人阶级为墨西哥的经济增长付出了代价,但只有社会中的少数幸运者享受到进步的好处,他称这种状况为"不平衡的革命"。1965 年,巴布罗·冈萨雷斯·卡萨诺瓦(Pablo González Casanova)也提出,墨西哥革命尚未完成,他虽然没有说革命失败了,但是他用大量的资料证明,在马德罗发动起义半个世纪之后,墨西哥仍然缺乏政治、社会和经济民主。③

20 世纪 60 年代后期,墨西哥的经济增长和政治稳定的"奇迹"都

---

① 关于墨西哥革命史修正派的早期观点,可参看 Stanley R. Ross, ed., *Is the Mexican Revolution Dead?*, New York: Alfred A. Knopf, 1966。

② 相关评论见 Stanley R. Ross, "Cosío Villegas' Historia moderna de Mexico," *Hispanic American Historical Review*, Vol. 46, No.3, 1966, pp. 247–282.

③ David C. Bailey, "Revisionism and the Recent Historiography of the Mexican Revolution," pp. 70–71.

在走向终结,最为突出的表现就是1968年学生运动被镇压的事件。1968年10月2日,第19届夏季奥运会在墨西哥城举办前夕,大约5000名学生聚集在特拉特洛尔科(Tlatelolco)广场举行和平集会,遭到军队的开枪镇压。官方宣布有43人遇难,但实际死亡人数远多于该数字。一名墨西哥记者认为有325人遇难,而另一些墨西哥观察家认为死亡人数超过500人。另有几千人被捕,其中有的人被列入"失踪者"名单。[①]对于很多墨西哥人来说,特拉特洛尔科的屠杀象征着墨西哥革命的"破产"[②]。对现实的判断直接导致对历史的反思。在年轻一代历史学者看来,革命制度党和政府已经腐化,如果革命制度党和政府是墨西哥革命的直接继承者,那么革命本身一定包含着某种弊端,而这种弊端被传统的官方史学成功地掩盖了。美国学者约翰·沃马克很尖锐地指出了1968年的事件与修正派史学思潮的产生之间的关系:

> 1968年墨西哥政府血腥镇压了争取公民权利的一场人民运动。根据对墨西哥革命的标准解释,人民的愿望应该已经融合于政府体制之中,那么对这次镇压进行历史性说明是不可能的。对一些年轻的学者来说,最最吸引人的解释,正如批评者常常说的,应该是,这场革命对"人民"是一种骗局。[③]

与此同时,关于墨西哥革命的传统史学观点在美国也渐渐受到质疑。随着时间的推移,美国学者逐渐意识到,墨西哥虽然经历了一场大革命的洗礼,但仍然呈现出一个欠发达国家的典型特征。1968年事件之后,墨西哥长期引以为自豪的政治稳定也逐渐消逝。如同其他拉美国家,墨

---

① 林被甸、董经胜:《拉丁美洲史》,第398页。

② Stanley R. Ross, "La protesta de los intelectuales ante México y su revolución," *Historia Mexicana*, 26, 1977, pp. 412–420.

③ 莱斯利·贝瑟尔主编:《剑桥拉丁美洲史》,第五卷,第80页。

西哥也出现了游击队运动。1971年起,游击队进行了一系列抢劫银行和绑架活动。① 此外,古巴革命后对国家的彻底改造,至少使一些较为激进的美国人看来,墨西哥革命与之相比显得胆怯、迷失方向。约翰逊政府"伟大社会"计划的失败和越南战争的困扰,也使得一些美国人对墨西哥的"制度化革命者"所倡导的渐进改革路线产生了幻灭感。无论怎样,到1969年,美国学者已经不再认同基本上完全肯定墨西哥革命的传统观点,一些学者开始对墨西哥革命的历史展开反思。② 例如,弗兰克·R. 布兰登堡(Frank R. Brandenburg)指出,没有证据表明,墨西哥革命催生的政治体制将会成长为真正的民主制。也有学者认为,虽然墨西哥取得了进步,但不应将这一进步归功于墨西哥革命。③

修正派史学思潮的产生还与墨西哥历史学科的发展有着直接的联系。20世纪四五十年代,墨西哥的历史学研究逐渐走向专业化,业余历史学者、见证人式的历史学者逐渐被受过专业训练的、专职的历史学者所取代。国家人类学和历史学学院(Escuela Nacional de Antropología e Historia,1935年成立)、墨西哥学院(El Colegio de México,1940年成立,最初主要由西班牙流亡学者组成)、国立大学的历史研究所(Instituto de Investigaciones Históricas,成立于1945年)等机构培养了一批年轻的专业历史学者,同时为历史学者提供了一定的财政支持和学术独立性。一些专业历史杂志如1942年创刊的《国立学院学报》(*Memoria de El Colegio Nacional*)、1944年创刊的《历史研究》(*Estudios Históricos*)以及1951年由墨西哥学院创刊的《墨西哥历史》(*Historia Mexicana*)对

---

① 托马斯·E. 斯基德莫尔、彼得·H. 史密斯:《现代拉丁美洲》,江时学译,世界知识出版社1996年版,第293页。

② David C. Bailey, "Revisionism and the Recent Historiography of the Mexican Revolution," p. 72.

③ Ibid., pp. 71–72.

墨西哥历史学专业的成熟起到了重要的推动作用。历史学的专业化意味着历史研究技能方面的专业训练、在研究中对第一手的原始资料的重视、历史研究摆脱政治的影响等。具体说来，在对墨西哥革命史的研究中，就是要摆脱政府和执政党的影响，撰写"非官方的历史"（historia aoficial）。

国际学术交流的影响也不容忽视。1969 年后，美国和墨西哥历史学者每四年合作举行一次学术会议，促进了墨西哥历史学的国际化。在对墨西哥革命史的研究中，美国学者尤其重视对档案的研究，这对墨西哥历史学者的研究方式产生了重要的影响。20 世纪 60 年代后，法国年鉴学派的史学思想也传入墨西哥，受其影响，在墨西哥革命历史的研究中出现了重视社会史、文化史、经济史并借鉴社会科学的理论模式和计量分析的倾向。由此，农民、工人、印第安人、小农场主、妇女、警察等"没有历史的人们"进入了历史学者深入研究的视野。①

其实，在墨西哥革命史的研究中，修正派是一个非常宽泛的说法，没有一个统一的标准来衡量某位历史学家、某部历史著作是否属于修正派。修正派学者不仅有墨西哥学者，还有很多美国和欧洲的学者。而且，与"官方史学"不同，20 世纪 60 年代后，关于墨西哥革命的学术著作、论文、学位论文等以惊人的数量涌现②，研究的问题和视角千差万别，很

---

① Thomas Benjamin and Marcial Ocasio-Meléndez, "Organizing the Memory of Modern Mexico: Porfirian Historiography in Perspective, 1880s–1980s," pp. 344–345, p. 357.

② 例如，根据阿兰·奈特的统计，《西班牙美洲历史评论》(*Hispanic American Historical Review*) 在 1946—1955 年期间发表的关于独立后墨西哥历史的论文为 17 篇，其中只有两篇是论述迪亚斯时期和墨西哥革命的（一篇还只是简短的札记）；而在 1956—1975 年，发表了关于独立后墨西哥历史的论文 43 篇，其中至少有 23 篇是论述迪亚斯时期和墨西哥革命的。这从一个侧面反映出学术界对于墨西哥革命史的兴趣大大增强。参见 Alan Knight，"Interpreting the Mexican Revolution," Institute of Latin American Studies, University of Texas at Austin, Paper No.88–02, pp. 3–4。

难指出哪一部著作属于修正学派的代表性作品，而只能对其主要的学术倾向进行粗略的概括。对此，阿兰·奈特（Alan Knight）将修正派的主要观点倾向总结为以下八个方面：

第一，对于墨西哥革命的人民性、进步性和平等性持批评立场。

第二，认为精英分子是"革命"的发动者，民众是无关紧要的旁观者、可被随意操纵的受庇护者和可怜的牺牲者。

第三，强调革命腐化的、自私的、马基雅维利式的、追求权力的，甚至"极权主义的"特征，例如，就像在对土地改革的操纵和傲慢自大的、不受民众欢迎的反教权主义方面所明显表现出来的那样。

第四，强调革命仅仅是一场政治运动，而非社会变革。

第五，坚持革命不是一场真正的"社会"革命，其宣扬的社会变革只是骗人的胡话。革命不仅不是一场社会主义革命，甚至不是一场资产阶级革命。

第六，强调墨西哥历史的延续性，而非断裂性。革命虽然导致了某些政治变革（至少改变了掌权者，可能变革了国家机构），但是并未因此充分地改造它所继承的墨西哥社会，相反，在很多方面延续，甚至完善了旧体制。

第七，为迪亚斯时期的旧体制恢复名誉，认为这是一种更加有益、合法的社会/体制，尽管在某些方面存有欠缺，但可能在别的方面是健康的。这种社会/体制之所以被推翻，与其说是由于推行广泛的压迫，不如说是由于政治上的失算，由于实业界的反复无常以及持不同政见的精英或爱管闲事的外国人的诡计所致。

第八，与此相关，重新评价韦尔塔政权（1913—1914），对其反革命的特征提出质疑或者予以否认；重新评价1920年后的反政府运动，特别是基督教叛乱（Cristiada，又称基督教徒暴动）和辛纳基全国联盟（Unión

Nacinoal Sinarquista, UNS）①，认为这仅仅是害怕上帝的人们对于好斗的、权力集中的、甚至是极权政府的一种自发的反抗运动。②

约翰·沃马克为《剑桥拉丁美洲史》撰写的"墨西哥革命，1910—1920年"一章可以说是从修正派史学的视角对墨西哥革命进行了全面总结性质的论述，虽然未必是最具代表性的。他反对将墨西哥革命描绘为"被压迫者揭竿而起这样一个支持革命的故事"，认为墨西哥革命并非一场人民的社会革命，而重点强调革命中的派系主义、外国干预和革命前后的历史连续性：

> 1910年开始的斗争特征，与其说是下层阶级对上层阶级的斗争，不如说是上层和中产阶级内的一些失意分子对这两个等级内的得意分子的斗争。在这场斗争中，广大人民群众被卷进去了，但是是断断续续的，地区与地区之间不尽相同，而且主要受中产阶级指挥，说是经济和社会原因倒不如说是资产阶级的内战。……在墨西哥革命过程中，外国的活动始终至关重要。它不仅仅是来自美国政府的对抗，而且还有情况复杂的欧美帝国主义之间的对抗，这在第一次世界大战期间极为复杂。真正发生的事情就是争夺权力的斗争。在这场斗争中，不同的革命派系不仅对旧的政权和外国企业作斗争，而且更多的是相互之间作斗争，大至阶级问题，小至妒忌猜疑；胜利的一派设法控制农民运动和工会，使它所选中的美国和本国企业发展起来。经济和社会情况很少因政策而变化，而主要根据国际市场波动、战争意外和一时飞黄腾达的地方领导人的派系和个人利益

---

① 基督教叛乱是指1926—1929年在墨西哥西部地区发生的反对革命政府反教权政策的天主教徒叛乱，辛纳基运动是指20世纪30年代末和40年代初在大约同一地区出现的天主教整体主义运动。

② Alan Knight, "Revisionism and Revolution: Mexico Compared to England and France," pp. 166–168.

而变化，所以各级的关系比官方机构所说的情况要复杂和不稳定得多。1917年组成的政府没有广泛和深入的群众基础，在美国和国内敌对势力的压力下勉强维持下来，直到该政府的派系发生分裂，产生了一个新派，差堪维持它的地位。①

另一位修正派学者布拉丁指出，革命期间，农民运动是由地方的考迪罗出于自身的目的发动和领导的。他还认为，迪亚斯时期墨西哥农村的土地集中并非如以前想象得那样严重，而被以前的学者指责为落后的殖民主义封建遗产的大庄园实际上是生产性的商业企业。在布拉丁看来，农民运动的真正后果是增强了卡兰萨领导的立宪派战胜韦尔塔派和迪亚斯派遗族的力量，卡兰萨派获胜并没有给农民带来实际的利益，他们仅仅是用民粹主义的花言巧语将农民整合进革命后的国家政权之内。②另外，根据尼克尔（H. J. Nickel）、伦东（R. Rendón）等学者的研究，墨西哥大庄园的边界自17世纪以来基本上没有变化，大庄园经济机制中不存在一种内在的扩张逻辑，大庄园和周围村社之间的矛盾一般仅仅局限在林地和水源之争。大庄园主要依靠增加投资来推动规模经济的集约化、一定程度的机械化和生产的多样化从而赢利。③

在研究方法与视角方面，修正派史学也有所创新。除了注重档案研究外，有的学者尝试计量史学，有的学者尝试口述史学，但是，最为普遍的方法和路径则是进行地方史的研究，从而开辟墨西哥革命史研究中的微观史学。其实，地方史研究并非修正派学者首创。在墨西哥，长期以来就存在着研究地方史、亦称"小国家"（patria-chica）历史

---

① 莱斯利·贝瑟尔主编：《剑桥拉丁美洲史》，第五卷，第81页。

② David A. Brading, "Introduction: National Politics and the Populist Tradition," David A. Brading, ed., *Caudillo and Peasant in the Mexican Revolution*, Cambridge: Cambridge University Press, 1980, pp. 1–16.

③ Simon Miller, "Land and Labour in Mexican Rural Insurrections," p. 70.

的传统,但主要是业余历史学者从事的领域。60 年代后,大批"专业的"历史学者(既有墨西哥的也有国外的)开始介入这一领域,并取得了丰富的研究成果。① 在墨西哥还出现了一些重点研究地区史的研究机构,例如莫拉学会(El Instituto Mora)、希基潘墨西哥革命研究中心(El Jiquilpan Centro de Estudios de la Revolución)、米却肯学院(El Colegio de Michoacán)、哈里斯科学院(El Colegio de Jalisco)等。通过这些研究,学者们认识到,墨西哥革命并不是一个整体,而是许许多多革命经历的混合体,在不同的地点和不同的时间,革命的意义是不同的。"许多个墨西哥"孕育了"很多场革命"。例如,路易斯·冈萨雷斯研究了他的故乡米却肯州的圣何塞德加西亚从殖民地时期到墨西哥革命的历史,发现墨西哥革命并非官方教科书中所说的辉煌事件,而不过是令人讨厌的饥饿、盗匪和道德沦丧的侵扰。革命并没有带来持久性的变革。在圣何塞德加西亚的历史上,最大的转变不是发生在 1910—1920 年革命期间,而是在后来的基督教叛乱期间。② 约翰·沃马克通过对莫雷洛斯州的经典性研究,发现那里的革命是一场农民收回被夺去的土地和自主权的战争,强调了莫雷洛斯州农民运动的革命本质,突出了马德罗和卡兰萨领导的革命的保守性。③ 威廉·H. 贝斯莱通过研究发现,奇瓦瓦州的革命

---

① 从地方史的角度研究墨西哥革命的成果,仅举论文集为例,代表性的就有: D. A. Brading, ed., *Caudillos y compesimos en la revolución Mexicana*, México: Fondo de cultura económica, 1985; Thomas Benjamin and William McNeil, eds., *Other Mexicos:Essays on Mexican Regional History, 1876–1911*, Albuquerque: University of New Mexico Press, 1984; Thomas Benjamin and Mark Wasserman, eds., *Provinces of the Revolution:Essays on Regional Mexican History, 1910–1929*, Albuquerque: University of New Mexico Press, 1990; Carlos Martínez Assad, ed., *La revolución en las regiones*, 2 vol., Guadalajara: Universidad de Guadalajara, IES, 1986; 等等。

② Luis González y González, *Pueblo en vilo.Microhistorua de San José Garcia*, México: El Colegio de México, 1968.

③ John Womack, Jr., *Zapata and the Mexican Revolution*, New York: Vintge Books, 1970.

者不是被压迫的农民,而是小企业主、分成农、矿工、赶骡人、小贩、职员等具备一定的富裕水平但是缺少机会并害怕被大庄园主和外国企业吞并的人群组成的混合体。① 通过地方史研究,墨西哥革命的单一化、统一化形象被摒弃了,进一步论证了修正派的观点:墨西哥革命是一场失败的人民革命。学者们对于特拉斯卡拉、伊达尔戈、韦拉克鲁斯、格雷罗、哈里斯科、米却肯、恰帕斯以及其他地区的研究发现,在墨西哥革命中,相对于地主之间的冲突和新的卡西克的崛起,农民运动和阶级冲突处于次要地位。② 在修正派学者看来,萨帕塔领导的农民运动在墨西哥革命中不具有典型性,而仅仅是一种例外。

修正学派对墨西哥革命的研究具有积极的意义。它对官方史学提出了批评,对新的史学方法进行了探索,迫使历史学者们对传统史学进行检验和改进。尤其是它使学者们抛弃了简单化的阶级斗争分析思路,不再相信革命会使生产模式在一夜之间发生根本的转变;革命不再被单纯地看作被压迫农民的揭竿而起。学者们认识到,革命期间,各阶级间的联合是多变的、复杂的;革命的结果与其说是由有目的的革命策略所致,不如说是由各种社会政治力量的无计划的冲击造成的;政治、经济、社会和文化的结构性变革是一个长期的过程,而非一个断裂性的"革命事件"③。

但是,修正学派对墨西哥革命的研究也存在一些缺陷。在历史学领域,只有与前人不同的、创新性的研究成果才容易引起学界的关注,因而,

---

① William H. Beezley, *Insurgent Governer:Abraham González and the Mexican Revolution in Chihuahua*, Lincoln: University of Nebraska Press, 1973.

② Thomas Benjamin, "Regionalizing the Revolution: The Many Mexicos in Revolutionary Historiography," Thomas Benjamin and Mark Wasserman, eds., *Provinces of the Revolution: Essays on Regional Mexican History, 1910–1929*, pp. 319–357.

③ Alan Knight, "Revisionism and Revolution: Mexico Compared to England and France," pp. 198–199.

为了获得声誉，新一代学者将批判的矛头指向了以往的学术权威。只要某个领域存在主导性的学术观点，就有学者对此提出挑战。一方面，这种研究倾向产生了积极的结果，例如，有的学者对莫利纳·恩里克斯关于墨西哥大庄园的观点、坦南鲍姆关于墨西哥革命的观点展开批评，纠正了长期以来墨西哥大庄园的封建领主性、墨西哥革命的"自发性人民起义"的看法；但另一方面，在某些情形下，这种研究倾向有时也被极端化，传统的权威性观点被武断地颠覆。例如，既然传统史学对韦尔塔是完全否定的，那么，在一些修正派学者看来，韦尔塔身上一定具备某些积极的东西。于是他们就寻求各种依据，试图论证韦尔塔实际上是一位改革者、大众教育的积极倡导者，并不比马德罗更加反对革命，而且拥有大量墨西哥民众的支持。如上所述，地方史研究是修正派史学的一大特色，并取得了丰硕的、高质量的成果。尤其是有的学者将地方史置于一个地域性、比较性与理论性的广阔视域中考察，恰到好处地处理了个别与一般的关系。但是，也有的修正派学者沉入浩如烟海的档案资料中，失去了鉴别、选择、分析的能力，只见树木不见森林，由此难以得出正确的结论。例如，有的修正派学者沉湎于对历史细节的考察，反对对历史进行结构性的理论分析，将墨西哥革命看作一群毫无目的、为了好玩而参加的个人经历的拼合体。[①]

20世纪70年代末，戴维·C.贝利认为，修正派史学对墨西哥革命的研究"试图纠正历史记录的一些部分，但是总体上没有明确地对革命的权威解释提出挑战。……很明显，绝大多数专家对于旧的解释模式感到不安，但很少有人期望提出新的模式"[②]。80年代后，修正派史学逐渐

---

① Alan Knight, "Revisionism and Revolution: Mexico Compared to England and France," pp. 192–195.

② David C. Bailey, "Revisionism and the Recent Historiography of the Mexican Revolution," p. 76.

受到一些学者的批评,墨西哥革命史研究领域出现了传统史学的复兴,阿兰·奈特和约翰·梅森·哈特各出版了一部著作,认为墨西哥革命不是修正派学者所说的一场"大叛乱"(great rebellion),而是一次"人民革命"(popular revolution)。① 阿兰·奈特指出,对于墨西哥革命,传统史学的基本观点,即"民众的、农民革命推翻了旧体制,并为墨西哥社会一系列决定性的变革——可能这些变革成为构成一场'资产阶级'革命的因素——做出了贡献",应该依然是正确的。② 他认为,在革命中,农民并非简单地被地方考迪罗或者被卡兰萨的国家机器所利用,相反,他们是为自身获得土地和地方自主权而战,农民与非农民领袖之间的关系是复杂的,取决于各地不同的情况,并非如布拉丁所设想的那样遵循着一种单一的考迪罗主义模式。因而,革命的结果与其说更接近于修正学派所说的"自上而下"的资产阶级革命,不如说更接近于民众要求在民族主义和国家主义的话语体系中的抒发。③1988年10月11—14日,在莫雷洛斯州的瓦斯特佩克(Oaxtepec)举行的北美和墨西哥历史学者会议上,阿兰·奈特发表文章,指责1968年后成长起来的一代历史学者目光短浅。他认为,在对墨西哥革命的研究中,这些修正派学者过分贬低了人民的作用,低估了农民的不满,同时过高估计了中产阶级革命者的重要性。由此,这些学者不仅草率地否定了20世纪二三十年代坦南鲍姆等学者提出的正统观点,而且歪曲了历史。阿兰·奈特评论说,具有讽刺意味的是,尽管修正派学者希望从底层的立场撰写历史,希望重新体验下层劳动者的过去,但是在他们笔下,农民和工人反

---

① Alan Knight, *The Mexican Revolution*; John Mason Hart, *Revolutionary Mexico: The Coming and Process of the Mexican Revolution*, Berkeley: University of California Press, 1987.

② Alan Knight, "Interpreting the Mexican Revolution," p. 21.

③ Neil Harvey, *The Chiapas Rebellion: The Struggle for Land and Democracy*, Durham: Duke University Press, 1998, p. 120.

倒成了可以被"新兴的"资产阶级革命者随意操纵和控制的炮灰。他还认为，修正派学者由于过分强调历史的连续性，否认革命带来的变革，而错误地将不同类型的运动和人物混为一体。但是，也有修正派学者在会议上对阿兰·奈特给予了回击。例如，阿里西亚·埃尔南德斯·查韦斯（Alicia Hernández Chávez）指出，阿兰·奈特"新的旧解释"（new old interpretation）是一种倒退。她反问道，既然否认历史的连续性，那么，为什么比利亚、萨帕塔和其他人民领袖被暗杀了，而迪亚斯派却能寿终正寝，他们的后代在战事平息之后仍继续发财致富呢？[①]

1982年，墨西哥政府宣布无力偿还到期外债，由此引发了席卷整个拉美地区的债务危机，整个80年代成为拉丁美洲"失去的十年"。债务危机爆发后，墨西哥政府被迫接受国际货币基金组织开出的药方，推行新自由主义的经济调整。1992年，墨西哥对1917年《宪法》第27条进行修改，中止土地分配；1994年，墨西哥加入北美自由贸易区（NAFTA）。由此，墨西哥政府推行的政策发生了根本性的转变。对于长期宣称继承1910年墨西哥革命的传统，倡导民族主义，推行进口替代工业化，开展社会改革，限制天主教会的政治权力，将萨帕塔、卡德纳斯奉为伟人的墨西哥政府和执政党来说，面临着一个现实而迫切的挑战，即如何将现行的新自由主义政策，尤其是公开放弃土地改革的政策，与长期以来官方对墨西哥革命的历史解释协调一致？对此，政府和执政党提出，墨西哥革命已取得成功，现在已经进入革命的另一阶段，即使是对《宪法》第27条的修改，也是符合墨西哥革命原则的。但是，普通的知识分子和民众对此并不认同。1997—1998年，"市场舆论研究国际"（Market Opinion Research International, MORI）在墨西哥举行了两次民意测验。

---

① Allen Wells, "Oaxtepec Revisited: The Politics of Mexican Historiography, 1969–1988," *Mexican Studies/Estudios Mexicanos*, Vol.7, No.2, 1991, pp. 337–338.

根据民众对墨西哥革命的目标和理想的普遍理解，要求被测验者对以下五个项目进行打分：（1）土地属于耕种者；（2）尊重劳工权利；（3）共和国总统不能连任；（4）国家经济主权；（5）社会公正。根据测验结果，民众认为，第三项是最充分得到实践的革命原则，第五项则是最没有能够实现的。① 为了尽可能地模糊政府原来对墨西哥革命的解释与现行政策的明显矛盾，1992 年 8 月，萨利纳斯总统和教育部长塞迪略向全国的中小学推荐一套新编的历史教科书，主要作者为两位与政府关系密切的知名历史学家埃克托·阿吉拉尔·卡明（Hector Aguilar Camín）和恩里克·弗洛伦斯卡诺（Enrique Florescano）。埃克托·阿吉拉尔·卡明被认为是政府的理论家，而且是总统和教育部长的密友。与以前的教科书相比，在对墨西哥革命的评价上，这套教科书发生了明显的变化。该书认为，迪亚斯政府"良好的行政管理……吸引了外国投资，促进了经济增长"，但书中对大量土地集中于外国人之手只字未提，对迪亚斯时期的阶级结构和阶级冲突保持沉默。此前不久，萨利纳斯政府刚刚宣布对《宪法》第 27 条的修改，结束土地改革。由于《宪法》第 27 条正是萨帕塔领导墨西哥农民流血斗争的成果，新教科书对萨帕塔的记述尤其引人关注。新教科书虽然提到土地问题是墨西哥革命的诱因之一，但有意回避了萨帕塔的土地改革，将萨帕塔描述为一名单纯的军事首领。新教科书的出笼在墨西哥引起了一场轩然大波，在社会各界都有支持者和反对者，双方展开了激烈的争论。为平息事态，1993 年 8 月，新学期开学前的几天，教育部长被迫宣布，新教科书不符合要求，不予出版。②

---

① Vincent T. Gawronski, "The Revolution is Dead. Viva la revolución: The Place of the Mexican Revolution in the Era of Globalization," *Mexican Studies/Estudios Mexicanos*, Vol.18, No.2, 2002, pp. 365–378.

② Dennis Gilbert, "Rewriting History: Salinas, Zedillo and the 1992 Textbook Controversy," *Mexican Studies/Estudios Mexicanos*, Vol.13, No.2, 1997, pp. 271–297.

20世纪80年代后，在经济陷入危机的同时，墨西哥政府和执政党的威信和支持率连续下降，面临着空前严重的合法性危机。1985年，一场里氏8.1级的地震袭击墨西哥城，政府在救灾和重建过程中表现糟糕。1988年总统大选中，执政党凭借舞弊手段赢得选举。1994年，恰帕斯州爆发"萨帕塔民族解放军"起义。同年，墨西哥爆发金融危机。1997年，执政党失去议会下院多数，反对派民主革命党候选人夸乌特莫克·卡德纳斯（20世纪30年代的墨西哥总统拉萨罗·卡德纳斯之子）当选墨西哥城的市长。在2000年的总统大选中，反对派国家行动党候选人维森特·福克斯当选，连续执政长达71年之久的革命制度党下野。进入21世纪，墨西哥所处的国内外环境和发展模式已经发生了翻天覆地的变化，墨西哥革命也已被多次宣布"死亡"[1]。但是，由于这场大革命在墨西哥历史上的深远影响，它作为墨西哥人民的"集体记忆"将很难被抹去，而且对革命的认识和评价也时刻影响着墨西哥的现实生活。革命制度党丧失执政权之后，党内进行了深刻的反思。2001年11月17—20日，革命制度党召开第十八次代表大会。在闭幕式讲话中，党主席杜尔塞·玛丽亚·绍里·里安乔强调，革命制度党是墨西哥革命的产物，党必须坚持墨西哥革命和1917年《宪法》。2006年大选再次失利后，革命制度党在2007年3月召开党的第四次非常全国代表大会，重新修改了党的《原则声明》，指出，"党的起源是墨西哥革命、独立运动和改革运动，承诺严格履行1917年《宪法》及其相关法律"，"党为主权、世俗、

---

[1] 从1966、1992和2002年出版的三部著作的书名可以看出，墨西哥革命至少三次被宣布"死亡"：Stanley R. Ross, ed., *Is the Mexican Revolution Dead?*（《墨西哥革命死亡了么？》）, New York: Alfred A. Knopf, 1966; L. Meyer, *La segunda muerte de la Revolución Mexicana*（《墨西哥革命的第二次死亡》）, México: Cal y Arena, 1992; L. Barrón, *La tercera muerte de la Revolución: Historiografía reciente y futuro en el estudio de la revolución*（《墨西哥革命的第三次死亡：革命史学研究的现状与未来》）, México: CIDE, 2002。

民主、社会正义和平等的国家而斗争"。可以看出,至少在文件中,在野的革命制度党对执政纲领进行了适当的调整。①与此同时,以福克斯为总统的墨西哥第一届后革命制度党政府也努力确定新政权与墨西哥革命的联系。福克斯将自己的政府等同于墨西哥革命中的马德罗政府。福克斯政府的内政部长圣地亚哥·克雷埃尔(Santiago Creel)指出,马德罗"开创了我们的革命伟业并确立了现代墨西哥的政治理想","1913 年以来我们所有为民主而奋斗的人都将自己看作他的后继者"。根据福克斯政府对于墨西哥革命的解释,反对派在 2000 年大选中以民主的方式战胜革命制度党政府,意味着墨西哥向真正的、自由的、革命的本源回归。2006 年大选中失利的左翼政党民主革命党候选人、前墨西哥城市长洛佩斯·奥夫拉多尔(López Obrador)也宣布,该党继承马德罗、比利亚、萨帕塔、卡德纳斯的革命传统。2000 年后,无论执政党还是在野党,无不自称是墨西哥革命的继承者,表明了这场革命在墨西哥人心目中拥有持久的、难以动摇的地位。②在这种氛围中,墨西哥国内外历史学者,无论传统学派还是修正学派,对墨西哥革命的研究也必然会愈加深入,其发展趋向值得我们不断地关注。

从以上的总结可以看出,对于墨西哥革命的认识,很大程度上在于如何评价农民在革命中的作用。官方史学过分强调墨西哥革命作为农民革命的本质,而修正派则对此过分否定。其实,革命期间各地区之间的社会经济结构和阶级关系、各革命力量的构成的差别是很大的,因此对于土地改革的态度也各不相同。搞清这一点,是全面理解墨西哥革命的关键。

---

① 徐世澄:《墨西哥革命制度党的兴衰》,第 200、233 页。
② Adrian A. Bantjes, "The Mexican Revolution," Thomas H. Holloway, ed., *A Companion to Latin American History*, Hoboken: Blackwell Publishing, 2008, p. 344.

二、萨帕塔：激进的土地改革

1910年，弗兰西斯科·马德罗在号召墨西哥人民举行起义推翻迪亚斯独裁政权时所希望发生的，仅仅是政治变革：在墨西哥实现真正的民主制度，实行公正的选举，总统不再连选连任。他在《圣路易斯波托西计划》中仅有"一项次要条款答应重新审议农村对失去土地提出的意见"[①]。马德罗希望，主要的革命力量将来自联邦军队中支持前墨西哥国防部长贝尔纳多·雷耶斯领导的反对派运动的派别，以及他所领导的主要来自城市中产阶级和工人阶级的"反对连选连任党"的成员。但是，现实与马德罗的设想不同，革命力量主要来自他原未曾想到的其他社会集团，主要是农村各种各样的失去土地的农民，还有一些来自大庄园的劳工，特别是奇瓦瓦州指望收回失去土地的军事殖民地的农民和莫雷洛斯州决心收回被大庄园夺去土地的农民。

1911年秋就任总统后，马德罗也认识到通过土地改革赢得政治支持的重要性。马德罗的发展部部长阿尔韦托·罗夫莱斯·吉尔宣布，"根据去年政治运动深刻的土地问题本质，联邦政府极为关注土地改革和分解大地产的需要"。政府将借钱购买适宜耕种的土地，将2500万英亩的公有土地赠与那些需要的人，并收集大量的种子以备分发。但是，在实际执行中，那些需要土地的人承担不起抵押借款，而且政府提供的土地大多数是贫瘠的旱地。在被分配的总共16.5万英亩中，售出的最大片土地是10.5万英亩，购买者是杜兰戈和爱德·哈特曼银行，杜兰戈一家大木材公司的运营商和一家美国房地产推销商。[②]这种土地改革政策遭到了

[①] 莱斯利·贝瑟尔主编：《剑桥拉丁美洲史》，第五卷，第83页。
[②] 迈克尔·C.迈耶、威廉·H.比兹利编：《墨西哥史》，下册，复旦译，中国出版集团·东方出版中心2012年版，第523—524页。

萨帕塔的激烈反对，他领导的莫雷洛斯州的农民武装在军事上站到了马德罗政府的对立面，其他地区的起义者也不再积极支持马德罗。正是由于马德罗失去了支持，促使迪亚斯政府的残余力量相信，如果发动一场政变来推翻马德罗政府，将不会遇到太大的抵制。但是，政变上台的韦尔塔很快发现，他面临着来自墨西哥各地的反抗，其中最主要的革命力量分别由萨帕塔、比利亚和卡兰萨领导。

  以中南部的莫雷洛斯州为中心，萨帕塔领导的农民运动的主要参与者为土地被生产甘蔗的大庄园侵占的村庄共同体的居民，既有印第安人，也有梅斯蒂索人。村社与大庄园的冲突自殖民地时期就已产生。到19世纪晚期和20世纪初，由于铁路的修建和墨西哥经济的迅速发展，甘蔗市场扩大，庄园主需要更多的土地和劳动力发展甘蔗种植业。萨帕塔原来是一位自己拥有土地的农民，他成为阿内内奎尔科（Anenecuilco）村民的代言人，该村大部分土地被相邻的奥斯皮塔尔庄园（Hacienda de Hospital）侵占。他们最初试图通过合法的方式收回土地，甚至当面向迪亚斯总统进行申诉，但无果而终。在1909年的选举中，萨帕塔及其支持者试图推举支持农民要求的候选人，但由于选举中的舞弊行为，他们再次失败。他们的土地被甘蔗种植园侵占。1911年2月，在萨帕塔的领导下，莫雷洛斯州的农民举行起义，并在很短的时间内控制了莫雷洛斯州的大部分地区。但是，他们并没有大肆屠杀庄园主，也没有占据他们认为属于自己的土地。他们等待国家最高领导人马德罗签署法令，使其能够合法地收回失去的土地。但是，联邦军队最初违背马德罗的意愿，后来得到马德罗的支持，试图解除萨帕塔农民的武装。同时，1911年5月26日，即在迪亚斯离开墨西哥的当天，马德罗颁布了一个宣言，特别指出，"《圣路易斯波托西计划》第三条款所包含的目标不可能会充分地得到满足"①。在这种情况下,萨帕塔与马德罗决裂。1911年11月28日,萨帕塔发表了墨西哥革命中最著名的农业改革宣言——《阿亚拉计划》(Plan de Ayala)。

《阿亚拉计划》第六条规定,(关于)那些被"大庄园主、科学派、卡西克"抢占的土地、林地和水源,应立即归还其原来的主人——无论是村庄还是公民,并用手中的武器不惜一切代价保卫它。《阿亚拉计划》强调,"墨西哥绝大多数村庄和公民"一无所有,甚至没有被占土地的凭据。也就是说,仅根据计划第六条所能得到土地的可能性是极其有限的。因此,为了向更多的农民大众分配土地,《阿亚拉计划》第七条建议,在事先给予补偿的情况下,没收所有大庄园三分之一的土地,以使墨西哥(不仅是莫雷洛斯,而是整个墨西哥)的村庄和公民都有可能得到公有地、居民点和宅基地。第八条规定,任何反对该计划的大庄园主、科学派、老板,其财产将被全部没收。②这一条实际上为摧毁大庄园制提供了依据。一位学者指出,萨帕塔从未打算摧毁大庄园,而仅仅是征收大庄园三分之一的土地,但是能有多少大庄园主会自愿交出三分之一的土地呢?所以他们肯定会抵制《阿亚拉计划》,那么,如果革命胜利,他们将失去一切。③《阿亚拉计划》规定,土地改革的第一步是用武力立即征收土地,然后由被征收土地的原所有者向革命法庭提出对土地拥有所有权的合法依据,申请按照程序收回。这一程序表明了萨帕塔立即改变土地结构的设想,因而与其他革命派别颁布的有关法令相比是极具革命性的。根据萨帕塔的设想,通过民主方式组织起来的农民共同体将不仅是土地的共同所有者,而且将成为基本的政治单位。农民共同体拥有充分的自

---

① E. 布拉德福德·伯恩斯、朱莉·阿·查利普:《简明拉丁美洲史——拉丁美洲现代化进程的诠释》,第215页。

② John Womack, Jr., *Zapata and the Mexican Revolution*, pp. 402–403.

③ John H. McNeely, "Origins of the Zapata Revolt in Morelos," pp. 166–167.

主权，完全可以按照自身的资源和传统自主性确定生产组织形式。州和联邦政府仅仅充当服务者、协调者的角色。①

墨西哥学者阿图罗·沃曼指出，《阿亚拉计划》以及萨帕塔颁布的其他有关社会改革的宣言、法令等，"它们的功能不是确定一个行动路线，也非仅仅是一个内容永远也不会付诸实施的简单宣言，就像弗朗西斯科·马德罗的《圣路易斯波托西计划》中关于农业的建议那样。它们的目的是证明已经采取的行动的正当性，并作为一个模式向全国建议推广。……革命文献是革命经历的结果。在这一点上，它们与其他革命计划存在着一个重大的区别，后者虽然有时在形式上更加完备，甚至更加激进，如从未发展为一个革命运动的自由党的计划。它们也不同于那些为了赢得支持夺取权力而仅仅做出许诺、宣布意图，但与武装运动的经历和目标、与其社会基础不相适应的计划。在萨帕塔主义者的公开文档中，虽然语言激奋、充满豪言壮语，但严格意义上说，它们不是煽动，而是宣传"②。在萨帕塔领导的农民运动中，意识形态和实践是统一的，尤其是1915年萨帕塔对莫雷洛斯州实际控制期间，在农业改革方面采取了切实可行的措施。根据《阿亚拉计划》，萨帕塔仅仅没收革命敌人的财产，但是实际上，大庄园主都反对萨帕塔革命，纷纷逃走，于是他们的地产被完全没收并分配给村社。莫雷洛斯州所有私人庄园都被征收了，村社是土地分配的唯一受益者。村庄或农民共同体的概念在革命过程中也发生了变化，即不仅包括原来的村社，也扩及原来不是村社成员的起义老兵，但排除了加入敌对阵营的人。可以说，所有农村地区的居民以及生活在被半废弃的城市中的居民，或者被整合进村社之中，或者逃走了，没有中立者的空间。分得土地的村庄对土地的使用和管理具有完全

---

① Arturo Warman, "The Political Project of Zapatismo," Friedrich Katz, ed., *Riot, Rebellion and Revolution: Rural Social Conflict in Mexico*, Princeton: Princeton University Press, 1988, p. 327.

② Ibid., pp. 324–325.

的控制权。最高司令部提倡继续种植甘蔗,因为唯有如此,方能获得现金,购买武器。但是,几乎所有的村庄都抵制这样做,甚至萨帕塔亲自出面劝说也未能使其改变态度。根据农民的经验,种植甘蔗只能为少数榨糖作坊主带来利益。最终,农民的选择得到了尊重。农民共同体及其民主选举产生的政府机构与萨帕塔的最高司令部保持着畅通的联系,后者经常负责协调解决州政府和军事领导人与村庄之间的纠纷。最高司令部充分尊重村庄的自主权,而村庄也非常尊重萨帕塔的权威。在调解村庄与军事领导人之间的矛盾时,萨帕塔通常站在村庄一边。以这种方式,农民共同体被看作革命的中心。①

土地改革的结果是多方面的。从经济上说,满足自身消费的农业生产取代了商品性农业,货币经济受到削弱。正因为如此,革命期间,与其他革命领袖不同,萨帕塔从未发行大量纸币。在其他地区,纸币的泛滥贬值导致了普遍的饥馑和社会不安。从军事角度而言,萨帕塔的土地改革也导致了双重的结果。一方面,从土地分配中受益的农民愿意为捍卫得到的土地而战。他们在自己控制的地区保持着高度的凝聚力,虽然受到占优势的军事力量进攻,但一直没有被征服。另一方面,由于拥有自己的土地,致使很多农民不愿到莫雷洛斯州以外的地方作战。结果,萨帕塔领导的南方解放军在防御性战斗中表现出色,而在进攻性战斗中表现不佳。萨帕塔占领普埃布拉城后,不得不求助于雇佣军守卫,因为他自己手下的农民军不愿离开莫雷洛斯州。萨帕塔领导的土地改革最明显的结果是,虽然卡兰萨派出的巴布罗·冈萨雷斯(Pablo González)将军在1915—1920年期间进行了野蛮、血腥的反游击战,并最终将萨帕塔谋杀,但萨帕塔进行的土地改革却一直未被逆转。1920年,阿尔瓦罗·奥夫雷贡领导的索诺拉革命集团获胜后,承认了萨帕塔的土地改革,

---

① Arturo Warman, "The Political Project of Zapatismo," pp. 331–333.

并将莫雷洛斯州的控制权交给了萨帕塔的支持者。①

三、比利亚：未能推行的土地改革

墨西哥北部地区在19世纪80年代中期后由于阿帕切人袭击威胁的消除和铁路的修建，迎来了一个出口农业经济繁荣的时期。大庄园主大肆侵吞小农场主的土地，外加一些大庄园的雇工生活条件恶化，引发了一系列的农村抗议运动。但是，这些运动都失败了。原因不仅在于各地的抗议运动孤立行动，缺乏联合，而且更重要的是没有得到其他社会阶级的支持。在奇瓦瓦州，由于经济的繁荣、投资的增加、新的工厂和矿山的建立，中产阶级和工人得到了经济和就业机会，他们不愿与农民一起反抗。但是，1907年后形势突变。美国经济的衰退波及墨西哥，大量中产阶级破产，工人失业。他们与小农场主一起，站到了大庄园主以及代表大庄园主利益的政府的对立面，构成了马德罗领导的"反对连选连任党"的群众基础。革命爆发后，在奇瓦瓦州，曾做牛贩子和路面电车管理人的亚布拉罕·冈萨雷斯（Abraham González）和一名较富裕的赶骡人帕斯夸尔·奥罗斯科（Pascual Orozco）成为革命领导人。在取得最初的胜利后，革命联盟破裂。亚布拉罕·冈萨雷斯成为州长，推行中产阶级要求的改革。政治生活实现了民主化，举行了各级的公正选举，市政自治得到恢复，工人获得罢工和组织工会的权利。但是，冈萨雷斯没有推行土地改革，没有归还农民失去的土地。这一方面是由于来自马德罗的压力，另一方面是他担心大规模的土地分配将导致无政府状态，影响该州的投资。这导致了反对冈萨雷斯的暴动。到1913年，在弗朗西

---

① Friedrich Katz, "The Agrarian Policies and Ideas of the Revolutionary Mexican Factions Led by Emiliano Zapata, Pancho Villa, and Venustiano Carranza," p. 24.

斯科·"潘乔"·比利亚的领导下,革命力量重新统一。①

1913年12月,比利亚的军队控制了整个奇瓦瓦州,担任州长的比利亚签署了一份关于土地改革的宣言。该宣言宣布,在奇瓦瓦州没收最富有的大地产主的土地及其他财产,在短期内,这些土地带来的收入归公共财政所有(这意味着基本上用以满足军队需要),以及用以向在革命中牺牲的战士的寡妇和孤儿发放抚恤金。更长远的计划是,革命胜利后,将通过法律,完全彻底地改变这些土地的所有权:部分土地将分配给革命的老兵;部分土地将会归还给被大庄园主侵占之前的原所有者;还有部分土地将仍由政府控制,其收益用来向革命中牺牲的士兵的寡妇和孤儿发放抚恤金;剩下的土地的收益将用来向奇瓦瓦州的农民提供廉价的信贷。②可以看出,根据这份宣言,这一土地改革计划的主要受益者为奇瓦瓦州军事殖民地居民的后裔。他们将不仅能够收回被大庄园主侵占的土地,而且他们当中所有参加比利亚军队的成员(其数量很多)还将符合条件,从被征收的大庄园土地的分配中获得另外的土地。如果他们在战场上牺牲,政府控制的那部分从大庄园征收的土地的收益将会为他们的亲属提供保障。此外,比利亚的宣言中提及的廉价信贷也将主要惠及这些前军事殖民地居民。

然而,这只是一个长远的计划,只能在革命胜利之后才能付诸实施。实际上,革命爆发后,大地产主的土地被没收,一些最大、最富有的庄园,特别是从路易斯·特拉萨斯家族那里征收的庄园土地,直接或间接地由革命将军管理,部分收益上缴最高司令部。弗雷德里希·卡茨写道:

---

① Friedrich Katz, "The Agrarian Policies and Ideas of the Revolutionary Mexican Factions Led by Emiliano Zapata, Pancho Villa, and Venustiano Carranza," p. 27.

② Friedrich Katz, "Pancho Villa, los movimientos compesinos y la reforma agraria en el norte de México," pp. 91–92.

圣伊戈纳西奥庄园（San Ignacio）原属于路易斯·特拉萨斯，被征收后由比利亚的上尉托马斯·乌里韦纳（Thomás Uribina）控制，圣路易斯庄园（San Luis）是特拉萨斯家族最大的庄园之一，被征收后"根据卡萨斯格兰德斯（Casas Grandes）的军事司令曼努埃尔·奥乔亚（Manuel Ochoa）上校的命令，由华金·莱加雷塔（Joaquín Legarreta）先生经营，显然，曼努埃尔·奥乔亚被授权负责照看这一财产"。特拉萨斯家族的另一被征收的大地产圣米格尔德巴韦科拉庄园（San Miguel de Bavícora）"根据弗朗西斯科·比利亚将军照看其财产的特别命令，由陆军中校马克西莫·马克斯（Máximo Márquez）经营，他有权在自己认为必须的情况下售出庄园的牛以偿付生活在庄园的人们的生活费用"。克利埃尔家族被征收的财产东方庄园（Orientales）和圣萨尔瓦多农场（San Salvador）由奥希纳加的军事首领波菲里奥·奥尔内拉斯（Porfirio Ornelas）的下属经营管理。

至于原属路易斯·特拉萨斯的绍斯庄园（Sauz），"在曼努埃尔·查奥（Manuel Chao）先生的关照下经营，胡安·莫雷诺（Juan Moreno）担任经理"。比利亚直接控制原特拉萨斯家族的另一大地产拖累翁庄园（Hacienda del Torrerón），该庄园的"畜牧业和农业由弗朗西斯科·比利亚先生直接控制，其经理是雷富希奥·多明戈斯（Refugio Domínguez）先生，据我们所知，他的花费来自总的财政部门"。比利亚的另一个亲信洛克·冈萨雷斯·加尔萨（Roque González Garza）和他的兄弟阿曼多（Armando）承租了卡里萨尔农场（Rancho El Carrizal），这是原属何塞·马里亚·卢汉（José María Luján）的坎坡斯庄园（Hacienda El Campás）的一部分，他们向政府交纳谷物产量的30%。实际上，这些军事司令中，一些人将这些庄园视作自己的个人财产。①

约翰·里德（John Reed）生动地描述了乌里韦纳将军对位于杜兰戈的卡努提里奥庄园（Canutillo）的管理方式：

> 杜兰戈北部的这一大庄园，一块比新泽西州面积还要大的地产，被立宪政府所征收，将军以自己的代理人进行经营，并且据说，与革命政府对半分配庄园的收益。……我早上出门，沿拉斯涅韦斯（Las Nieves）散步。这个城镇属于乌里韦纳将军——无论是居民、房屋、动物还是雕像，都属于他。在拉斯涅韦斯，他，只有他，控制着最高司法和法律。该镇唯一的商店就在他的房子里。②

虽然比利亚和他的将军们管理着墨西哥北部征收的最大规模的地产，但这仅是被征收地产中的一小部分。在奇瓦瓦州，其他大多数被征收的地产由1914年专门成立的"奇瓦瓦州征收财产总管理局"（Administración General de Confiscaciones del Estado de Chihuahua）及其地方分支机构直接或间接控制。革命前的反对派领袖、主办《奇瓦瓦邮报》（El Correo de Chihuahua）的西尔维斯特雷·特拉萨斯（Silvestre Terrazas）担任最高主管。这些政府部门以不同的方式来经营和管理征收的财产。圣伊西德罗庄园（Hacienda de San Isidro）由一位名叫萨罗梅·埃斯皮诺萨（Salomé Espinoza）的政府官员管理，庄园上2000头牛和1000匹马由政府直接控制，可灌溉地出租给两个承租人佩德罗·达维拉（Pedro Dávila）和卢西奥·梅伦德斯（Lucio Meléndez），此二人分别向管理者缴纳各自谷物产量——前者为5000百升（hectolitro，1百升

---

① Friedrich Katz, "Pancho Villa, los movimientos compesinos y la reforma agraria en el norte de México," pp. 93–94.

② John Reed, Insurgent Mexico, New York: Simon and Schuster, 1969, p. 53, p. 67.

大约等于 2.83 蒲式耳 [bushel]) 小麦和 3000 百升玉米，后者为 1000 百升小麦和 1500 百升玉米——的 25%。在政府控制的地产中，牛一般由管理者直接控制，土地则一般用来出租。承租土地的，既有富有的承租人，也有贫穷的分成农。例如，曼努埃尔·费尔南德斯（Manuel Fernández）从政府手中无限期地承租了很大的圣维森特和拉帕尔马农场（Rancho de San Vicent y la Palma），收益的 33% 上缴政府。而奇瓦瓦的圣何塞农场（Rancho de San José）则由很多分成农承租，他们将承租土地三分之一的收成上缴。另 134 家合伙人承租了圣卡尔曼庄园（Hacienda de San Carmen），他们向政府上缴收成的二分之一。在拉古纳，绝大多数被征收的地产被直接租给贫穷的分成农。位于杜兰戈的圣塞瓦斯蒂安农场（Rancho de San Sebastián）"由贫困的分成农租种，先是种植小麦，后来种植玉米"。[①]

我们找不到证据证明，分成农和承租人向政府缴纳的收成份额与迪亚斯时代有什么不同；也没有迹象表明，在庄园管理者的任命过程中，曾征求过劳工的意见，或者劳工以任何形式参与了庄园的管理。但是，比利亚政府颁布的《分成制法》（Ley de Aparcería），在某种程度上试图防止迪亚斯时期分成农和租佃人遭受的极端剥削和虐待。根据该法律，无论在何种情况下，都不准要求分成农将收成的 50% 以上上缴给地产主；承租五年后，如果庄园主决定出售庄园，分成农拥有优先购买权。无疑，革命后，除了比利亚政府将大庄园土地没收，并在某种程度上略微改善了小承租人和分成农的租佃条件外，墨西哥北部地区的农村社会现实没有发生任何革命性的变化。没有出现农民大规模占据庄园土地的现象，大庄园内部的劳动和生活条件也没有根本性改观。在比利亚控制

---

① Friedrich Katz, "Pancho Villa, los movimientos compesinos y la reforma agraria en el norte de México," pp. 95–97.

的地区,革命仅使大庄园的所有者发生了变化。

革命后被征收的大庄园收益上缴政府的部分又是如何被使用的?相当部分被用以军事需要。无疑,正是由于被征收的大庄园的收入,比利亚的北方军团成为革命军中最强大、装备最优良的军队,这支军队在推翻韦尔塔政权的战斗中发挥了决定性的作用。其余部分被用作社会开支。当比利亚率军占领奇瓦瓦城后,《埃尔帕索时报》(*El Paso Times*)报道,1913年12月27日,比利亚"在他从西班牙人那里没收的百货公司'新世界'(Nuevo Mundo)向奇瓦瓦的每位穷人发放衣服、鞋子和其他服装。圣诞节早上,一大群穷人聚集在街道上,比利亚命令他的军官向每人发放一件有用的礼物,从其他西班牙人商店里,比利亚拿来大量糖果,分给孩子们"①。比利亚担任奇瓦瓦州州长后,颁布法令,大大降低了肉类的价格。在发生饥荒或食品价格上升的时候,政府将从没收的庄园中获得的小麦和玉米以低价出售。

以上举措都是在革命初期战争时期应急之举,那么从长远来看,比利亚是否有分配土地的计划?如上所述,在1913年12月颁布的法令中,比利亚曾许诺,将来在奇瓦瓦州分配被没收的大庄园土地。与萨帕塔的《阿亚拉计划》相比,这一法令的范围是很有限的,只有革命士兵、他们的家属以及被剥夺土地的农民将得到土地,没有提及一般的无地农民。1914年4月,奇瓦瓦州的军事州长曼努埃尔·查奥签署一项法令,要求向革命老兵和无地农民分配部分属于市政当局的土地。当比利亚与卡兰萨决裂、与萨帕塔结盟后,开始试图系统地改变奇瓦瓦州的土地占有结构。1914年8月,比利亚任命了以保守政客曼努埃尔·博尼里亚(Manuel Bonilla)为首的农业委员会。在马德罗政府期间,博尼里亚曾

---

① Friedrich Katz, "Pancho Villa, los movimientos compesinos y la reforma agraria en el norte de México," p. 100.

研究墨西哥的农业问题。9月,博尼里亚为首的委员会发表了一份农业改革计划。与萨帕塔的土地改革方案比较,博尼里亚的计划要保守得多。要得到政府分配的土地,农民需要更多的时间、履行更烦琐的手续,而且还要以分期付款的方式购买分得的土地。尽管如此,该计划确立了一个原则,即任何农民都有获得属于自己土地的权利。但是,该计划尚未付诸实施,比利亚就在军事上遭受失败,被迫撤离了奇瓦瓦州。

无论怎样,在比利亚有效控制奇瓦瓦州等北部地区近两年的时间内,尽管他也曾经有土地分配的计划,但实际上并未实行土地改革的措施。这与萨帕塔控制的莫雷洛斯州形成了明显的对照。之所以如此,有一些具体的原因。奇瓦瓦州靠近美国,比利亚可以将没收的庄园获得的收益用来从美国购买军火和装备,如果过早分配土地,他手中可支配的资源将急剧减少。直到1914年年中,比利亚仍承认卡兰萨的权威,而卡兰萨至少在当时尚未提出任何土地改革计划,这也可能是比利亚未分配土地的另一因素。此外,比利亚希望得到他的将军们的忠诚和支持,方式之一就是将没收的庄园交由这些将军来管理和经营。

除了这些具体因素外,更为根本性的根源在于,在墨西哥北部地区,比利亚领导的革命力量的来源是比较复杂的,除了失业的矿工、工厂工人和中产阶级成员外,仅在农村地区,既包括奇瓦瓦州失去土地的小农场主和拉古纳地区被生产棉花的大庄园侵占土地和失去水源的村民,还包括奇瓦瓦州,特别是拉古纳地区依附于大庄园的劳工。也就是说,比利亚在农村的社会基础是广泛的,但同时又是分裂的。那些拿起武器要求收回失去的土地的小农场主和村民的利益,与那些要求在庄园内,往往是在庄园从小农场主和村民那里剥夺的土地上要求提高生活和工作条件的庄园劳工的利益,有时是相互冲突的。正是由于这种内部的分歧,比利亚虽然多次发表宣言支持土地改革,但实际上并未真正将土地改革付诸实施。也正是由于这种内部的分裂,比利亚的革命力量失去了内部凝聚力，最终导致他在 1914 年和 1915 年间关键性的革命冲突中败北。①

四、卡兰萨：迫于压力的土地改革

　　墨西哥革命中第三个主要派别是贝努斯蒂亚诺·卡兰萨领导的立宪派。立宪派武装主要来自西北部的索诺拉州和东北部的科阿韦拉州、新莱昂州。与奇瓦瓦州和莫雷洛斯州不同，除了索诺拉州的亚基人从富饶的河谷地带被赶走以外，这里没有发生大规模的剥夺村社农民土地的过程。与富饶的奇瓦瓦州河谷或莫雷洛斯州的甘蔗地相比，这里的土地质量太差，对庄园主来说，占据这些土地不会带来太大的收益。另外，这里受到阿帕切人的威胁较小，因而建立的军事殖民地也较少，小农场主数量不多。在索诺拉州，长达近一个世纪的消灭亚基人的战争也使大地产主对大规模侵占其他村庄土地的行为比较谨慎，以防当地的内战扩大化。由于土地问题不是十分尖锐，因此无论在东北部还是西北部，革命运动的领导人不是出自农民或中产阶级，而是来自自由派的大庄园主，例如同样来自科阿韦拉州的马德罗和卡兰萨。这些领导人不仅对土地改革不感兴趣，相反，在他们看来，将大庄园土地大批转交给农民的后果将是使生计性农业取代商品性农业，最终摧毁墨西哥经济。

　　1913 年，卡兰萨取得领导地位后，面临着一个根本性的困境。一方面，他要维持大庄园制的经济结构和作为大庄园主这一社会阶级的利益；另一方面，如果不像比利亚那样利用征收的大庄园带来的收入建立一支强大的武装力量，又难以在战场上取得胜利。卡兰萨希望通过增加税收、尽可能地将负担转到外国企业身上来摆脱这一困境。卡兰萨的确大大增加了他所控制的区域内的外国企业的税收，结果导致很多在墨西哥的外

---

① John Tutino, *De la insurrección a la revolución en México, Las bases sociales de la violencia agraria, 1750–1940*, p. 259.

国公司转而支持比利亚。比利亚没有增加税收，因为至少在短期内，来自被没收的大庄园的收入足以支持他的军事需要。

然而，卡兰萨无力阻止手下的将军征收支持韦尔塔政权的大庄园主的土地，以获得收益、加强武装。他所能做到的是阻止这种征收与土地改革联系起来。1913 年，墨西哥东北部卡兰萨手下的将军卢西奥·布兰科（Lucio Blanco）将原属于迪亚斯侄子费利克斯·迪亚斯（Felix Díaz）的庄园土地分给承租人，卡兰萨命令布兰科离开此地。此后，再也没有其他将军做出类似的举动。1913 年年初，在发表《瓜达卢佩计划》时，卡兰萨拒绝了他手下激进的支持者将土地改革列入其中的要求，"瓜达卢佩计划没有一个字谈到经济或社会改革"。①

韦尔塔政权倒台后，革命联盟发生分裂。在 1914 年 10 月举行的阿瓜斯卡连特斯会议上，"原则上"通过了给农民分配土地的《阿亚拉计划》。②11 月底，比利亚和萨帕塔的军队共同占领了墨西哥城。以农民的广泛动员为基础，1914 年年底，比利亚和萨帕塔的武装控制了墨西哥的大部分地区，占领了首都墨西哥城，而卡兰萨的立宪派仅控制沿海边缘地带。但是，比利亚和萨帕塔未能签署一项统一的土地改革计划。萨帕塔的支持者来自农民，他们的目标是收回被剥夺的土地，而比利亚所动员的不仅有北部失去土地的小农场主，还有庄园的雇工，甚至包括一些社会上层的成员。"不是没有能力，而是目标不一致，致使比利亚和萨帕塔未能提出一个统一的革命改革计划，维持他们的国家政权。"③正是在萨帕塔和比利亚没能团结一致采取行动的时候，卡兰萨逐渐认识到土地问题的重要性。1915 年 1 月，在卡兰萨领导的立宪派眼看就要败于比

---

① 莱斯利·贝瑟尔主编：《剑桥拉丁美洲史》，第五卷，第 97 页。

② John Womack, Jr., *Zapata and the Mexican Revolution*, pp. 217–218.

③ John Tutino, *De la insurrección a la revolución en México, Las bases sociales de la violencia agraria, 1750–1940*, p. 287.

利亚和萨帕塔的紧急关头,卡兰萨被迫在手下激进派的要求下,于1月6日颁布《土地法》,规定自由村庄可以要求重获过去被夺走的土地。耕地不足的村庄可以申请土地拨付,而那些得到土地但还是不够用的村庄可以请求获得更多的土地。这样,在立宪派控制的韦拉克鲁斯地区,官员大张旗鼓地宣布,被骗取土地的村民和贫困的农场工人将立即获得土地。对此,约翰·图蒂诺评论道:

> 卡兰萨可能是墨西哥革命者中最属于精英阶层的一位了,他致力于强烈的民族主义,但同时认同土地精英集团的利益,对他来说,接受土地改革是在极不情愿的状态下做出的一项政治决策。迫切的现实需要使他认识到,没有农民的坚实支持,他不可能取得胜利。他终于认识到了墨西哥农民起义者的草根力量。①

而同时,"萨帕塔和比利亚谴责这个计划是一次欺骗,但是已经太晚了。双方的道义差异已经模糊,立宪派正在展示实践成果"②。在萨帕塔和比利亚未能协调一致的形势下,卡兰萨却赢得了其他主张土地改革的革命派别的支持。例如,特拉斯卡拉的多明戈·阿雷纳斯(Domingo Arenas)受卡兰萨的土地改革计划的吸引,站到了立宪派一边。1915年,在巴希奥,比利亚的北方军团与奥夫雷贡率领的立宪派武装作战。比利亚最终失利,在一定程度上就是由于萨帕塔在莫雷洛斯州按兵不动。

军事上失利的比利亚退回到奇瓦瓦州,萨帕塔则在莫雷洛斯州坚持游击战,取得军事胜利的卡兰萨立即从支持土地改革的立场上后退。1916年,他推行有效的措施,归还革命中被征收大庄园土地。他试图恢复1910年革命以前的农村社会结构。在1916年克雷塔罗召开的立宪会

---

① John Tutino, *De la insurrección a la revolución en México, Las bases sociales de la violencia agraria, 1750–1940*, p. 287.

② 迈克尔·C. 迈耶、威廉·H. 比兹利编:《墨西哥史》,下册,第541、583页。

议上提交的新《宪法》草案中,卡兰萨仅仅含糊地提到土地问题。但是,激进的代表在会议上提出并通过了包含第 27 条的《宪法》草案。《宪法》第 27 条宣布,国家是一切土地、水源和地下资源的最终所有者,国家有权在给予补偿的前提下予以征用。国家对于土地和水源的所有权是不可转让的,但是个人和公司可以通过获得特许进行开发。最重要的是,该条款规定,1856 年以来颁布的所有有关公共土地的法令作废,如果村社需要更多的土地,可以征用附近的大庄园的土地。

就土地改革而言,1917 年《宪法》是当时世界上最激进的宪法。卡兰萨对该《宪法》不满,在 1917 年当选总统并宣誓就职时根本就没有打算将《宪法》付诸实施。他在任职期间仅将 13.2 万公顷土地分给了 3.8 万个农民。①

1915—1920 年墨西哥农村分配土地的情况

年份	村庄(个)	家庭人口(人)	土地面积(公顷)
1915	0	0	0
1916	1	182	1 246
1917	8	2 615	5 635
1918	57	15 071	68 309
1919	60	14 948	40 276
1920	64	15 566	64 333
总计	190	48 382	179 799

注:墨西哥土地总面积为 198 720 100 公顷。
资料来源:莱斯利·贝瑟尔主编:《剑桥拉丁美洲史》,第五卷,第 127 页。

---

① Friedrich Katz, "The Agrarian Policies and Ideas of the Revolutionary Mexican Factions Led by Emiliano Zapata, Pancho Villa, and Venustiano Carranza," p. 32.

卡兰萨手下一位激进的将军弗朗西斯科·穆希卡（Francisco Múgica）在写给另一位卡兰萨派激进成员萨尔瓦多·阿尔瓦拉多（Salvador Alvarado）的信中这样表达了对卡兰萨土地改革政策的不满：

> 我不赞同当前正推行的基本政策……一个庞大的农业委员会已经成立，来监督这一法律的执行。它已彻底归于失败：尽管事实上解决土地问题的第一步刚刚着手，将这些措施结束于萌芽状态的做法就已经着手实行了。……今年2月和3月，我在墨西哥首都看到，比利亚派、萨帕塔派和立宪派的成员受到的迫害甚于韦尔塔的支持者……我亲爱的将军，所有这些将把我们引向何方？①

卡兰萨表面上支持土地改革，但实际上继续将革命中没收的大庄园土地物归原主。仅在遇到民众强烈抵制的地区，特别是萨帕塔仍有巨大影响的莫雷洛斯州和比利亚仍在坚持战斗的奇瓦瓦州，卡兰萨无法推行重建大庄园制的政策。到1920年武装革命阶段基本结束后，大庄园再次控制了墨西哥的绝大部分土地。据此，一些观察家认为，革命并没有带来墨西哥土地结构和农村社会关系的根本性变化。这种看法有失偏颇。事实上，在那些人民革命的核心地区，如莫雷洛斯州和奇瓦瓦州，革命期间的土地改革已不可逆转。此外，革命从根本上削弱了旧制度的基础。迪亚斯的政权、司法机构、军队、警察被摧毁了。虽然新的革命武装逐渐腐化，并时常受大庄园主的教唆站到农民的对立面，但再也不可能像迪亚斯时期那样完全高度一致地服务于大庄园主的利益。尽管一些大庄园收回了失去的土地，但是再也不可能完全恢复革命前的经济和政治势力。在政治上，他们的政治权利被新的革命精英所取代；在经济上，他

---

① Friedrich Katz, "The Agrarian Policies and Ideas of the Revolutionary Mexican Factions Led by Emiliano Zapata, Pancho Villa, and Venustiano Carranza," p. 32.

们由于庄园被征收，财产被摧毁或被征为军用，也受到严重削弱。最重要的，革命大大促进了墨西哥农民觉醒意识，增强了农民要求土地改革的正当性，这在1917年《宪法》中得到充分的体现。正是在革命带来的民众动员、大庄园被削弱的基础上，1934—1940年卡德纳斯在执政期间才有可能成功地推行彻底的土地和农业改革。

第五章

重建与土改

——1920—1934年的土地和农业政策

1920年12月1日,阿尔瓦罗·奥夫雷贡宣誓就任墨西哥总统。这样,1914年以来墨西哥革命中各派别之间的争斗"以卡兰萨派或护宪派内部的西北派索诺拉人"①最终夺得政权而告终,从而开始了墨西哥革命后的"索诺拉王朝"时期(1920—1934)。②新政权面临的任务"不仅仅是修复近十年的政治动荡和内战所留下的创伤,而且是要在新的基础上重建这个国家,令墨西哥及其人民获得新生",因此,学者们普遍认为,这一时期是墨西哥革命后的"国家重建"时期。③能否赢得在革命期间动员起来的农民的支持,成为重建成功与

---

① 莱斯利·贝瑟尔主编:《剑桥拉丁美洲史》,第五卷,第164页。
② 奥夫雷贡就职前,阿道弗·德拉韦尔塔曾任临时总统(1920年5月21日—12月1日)。1924年,奥夫雷贡任期结束后,普鲁塔科·埃利亚斯·卡列斯就任总统。1928年,奥夫雷贡再次当选总统,但是在就职前不久被暗杀。随后六年内,虽然由埃米略·波特斯·希尔、帕斯夸尔·奥尔蒂斯、卢维奥·阿维拉多·罗德里格斯相继担任总统,但实际控制政府的仍是前总统卡列斯,因此1928—1934年又被称为"最高首领"(Jefe Máximo)时期。奥夫雷贡、德拉韦尔塔、卡列斯也被称为"索诺拉三巨头"。
③ 迈克尔·C.迈耶、威廉·H.比兹利编:《墨西哥史》,下册,第556页。

否的关键。而土地改革是缓和农村社会矛盾、争取农民支持的主要手段。本章的目的是,在墨西哥革命后"国家重建"的大背景下,对土改的动机、方式和结果,进行初步探讨。

一、"索诺拉王朝"初期的土地改革

"索诺拉王朝"上台后,面临着极其严峻的挑战。军人难以控制,仅在20世纪20年代,就发生了两起重大的军人暴动,还有多起小规模的兵变和军营骚乱;革命期间,地方首领再次兴起,削弱了中央政府的权威;旧寡头集团对政权的控制被革命所摧毁,但这个集团对经济的控制依然存在;萨帕塔领导的农民运动虽然在军事上失败了,但萨帕塔的支持者依然拥有重要的政治力量。正如一位学者所指出的,革命后的墨西哥出现了一种各主要社会力量间"灾难性的平衡",其中任何一种力量都无法确立自己的霸权。① 由于国家政权软弱,索诺拉集团不得不尽最大努力巩固其统治地位。为达此目标,1923年8月,墨西哥与美国签订了布卡雷利街协议(布卡雷利为墨西哥城的一条街道),修复了墨西哥与美国的关系,代价则是向美国利益做出了重大的让步。在国内事务中,索诺拉集团试图通过经济利益和政治让步换取竞争对手军事上的中立,但是,正如此间所发生的军事叛乱所表明的,此策略取得的成效并不显著。更重要的,新政府还试图在工人和农民中寻求盟友。

土地改革成为政权巩固和国家重建的重要手段。要想让农民与新政权站在一起,最主要的方式就是根据1917年《宪法》第27条进行土地改革。对于索诺拉集团的领袖来说,相对于政治作用而言,土地改革的经济和社会目标是次要的。卡列斯在与奇瓦瓦州前州长伊戈纳西奥·C.

---

① Anatol Shulgovski, *México en la encrucijada de su historia*, México: Fondo de Cultura Popular, 1968, p. 37.

恩里克斯（Igbnacio C. Enríquez）的谈话中非常清楚地说明了政府的立场："村社问题是控制这些人的最好手段，只要简单地告诉他们，如果你们想要得到土地，你就必须和政府站在一边，那些不与政府站在一起的人，是得不到土地的。"①

在20世纪20年代，军队和地方政治首脑仍未被驯服，1926年后又爆发了基督教徒暴动，国家政权依然相对软弱。为了与这些社会集团相抗衡，新政府需要与工人、农民建立联盟，因而不得不对工人改善工作条件、农民分配土地的要求做出回应。②所以政府在土地改革方面比较积极主动，尽管在各地区之间差异很大。

革命期间，奥夫雷贡就确立了自己土地改革支持者的形象。早在1912年，他就充分意识到追随他参加战斗的马约人（Mayo）对土地的要求。1914年，奥夫雷贡和比利亚就要求最高首领卡兰萨颁布土地改革的法令。同年10月15日举行的阿瓜斯卡连特斯会议上，萨帕塔派的代表受邀参加，"原则上"通过了给农民分配土地的《阿亚拉计划》。③这使得奥夫雷贡进一步认识到土地问题的重要性。会议失败后，奥夫雷贡和其他一些立宪派领导人组建了革命联盟（Confederación Revolucionaria），敦促卡兰萨在土地改革方面采取行动。结果，1915年1月1日，立宪派颁布土地法令。该法令规定：（1）所有因土地测量公司的非法措施、圈地或其他非法行为而引起的村庄土地、森林和水源所有权的变更，皆被宣布无效。（2）授权需要土地的村庄获得足够的土地，不管它们是否曾

---

① Hans Werner Tobler, "Peasants and the Shaping of the Revolutionary State, 1910–40," Friedrich Katz, ed., *Riot, Rebellion and Revolution: Rural Social Conflict in Mexico*, Princeton: Princeton University Press, 1988, p. 497.

② Arnaldo Cordova, *La ideología de la revolución mexicana: La formación del nuevo régimen*, México: Ediciones Era, 1973, p. 339.

③ 莱斯利·贝瑟尔主编：《剑桥拉丁美洲史》，第五卷，第115页。

因某种非法的方式丧失土地。土地的授予须与团体的需要相适应，国家政府负责从邻近的农场征收土地。① 根据该法令，国家土地委员会（Comisión Nacional Agraria, CNA）成立，各州和各村也成立了土地委员会和执行委员会，作为土地改革的执行机构。但是，由于卡兰萨的保守立场，土地分配的进程进展缓慢。为了限制各州土地改革的步伐，1916年，卡兰萨政府宣布，各州停止临时性的土地分配，任何土地分配都必须等待中央政府批准。与卡兰萨不同，在与比利亚派进行战争期间，奥夫雷贡继续支持土地改革，甚至在1916年担任战争部长期间向索诺拉州的土地改革者提供资金和交通的支持。在1917年举行的立宪会议上，他支持所谓雅各宾派的主张，从而使得《宪法》第27条得以通过，土地改革成为革命的首要宪法原则之一。虽然1917年年中至1919年年初奥夫雷贡退出了公众视野，但作为社会改革者，奥夫雷贡赢得了已获得土地或者希望获得土地的农民的支持，而卡兰萨在土地改革问题上的消极立场更进一步增强了奥夫雷贡在农民中的声望。因此，在1920年竞选总统和发动反对卡兰萨的叛乱时，大量农民，其中包括萨帕塔派，站到了奥夫雷贡一边。②

卡兰萨倒台后，新政府（最初为1920年5月21日至12月1日的德拉韦尔塔临时政府）采取的第一项土地改革措施是，1920年6月23日颁布《未利用土地法》（*Ley de Tierras Ociosas*）。为了使得未被利用的土地得到开发，从而增加国家的粮食供应，该法案授权地方市镇政府临时征用私人拥有但未被使用的土地，交给愿意耕种的人使用。后者须将收成的十分之一交给前者作为租金。年底，一旦最后一季作物收获完

---

① Susan R. Walsh Sanderson, *Land Reform in Mexico: 1910–1980*, Orlando: Academic Press, 1984, p. 39.
② Linda B. Hall, "Alvaro Obregon and the Politics of Mexican Land Reform, 1920–1924," *Hispanic American Historical Review*, Vol. 60, No. 2, 1980, pp. 213–214.

毕，须将土地物归原主。该法案曾被广泛实施，而且，当时的情况是，地主很难从临时租户手中收回土地。与此同时，新政府还恢复了州政府临时性分配土地的权力，国家土地委员会也非常积极地推进土地改革。在德拉韦尔塔临时执政的6个月期间，永久性分配了166 355公顷土地，临时性分配了28 156公顷土地。而在卡兰萨执政的三年里，政府仅分配了132 639公顷土地。①

1920年12月1日，奥夫雷贡就任总统。28日，奥夫雷贡政府就颁布了《村社法》（Ley de Ejidos），旨在将1915年的《土地法令》和1917年《宪法》第27条的内容进一步地深化和细化，但是该法对于收回土地的程序、土地申请人资格的认证等方面的规定过于模糊和复杂。更为严重的是，该法案再次阻止州政府临时分配土地。因此该法案很快就被废除了，取而代之的是1922年4月17日颁布的《农业调整法》。该法案明确了有资格通过归还（restitution）和授予（grant）获得土地的人群的资格。1917年《宪法》规定，只有具有一定政治地位的市镇、定居点、聚居点、公社以及共同持有者（指若干人共同继承一块土地，虽分散持有但未办理相应的法律手续）才有权申请土地。该法又增加了两类有权申请土地的人群：一类是聚居在已经废弃的庄园上并耕种周围土地的个人；另一类是那些在战争中失去大部分劳动力和财富的工业、商业和矿业市镇。但《农业调整法》特别规定，有些村庄不能建立公有地制度，这包括政治上从属于其他村庄的街区（往往是较大村庄周围的小村子）。更为关键的一点是，居住在庄园的庄园雇工被排除在土地分配对象之外。② 该法规定，由国家土地委员会、州土地委员会、地方执行委员会三级机构具体负责土改事务。土地分配的程序为：先由村庄执行委员

---

① Linda B. Hall, "Alvaro Obregon and the Politics of Mexican Land Reform, 1920–1924," p. 216.

② 高波：《墨西哥现代村社制度》，第20页。

会向州土地委员会提出申请，经后者审查后将申请呈送州长。州长确认后，再上报给国家土地委员会，由其做出暂时性的判定。如果判定被批准，那么村庄即可通过地方执行委员会获得土地的临时所有权。然后，申请会再回到国家土地委员会进行必要的审查，由其递交总统做出最终决定。只有在总统批准后，该村庄才获得土地的最终所有权。[①]此外，《农业调整法》还确定了土地分配的限额。如果属于"归还被侵占土地"，凡是村庄能够证明的、被剥夺的土地都将物归原主；如果属于向政府申请授予土地，则按照村庄人口总数来计算：每个年满18岁的村民都可得到一块3至5公顷的灌溉田或4至6公顷的季节田。所分配的土地来自对私人地产的征收：凡多于150公顷灌溉田或250公顷雨水充足的耕地或500公顷季节田的土地，其超出部分都要予以征收。但附带农产品加工企业的田地、果园、咖啡、可可、香草或其他种植园的土地可免予征收。[②]《农业调整法》为奥夫雷贡、卡列斯政府期间的土地改革确定了基本的模式。

此后，政府对《农业调整法》又进行了微小的修正，主要是进一步加强了总统对于土地分配的控制权。1923年8月，为了鼓励公民开垦国有荒地，政府又通过了《荒地法》。法案规定，任何年满18岁的墨西哥公民都可开垦、占有一块国有荒地，其面积不超过25公顷（灌溉地）或200公顷（非灌溉地），连续耕作两年以上即可获得该土地的所有权。[③]

通过上述法律，土地改革不仅得以有序地推进，而且更重要的是，土地改革计划被置于中央政府的严格控制之下，并且从属于国家政策的目标。奥夫雷贡执政期间，对国家重建的优先考虑也给土地改革带来了

---

① Linda B. Hall, "Alvaro Obregon and the Politics of Mexican Land Reform, 1920–1924," p. 217.

② Eyler N. Simpson, *The Ejido: Mexico's Way Out*, Chapel Hill: University of North Carolina Press, 1937, p. 84.

③ 高波：《墨西哥现代村社制度》，第20页。

一定的限制。虽然政府永久性地分配了1 100 117公顷土地，临时性地分配了3 964 559公顷土地，但是，为了保证农业生产稳定，对于已经被有效利用进行生产的庄园土地，奥夫雷贡尽可能地不予征收；同时，他对征收属于外国人的土地特别谨慎，因为他担心由此挫伤国家重建和发展所迫切需要的外国投资。

1924—1928年卡列斯政府期间，土地分配制度又有了进一步的发展，最重要的变化是对村庄资格的限制放宽了。从1915年的法令起，就限定只有四类村庄有权申请、拥有土地，可是对这些村庄的分类是很不规范的，往往是由历史上的偶然事件而非其政治、经济特点决定的，这就给土改增加了一些随意性很强的选择程序，致使有些村庄被武断地排除在外，从而引发了大量的法律纠纷。1927年4月23日修订过的《土地、水源归还和授予法》，首先取消了这些分类，规定任何缺乏土地、水源的居民点都有权申请得到这些资源，但是非常小的村庄（20人以下）和庄园雇工仍被排除在外。其次，简化了申请手续，并堵塞了一些法律漏洞，以免地主逃避征收，如禁止征收范围内的地主在村庄提出申请后再分割、出售土地等。最后，该法案第一次规定了已建立的村社可以申请"扩展"，即分到土地的村社在十年之后可以向政府申请追加土地；扩展的土地只能用来建立新的份地，不能用来扩大原来的份地；原来的社员不能再从扩展中受益等。①

1926年4月5日，政府又通过了一部《垦殖法》，这是1923年《荒地法》的延伸。该法案规定，不仅国有土地可以用于垦殖，还可以从国家信贷银行贷款购买私人土地安置垦殖者。个人占有的土地面积可达到灌溉田50公顷，或一等季节田250公顷，二等季节田500公顷，牧场

---

① Eyler N. Simpson, *The Ejido: Mexico's Way Out*, pp. 91–92.

5 000 公顷,比以前的规定扩大了一倍。①

卡列斯政府期间一共分配了接近 300 万公顷土地,大约相当于全国土地面积的 1.5%,超过此前各届政府分配土地总量的两倍多。

土地改革对于国家政权的巩固和国家建设的促进起到了至关重要的作用。一方面,在国家政权面临生死存亡的紧急关头,例如在 1923—1924 年德拉韦尔塔叛乱和 1929 年基督教徒暴动期间,政权正是依靠广大农民的支持才渡过了危机。另一方面,土地改革的迅速推进,极大地缓和了一些地区的社会不满,有助于维护政治稳定。从这一时期的土地改革的力度在不同地区之间的巨大差异上,可以明显地看出这一点。根据研究,1922 年 9 月至 1924 年 12 月,土地改革主要在以下三类地区力度最大。

第一类是杜兰戈州和奇瓦瓦州。在这两个地区,1920 年前,奥夫雷贡的对手比利亚拥有大量的支持者;而奇瓦瓦州甚至在 1920 年后仍未完全被平定,对奥夫雷贡政府构成了严重的威胁。对于政府来说,强有力地推行土地改革,可以赢得潜在的支持者,瓦解对手。而且,在这两个州,革命前都有几个占有大片地产的地主。例如在奇瓦瓦州,特雷萨斯家族、美国人威廉·伦道夫·赫斯特(William Randolph Hearst)和克拉里托斯公司(Corralitos Company)都拥有巨大的庄园。在属于奥夫雷贡阵营的州长伊戈纳西奥·恩里克斯(Ignacio Enríquez)的强有力领导下,奇瓦瓦州进行了迅速彻底的土地改革。在杜兰戈州,有十个家族的地产面积都在 8.9 万公顷以上,而 96.8% 的农村人口没有土地。而且,在杜兰戈州,教会占有大批地产。与私人地产相比,对教会地产的征收难度相对较小。因此,杜兰戈州的土地分配也比较迅速。②

---

① Eyler N. Simpson, *The Ejido: Mexico's Way Out*, pp. 94–95.

② Linda B. Hall, "Alvaro Obregon and the Politics of Mexican Land Reform, 1920–1924," p. 229.

第二类进行了广泛的土地改革的是原萨帕塔派控制的地区，如莫雷洛斯州、普埃布拉州和格雷罗州。在莫雷洛斯州，革命期间，一场真正的农民革命导致了原有土地结构的根本性变革。1916 年后，萨帕塔派力量逐渐减弱。但是，萨帕塔领导的政治和社会动员带来的影响并未消失。1921 年 1 月和 2 月间，莫雷洛斯州一位主要的大庄园主家族的成员鲁伊斯·加西亚·皮蒙特尔（Luis García Pimentel）在给父母的信中写道，霍纳卡特佩克区的很多居民正在申请土地，虽然萨帕塔派在军事上失败了，但"萨帕塔主义并未消亡，没有消亡的是和平的萨帕塔主义"①。"索诺拉王朝"执政初期，莫雷洛斯州的土地申请案例大大多于其他地区。1915—1935 年间，该州共有 299 起申请土地的案例，其中 139 起集中在 1920 年和 1921 年。1920—1922 年，临时授予的村社土地数量（166 788 公顷）大大高于 1935 年前授予土地总量（192 400 公顷）的一半以上。1922 年，农学家 E. 阿拉尼斯·帕蒂尼奥（E. Alanís Patiño）在莫雷洛斯旅行期间注意到，"在这个州，村社经济已经占据了主导地位，……有利于享有战争特权（war privileges）的人民"。对于奥夫雷贡政府来说，土地改革的主要目标是迅速平定这一动荡的地区。为达此目的，政府任命前萨帕塔派成员担任中央政府重要的政治、行政和军事职位，莫雷洛斯州的政治和军事权力也被控制在萨帕塔派手中。这也大大有利于该州土地分配的推进。②

第三类地区是德拉韦尔塔控制的区域。前立宪自由党（Partido Liberal Constitucionalista, PLC）的内阁成员恩里克·埃斯特拉达（Enrique Estrada）、安蒂尼奥·比利亚雷亚尔（Antinio Villarreal）、拉斐尔·苏巴

---

① John Womack, *Zapata y la revolución mexicana*, México: siglo veintiuno editores, 1970, p. 349.

② Hans Werner Tobler, "Peasants and the Shaping of the Revolutionary State, 1910–40," p. 499.

兰（Rafael Zubarán）等人反对奥夫雷贡担任总统，反对奥夫雷贡指定卡列斯为继承人，而埃斯特拉达又以反对土地改革而著称，由此使得德拉韦尔塔的叛乱被贴上了反土地改革的标签，虽然实际上并非如此。奥夫雷贡充分利用这一点，迅速地在德拉韦尔塔控制的地区分配土地，以此来瓦解对方势力，对参军并与德拉韦尔塔作战的农民予以补偿。德拉韦尔塔派的领导人安蒂尼奥·比利亚雷亚尔、埃斯特拉达以及反对土地改革的考迪罗瓜达卢佩·桑切斯的大本营圣路易斯波托西、哈里斯科、韦拉克鲁斯成为奥夫雷贡推进土改的主要目标。支持德拉韦尔塔叛乱或者对叛乱军队反击不力的地区也成为土改的重点，如坎佩切、萨卡特卡斯，特别是尤卡坦。[①]

对奥夫雷贡政府而言，这种对土地改革的政治性操纵非常成功，当时的报刊评论到，"这一政策使得政府在农村民众中极受欢迎"，因为农民迫切需要土地。在德拉韦尔塔叛乱期间，莫雷洛斯州、墨西哥州和联邦特区有12万农民支持奥夫雷贡和卡列斯。全国军队数量的60%站在德拉韦尔塔一边，只有40%支持奥夫雷贡和卡列斯。但是，由于农民和工人的支持，这40%的军队足以取得平息叛乱的胜利。[②]1926年基督教徒暴动发生后，在宗教意识浓厚的莫雷洛斯州，引起的反响也极为微弱。很明显，原因在于，彻底的土地改革使得这一动荡的地区归于安定。

"索诺拉王朝"政府在通过土地改革平息农民不满、赢得农民支持的同时，也采取措施加强对农民的控制。在莫雷洛斯州，虽然土地改革的步伐很快，但与萨帕塔控制期间"自发性的土地分配"不同，在这种"制度化的土地改革"中，国家以一种"单方面授予"的方式分配土

---

① Linda B. Hall, "Alvaro Obregon and the Politics of Mexican Land Reform, 1920–1924," p. 230.

② Ibid., p. 231.

地,"目的在于造就一批政治上的受庇护人"。① 也就是说,在莫雷洛斯州,虽然农民分得了大量土地,但绝大多数土地是以政府"授予"而非"归还"失地的方式获得的。在普埃布拉州,奥夫雷贡在执政期间也分配了大量土地,获得土地的农民大多是原萨帕塔派成员,但是绝大多数土地也是以"授予"而非"归还"失地的方式分配的。固然,与确认失地的原产权证明并依此将土地归还农民相比,直接授予农民土地在手续上更为简便易行,但以"授予"的方式分配土地带来的直接效果是,农民变成了政府的受庇护人,依附于政府。他们的土地来源于政府的慷慨,而非自身对该土地古已有之的权利。政府的权力由此大大增强。

二、国家政权的巩固和土改步伐的减缓

索诺拉集团推行土地改革政策的目标是多方面的,而这些目标在很多方面又是相互冲突的。一方面,如上所述,革命期间农民的政治动员和农民期望值的提高,迫使政府推行一定程度的土地分配,以安抚农民情绪,维持农村稳定;与此同时,在平息多起政治叛乱,特别是1923—1924年的德拉韦尔塔叛乱和1927—1929年的基督教徒暴动过程中,需要农民的支持,这就需要向农民分发武器,并且对农民的土地要求予以满足。但另一方面,革命后,国家的经济发展水平低下,政府财政资源紧缺,这也迫使政府将提高生产水平,包括扩大农业生产放到首位;出于这种考虑,政府在分割大庄园,尤其是那些生产效益相对较高的、面向市场的大庄园时,犹豫不决。②

---

① Hans Werner Tobler, "Peasants and the Shaping of the Revolutionary State, 1910–40," p. 499.

② Nora Hamilton, *The Limits of State Autonomy: Post-Revolutionary Mexico*, Princeton: Princeton University Press, 1982, pp. 96–97.

此外，与萨帕塔派不同，索诺拉集团的成员大多出身于小资产阶级，如小农、学校教师、国家雇员等。从自身的立场出发，他们所构想的国家经济发展计划是以中小财产所有者为基础的，而非迪亚斯时期那样以享有垄断性特权的外国和部分本国大资产阶级为基础。他们设想，这些中小财产所有者将自然演变为资本家。实际上，奥夫雷贡本人的经历就是这种演变过程的缩影。奥夫雷贡最初是一个仅有 1.5 公顷土地的小农场主，从经营大宗贸易和出口业务开始，后来涉足制造业、服务业和银行业，发展成为一个真正的农业企业家，拥有 3 500 公顷土地。根据自身经历，在农村，"奥夫雷贡和卡列斯渴望按照加利福尼亚'农场主'的模式产生一个充满生气的小自耕农和中型庄园主组成的富裕阶级"①。他们期望，在墨西哥，这种小农场主组成的农村小资产阶级构成村社和大庄园（包括商品性的大庄园和传统的大庄园）之间的中间阶层。政府设想，通过土地改革征收效益低下的传统大庄园的土地，迫使其对所余的土地提高生产效率。在奥夫雷贡和卡列斯的设想中，村社绝非墨西哥新农村社会的基础，而仅仅是一种临时性的权宜之计，一种过渡状态，目的是使村社社员获得成为小农场主的必要技能和经验。个体村社优于集体村社，因为个体村社有助于村社社员了解现代资本主义农业的游戏准则。村社土地应该分给各家各户，这样才能使得村社社员获得"自强不息的精神，那些拥有更大的雄心壮志者将走出来……寻求更美好的生活"②。

出于上述现实需要和发展理念，从一开始，索诺拉集团的土地改革政策就是有所保留的。早在 1923 年，奥夫雷贡就明确指出，土地改革法律的实施必须谨慎操作，以免"打乱我们的农业生产"，最终的目标不

---

① 莱斯利·贝瑟尔主编：《剑桥拉丁美洲史》，第五卷，第 200 页。
② Héctor Aguilar and Lorenza Meyer, *A la sombra de la Revolución Mexicana*, Aguilar, León y Cal Ediciones, S. A. de C. V., México, D. F., 1989, pp. 132–133.

是分配土地，而是使得农业产量得到提高。对卡列斯来说，最理想的状态是"结束土地分配，对土地所有者予以补偿，造就一个得到灌溉、信贷和技术政策支持的现代小农场主阶级"①。

到 20 年代末，国家政权逐步得到巩固。1929 年，巴勃罗·埃斯科瓦尔（Pablo Escobar）叛乱被镇压，政府对军队的控制加强了；同年，基督教徒暴动也逐渐平息；同时，国民革命党成立，在全国层面上扩大和巩固了政府的权威，地方政治首脑或被摧毁或被同化。在这种新的形势下，政府相对不再依赖于工人和农民的支持。于是，虽然土地分配没有完全停止，但卡列斯政府反对土地改革的立场已经愈益明显。1929 年，卡列斯发表声明说："我们所知道的和实行的平均地权论是一场失败。"②在执政的最后一年，卡列斯分配的土地较前明显减少。此后，他仍利用个人政治影响，主张结束土地改革。

然而，所有并非统治集团的成员都接受这种主张。1928—1930 年担任总统的波特斯·希尔（Portes Gil）认为，结束土地分配是一项错误的政策。他认为，在基督教徒暴动、巴勃罗·埃斯科瓦尔叛乱以及其他一些威胁面前，政府仍需要赢得农民的支持，扩大社会基础。1928 年年底至 1930 年年初，希尔政府分配了 2 964 000 公顷的土地，为 1928 年卡列斯政府所分配土地的两倍。根据希尔本人的陈述，当 1930 年奥尔蒂斯·卢维奥（Ortiz Rubio）就职时，"最高首领"卡列斯要求新总统及其内阁永久性地结束土地分配。在卢维奥总统执政的两年零八个月的时间内，仅向村社永久性分配了 370 万公顷的土地。土地改革的步伐再次放慢。因政府高层对土地改革缺乏热情，地产主趁机提出建议，对有权申请土地建立村社的市镇，确定一个申请土地的最后期限，以此永久性

---

① Héctor Aguilar and Lorenza Meyer, *A la sombra de la Revolución Mexicana*, p. 132.
② 莱斯利·贝瑟尔主编：《剑桥拉丁美洲史》，第五卷，第 197 页。

地结束土地分配。他们指出，只有这样，才能恢复农村的平静和可靠性。在此建议被提出之时，根据1930年的统计，在墨西哥农村地区仍有占有土地面积超过24 700公顷的庄园648家，占有土地12 350至24 700公顷的庄园837家，大庄园制度在墨西哥依然拥有很大势力。① 政府虽然没有对大地产主的要求立刻做出官方的回应，但是在一些州，已着手开始为结束土地改革制定最后期限。1930年5月7日，奥尔蒂斯·卢维奥总统通知国家土地委员会，鉴于阿瓜斯卡连特斯州未决的村社土地申请案例数量有限，为新的土地申请设立为期60天的时间限制，此后该州的土地分配将被宣布结束。不到一个月，圣路易斯波托西州也宣布了同样的措施，特拉斯卡拉州、萨卡特卡斯州、科阿韦拉州、莫雷洛斯州和联邦特区紧随其后。1931年，克雷塔罗州、新莱昂州、奇瓦瓦州都宣布结束土地分配。哈里斯科、索诺拉、锡那罗亚、拉古纳的庄园主也向政府提出了同样的要求。到1931年9月，在12个联邦行政区，土地改革被"官方宣布"结束。对此，奥尔蒂斯·卢维奥总统辩护道，结束土地分配并不意味着放弃了土改计划，相反，这恰恰证明了墨西哥革命已经完成了它的使命，再在私有财产所有者中间延续不确定状态已经没有意义了。为了进一步巩固这一政策，1930年年底，他宣布，必须在事先对被征收的庄园土地予以补偿后，才能扩大村社土地。实际上，由于国家财政紧缺，无力补偿被征收土地，这意味着今后村社土地的扩大将极为困难。②

然而，墨西哥各地要求土地改革的民众动员并未因政府宣布中止土地分配而结束。尤其是20世纪30年代资本主义大危机爆发后，墨西哥工人和农民的生活水平严重下降，社会日益不稳。即使在国民革命党内部，新一代年轻的、中产阶级出身的改革家强烈要求推行1917年《宪

---

① Héctor Aguilar and Lorenza Meyer, *A la sombra de la Revolución Mexicana*, p. 133.
② Ibid., p. 134.

法》。①"即使卡列斯和卡列斯主义者仍然大权在握,新人和新思想也不能忽视。1930年以后,实验性地实行了改良主义和干预主义政策。"1932年,阿维拉多·罗德里格斯(Abelardo Rodríguez)就任总统,他认识到在当时的形势下结束土地分配是不明智的,并重新为村社申请土地敞开了大门。在他任内,还成立了独立的农业部,直接隶属于总统领导。根据1934年3月付诸实施的《农业法典》,庄园雇工获得了申请土地建立村社的权利。1933年,国民革命党的全国代表大会上提出了一项《六年计划》,"计划含蓄地批评了来自索诺拉帮实行的模式,……它强调了土地问题至关重要,必须大力解决,包括分割大地产"②。但是,农业政策的变化仅仅体现在立法层面上,在实践中,土地分配的步伐不仅没有加快,反而减缓了。在任期两年多的时间内,罗德里格斯政府仅向农民分配了1 976 000公顷的土地,低于奥尔蒂斯·卢维奥执政期间的数量。③

三、农村社会阶级关系与农民传统观念对土改的影响

在此期间,墨西哥的土地改革进程除了受政府政策趋向的影响外,还与极为复杂的农村社会阶级关系和农民的传统观念等因素有着直接的联系。

革命后,墨西哥地主阶级的经济实力依然很强大,而且在地方政治生活中仍发挥着重要的作用。很多农民抱怨,从他们提出申请土地、建立村社的那一刻起,就受到来自地主方面的强大经济压力。例如地主废除现存的租佃协议,甚至拒绝为农民提供做庄园雇工的机会,千方百计

---

① 林被甸、董经胜:《拉丁美洲史》,第338页。

② 莱斯利·贝瑟尔主编:《剑桥拉丁美洲史》,第七卷,中国社会科学院拉丁美洲研究所组译,经济管理出版社1996年版,第11页。

③ Héctor Aguilar and Lorenza Meyer, *A la sombra de la Revolución Mexicana*, pp. 137–138.

剥夺农民最基本的生存手段。一旦农民的土地申请获得临时批准，而遭到地主反对，随之而来的往往是暴力性的冲突。很多地主早就建立了自己的武装，被称为"白色卫队"（guardias blancas），恐吓、谋杀农民领袖，破坏村社，销毁农村档案，阻挠地方上的农业委员会工程师丈量计划建立村社的土地。"白色卫队"的成员有的来自退役军人，有的来自武装起来的庄园雇工。当然，要求土地改革的农民也使用武力袭击庄园主及其管家，农民武装非法侵占庄园土地的事件也时有发生。当农民被武装起来对付反政府的叛乱军队时，他们甚至在一段时间内成功地控制某一地区，迫使庄园主处于被动守卫状态。但是，在地主武装与农民武装的冲突中，一般情况下地主方面处于优势，原因在于军队一般站在地主一边。① 在韦拉克鲁斯州，当地驻军司令瓜达卢佩·桑切斯（Guadalupe Sánchez）本人就是一名大地主，他公开支持大庄园主，甚至鼓励"白色卫队"镇压农民。②1923 年 4 月 6 日，奥夫雷贡总统的特使曼努埃尔·纳瓦拉·安古罗（Manuel Navarro Angulo）在致总统的信中写道：

  联邦军队发动了多次袭击，受到绝大多数下层阶级的批评，在任何情况下，这些军队都拒绝与市政机构合作，并凭借其军事影响支持地主。由于公正的彻底缺失，存在着明显的社会悲观主义，而居住在悲惨的棚户中、远离人口中心、被地主和军队当作畜生般对待的贫困农民对此并不知晓。③

---

① Hans Werner Tobler, "Peasants and the Shaping of the Revolutionary State, 1910–40," pp. 506–507.
② 莱斯利·贝瑟尔主编：《剑桥拉丁美洲史》，第六卷（下），中国社会科学院拉丁美洲研究所组译，当代世界出版社 2001 年版，第 409 页。
③ Hans Werner Tobler, "Peasants and the Shaping of the Revolutionary State, 1910–40," p. 507.

除了在与地主的力量对比中的劣势地位，农民内部的分裂和本身的弱点也严重地影响着土地改革的开展。除了在革命战争期间被动员起来的农民（如在莫雷洛斯州），或者革命后被一些激进派地方领袖"自上而下"地动员起来的农民之外，革命后很多农民并未提出土地改革的要求，甚至对土地改革持抵制立场。

除了莫雷洛斯州，其他地区大庄园在革命战争期间并未从根本上受到动摇。诚然，革命军队在经过的时候，吸引了很多庄园雇工加入；外部的革命影响有时也在庄园内部激起不安定因素，甚至起义。但是总体来看，庄园雇工并没有真正的革命目标，他们所要求的仅仅是提高工资和改善劳动条件，并没有从根本上反对大庄园制度。相反，很多庄园雇工加入了庄园主一边，保卫庄园，抵抗外来的威胁。庄园雇工持此种立场的原因比较复杂，根据西方学者的分析，在很大程度上与大庄园的社会控制机制，甚至是有效的镇压机制（特别是在东南部地区）有关，以及与很多庄园雇工相对优越的地位和庄园内部父权制的庇护关系有关。[①] 如上所述，在 1934 年 3 月的《农业法典》实施之前，庄园雇工在法律上是没有权利申请土地、建立村社的。在这种情况下，对于庄园雇工来说，其他农民申请分割"他们的"庄园土地，必然会威胁到他们的工作机会。因此，庄园雇工不支持、甚至反对土地改革的立场是可以理解的。20 世纪 20 年代，在米却肯州热带地区的大庄园塔雷坦（Taretan），"事实是，直到 1929 年，农民都没有摧毁大庄园的热情。一次次经过该地区的革命者未能说服庄园上的雇工，他们应该或者能够分割庄园土地"。1936 年 8 月，在普里斯玛庄园（Purísima），甚至有 84 名庄园雇工

[①] Friedrich Katz, "Labor Conditions on Haciendas in Porfirian Mexico: Some Trends and Tendencies," pp. 1–47.

举行抗议,反对拟议中建立的村社。①

有权申请土地、建立村社的农民对土地改革的态度也并非都是积极的。保罗·弗雷德里希(Paul Friedrich)对位于塔拉斯科平原纳兰哈村的个案研究生动地说明了这一点。迪亚斯统治时期,由于坎塔勃里亚庄园(Cantabria)的扩张,该庄园与纳兰哈村之间的冲突不断升级。②但是,即使在革命战争期间,纳兰哈村的村民也没有尝试使用武力改变当地的土地占有结构。绝大多数村民对于"土地问题没有明确的立场",他们仍试图依靠诉诸法庭收回被侵占的土地。即使那些在革命期间拿起武器的村民,也没有使用武力反对当地大庄园主。直到20世纪20年代初,在普里莫·塔皮亚(Primo Tapia)的领导下,纳兰哈才成立了一个农民组织,要求分配土地,建立村社。③一些革命军队的老兵积极地支持塔皮亚领导的农民运动,但是,塔皮亚在申请土地过程中,得不到村民广泛和自发的支持。为了让农民在土地申请书上签名,他不得不借口说,这是一份要求向纳兰哈村派出一名牧师的申请。④

农民之所以对土地改革立场消极,原因很复杂,各地差别很大。在有的地区,例如在瓦哈卡州,与莫雷洛斯州不同,这里的印第安人土地在迪亚斯时期并未受到侵犯。⑤在其他地区,特别是在天主教传统浓厚

---

① Hans Werner Tobler, "Peasants and the Shaping of the Revolutionary State, 1910–40," p. 509.

② 莱斯利·贝瑟尔主编:《剑桥拉丁美洲史》,第五卷,第 48 页。

③ 普里莫·塔皮亚是纳兰哈村的印第安人村民。他先是在一个教会的修道院接受教育,后来移居美国。1907—1921 年间,他在美国与弗洛雷斯·马贡兄弟和世界产业工人联合会(IWW)建立联系,接受了无政府工团主义思想。参看莱斯利·贝瑟尔主编:《剑桥拉丁美洲史》,第六卷(下),第 405—406 页。

④ Hans Werner Tobler, "Peasants and the Shaping of the Revolutionary State, 1910–40," p. 510.

⑤ Ronald Waterbury, "Non-revolutionary Peasants: Oaxaca Compared to Morelos in the Mexican Revolution," *Comparative Studies in Society and History*, 17, 1975, pp. 410–422.

的地区，农民的保守主义十分明显，很多农民拒绝接受政府授予的土地。例如，在米却肯州的帕特斯夸罗（Pátzcuaro），印第安人不接受州长弗朗西斯科·穆西加（Francisco Múgica）授予的土地。保罗·弗雷德里希也注意到："自相矛盾的是，纳兰哈村的绝大多数村民都不积极参与土地申请：建立村社是为了他们的利益，但他们不想要。"① 这是因为，一方面，神父在一些情况下激烈反对土地分配，对虔诚的农民产生了影响。这些神父宣称，凡是接受了村社小块土地的人都犯下了不可饶恕的罪行。另一方面，也与农民自身的财产观念以及他们所信奉的关于获得财产的正当手段的观念有关。对这些比较保守的农民来说，"谁都梦想拥有土地，但不是不择手段。路易斯·冈萨雷斯曾经说过，只有两种成为地主的正当途径：购买或继承。20世纪20年代成千上万个农民离乡背井跑到美国，为了有朝一日在老家买到一小块土地，辛辛苦苦地工作，每赚10美元就要把8美元储存起来"。尽管如此，他们对于政府授予的土地却不愿接受，因为他们对政府不信任，"送礼往往要使受礼者让步，当一个传统上不受信任的政府提供馈赠的时候，就难以接受了"②。

小农场主对土地改革的态度也值得注意。在墨西哥中西部的哈里斯科、米却肯以及邻近地区，小农场最为集中，占主导地位。革命期间，多支革命武装经过该地区，但并未动员起民众。但是，1926年，哈里斯科和米却肯的小农场主却发动了一场反对政府的大规模暴动，即著名的基督教徒暴动。对于基督教徒暴动，西方学术界进行了深入的研究，但主要从政府的反宗教措施来分析其发生的根源。其实，这场叛乱有着更深刻的社会经济根源，与小农场主的社会经济地位直接相关。

墨西哥中西部的小农场主并不富裕，生活也不安逸。他们在偏僻

---

① Hans Werner Tobler, "Peasants and the Shaping of the Revolutionary State, 1910–40," p. 511.

② 莱斯利·贝瑟尔主编：《剑桥拉丁美洲史》，第五卷，第200页。

的高地占据小块贫瘠的土地,生产的农产品用以维持家庭生计,少量剩余产品拿到市场上出售。但是,与中部和南部地区的农民不同,他们拥有更多的西班牙血统和文化特色,并且更重要的,他们信奉私有财产制度。此外,这些小农场主宗教意识浓厚,对牧师和教会非常忠诚。对于中西部的小农场主而言,社会生活是围绕着教会、家庭和私有财产运转的,这与中部和南部地区印第安农民的社会组织和土地共同占有的方式有着显著的差别。由于占有的土地十分贫瘠,面积狭小,到19世纪末和20世纪初,随着人口的增长,哈里斯科和米却肯的小农场被不断地分割,很多小农场主家庭拥有的土地越来越少,并且出现了很多无地的人口,依靠在其他小农场主的土地上通过分成制或做季节工维持生存。到20世纪20年代,绝大多数家庭都依赖于少数仍然拥有土地的小农场主,过着极不稳定的生活。但是,这些小农场主并不是富裕的地主,他们住在小城镇里或者自己的土地上,往往与依附于他们的分成农或季节工并肩劳作。小农场主和分成农通常是同族近亲或远亲,并有着很密切的私人关系。分成农和季节工由失去土地的小农场主演变而来,他们将还拥有土地的小农场主看作自己的庇护人,而非压迫者。他们之所以失去土地,是由于人口的增长,而非其他小农场主的土地兼并。因此,分成农和季节工虽然生活不稳定,但是他们的不满并不针对仍拥有土地的小农场主。这就是1910年革命的爆发在中西部的小农场主中间没有引起强烈反响的原因。[1]

但是,20世纪20年代,这些贫困的小农场主的怨恨找到了发泄的对象。如上所述,对于奥夫雷贡和卡列斯来说,土地改革并非一种社会理想,而是一种用以平息农村社会不满和惩治政治对手的手段。在这种

---

[1] John Tutino, *De la insurrección a la revolución en México, Las bases sociales de la violencia agraria, 1750–1940*, pp. 290–291.

形势下，中西部的小农场主成为土地改革的潜在对象。对于政府而言，征收小农场主的土地，可以在不触动大地产主的前提下推行有限的土地改革。即使小农场主的土地没有成为征收的对象，政府的土地分配也是对小农场主私有财产理念的直接冲击。政府的反宗教措施成为暴乱的导火线。1924年，卡列斯就任总统后，采取措施剥夺教会在教育和国家精神生活中的地位，致使政府和主教之间的矛盾激化。1926年，主教们关闭所有教堂，在全国停止做礼拜。对中西部宗教意识浓厚的小农场主和分成农来说，革命政府是在试图摧毁他们的宗教信仰和土地权利。于是，1927年，一场以小农场主为主体的基督教徒暴动爆发了。虽然宗教领袖是引起这场暴动的主角，但他们并没有卷入暴动；很多大地主很高兴地看到小农场主为土地私有权而战，但他们也没有卷入。因此，基督教徒暴动是一场以小农场主以及从属于他们的分成农、季节工为主体的抗议运动。他们的目标是保护自己的土地和宗教信仰。1929年，政府和教会达成妥协，恢复教会的地位，这场运动才平息下去。[①] 基督教徒暴动对于土地改革产生了不利的影响。让·梅耶写道：

> 在1926至1929年期间，当政府与教会发生战争的时候，肯定就无法接受政府赠地。在这些恐怖的年代里，基督派分子经常使平均地权主义者（至少得到了小块土地的那些人）用鲜血付出高昂的代价，因为他们同政府有联系。[②]

总之，1920—1934年的"国家重建时期"，为了维持农村地区的社会秩序，为了争取农民的支持以应对多起反政府的叛乱，为了加强中央政府的权力，墨西哥政府进行了一定程度的土地改革。但是，由于领导

---

① John Tutino, *De la insurrección a la revolución en México, Las bases sociales de la violencia agraria, 1750–1940*, pp. 292–293.

② 莱斯利·贝瑟尔主编：《剑桥拉丁美洲史》，第五卷，第200页。

人的国家发展理念,由于对土地改革的政治性操纵,由于农村地区复杂的社会阶级关系和农民的传统观念等因素,土地改革的步伐在"索诺拉王朝"后期逐渐减缓,总体效果并不明显。根据 1930 年的统计,在全部统计的 324 805 000 公顷土地中,93% 仍归私人所有,属于村社的只占 7%。私人拥有和村社拥有的土地之间的比例在各地区之间的差异明显地反映出政治意图对土地改革的影响。只有在萨帕塔起义的核心莫雷洛斯州,村社土地占 59%。在萨帕塔起义的影响比较明显的联邦特区、墨西哥州、普埃布拉州,村社土地分别占 25.4%、21.8% 和 18.4%。在拥有土地改革和社会主义传统的尤卡坦州,村社土地占 30%。相比之下,在韦拉克鲁斯和米却肯,虽然存在激进的土地改革运动,但只有 7% 的可耕种土地为村社所有。在土地改革力度最小的地区,如在下加利福尼亚和金塔纳罗,村社土地不到 1%;在科阿韦拉、新莱昂、瓦哈卡、塔瓦斯科,村社土地不到 2%;在恰帕斯和塔毛利帕斯,村社土地不到 3%。1934 年,拉萨罗·卡德纳斯为竞选总统在全国各地旅行期间,发现墨西哥农村依然由大地产所主宰。[①] 卡德纳斯就任总统后,将推进土地改革作为首要的政策。在卡德纳斯任内,墨西哥的土地制度才发生了一场根本性的改变。

---

① Héctor Aguilar and Lorenza Meyer, *A la sombra de la Revolución Mexicana*, p. 138.

第六章
民粹主义的高潮
——卡德纳斯政府的土地改革

20世纪30年代后,在世界性经济危机的影响下,拉美地区寡头制的、出口导向的政治和经济体制陷入危机,以推动内向型的工业化、国家福利和民众动员为特征的民粹主义运动勃然兴起。以墨西哥的卡德纳斯、阿根廷的庇隆、巴西的瓦加斯为代表的民粹主义运动构成了拉美历史上激动人心的一章。值得注意的是,在阿根廷、巴西等国,民粹主义运动主要集中在城市,是城市劳工的政治动员;而在墨西哥,除了城市劳工之外,农村和农民也被卷入了民粹主义的动员洪流,而土地改革则是动员农民参与政治的主要手段。本章将通过对卡德纳斯执政时期(1934—1940)墨西哥土地改革的考察,来探讨卡德纳斯主义在拉美民粹主义运动中的特色和在墨西哥现代化进程中的地位。

对于卡德纳斯主义的评价,学术界向来存在着严重的分歧。根据传统的墨西哥官方史学观点,卡德纳斯主义是墨西哥革命的延续,具有民主的、平民的、革命的特征。但是,尽管卡德纳斯在执政期间推行了激进的改革措施,1940年选举中,政府却未得到大多数墨西哥民众的支持，反卡德纳斯主义的力量迫使此后政府的政策向保守的方向转变。20世纪四五十年代后，特别是在1968年特拉特洛尔科事件后，随着墨西哥经济增长和政治稳定"奇迹"的终结，修正派史学诞生了。修正派史学认为，墨西哥的威权主义政治起源于卡德纳斯政府，他所建立的职团主义"利维坦"（leviathan）碾碎了墨西哥民众要求民主与变革的愿望。对修正派而言，卡德纳斯主义绝非革命性的，而是资本主义的，甚至是颠覆性的，因为它将劳工阶级动员起来，并操纵其政治支持者服务于顽固的政治体制。[①] 例如，有的修正派学者将卡德纳斯政府"制度化的革命"看作资本主义发展和资本积累的引擎，认为至少在1910—1915年的人民运动失败之后，此后历届政府都代表了资产阶级的利益，卡德纳斯政府也不例外。卡德纳斯政府的政策是"同化"（co-opt）民众运动，使民众从属于国家，为了资本的利益深化国内市场。有的学者强调从迪亚斯时期到革命后的国家建设的延续性过程，认为卡德纳斯政府实际上延续了卡列斯、奥夫雷贡甚至迪亚斯的目标和任务——自上而下的集权化、文化上的强加、国家政权的强化等，并且是成功的。[②] 但是，也有历史学者反对修正学派的观点，他们强调卡德纳斯主义的独特性，强调其激进的内涵，认为卡德纳斯执政时期是墨西哥历史上的一次断裂，而非延续。例如，有的学者认为，

---

① John W. Sherman, "Reassessing Cardenism: The Mexican Right and the Failure of a Revolutionary Regime, 1934–1940," *The Americas*, Vol. 54, No. 3, 1998, pp. 375–376. 传统官方史学的观点，参看：William Cameron Townsend, *Lázaro Cárdenas, Mexican Democrat*, Ann Arbor: George Wahr Publishing Co., 1952. 修正派史学的观点，参看：Octavio Ianni, *El estado capitalista en la época de Cárdenas*, México: Ediciones Era, 1977; Arturo Anguiano, *El estado y la política obrera del cardenismo*, México: Ediciones Era, 1984. 关于墨西哥革命史学思潮的演变，参看：董经胜：《墨西哥革命：从官方史学到修正派史学》。

② Alan Knight, "Cardenismo: Juggernaut or Jalopy?", *Journal of Latin American Studies*, Vol. 26, No. 1, 1994, pp. 75–76.

1910—1917年的人民革命因比利亚和萨帕塔的失败和"小资产阶级的波拿巴体制"（指"索诺拉王朝"政权）的建立而被"中断"了，而卡德纳斯政府的建立成为"真正的第二波激进浪潮"。①

通过对卡德纳斯执政期间的土地改革进行研究，我们至少从一个侧面可以看出，就其动机和目标而言，卡德纳斯主义的确是一场激进的社会改革运动，"从意识形态、人员和阶级阵线方面来看，卡德纳斯主义确实可以追溯到1910年革命"②。但是，由于各种敌对力量的抵制，也由于改革缺乏精密的规划和设计，卡德纳斯的土地改革在很多情况下并未达到预设的目标，有时被原来的土地所有者阶层所利用。在执政的最后两年，卡德纳斯政府土地改革的速度放慢了。1940年后，"卡德纳斯主义所设想的由繁荣的集体村社构成的墨西哥乡村被政府偏向工业化的新政策所取代。……在国家的农业中，集体村社越来越无足轻重，……私人农田开始集中在少数地主和农业公司手中"。正如墨西哥历史学家丹尼尔·科西奥·比列加斯和美国历史学家弗兰克·坦南鲍姆所言，墨西哥革命走向了"死亡"。③

一、20世纪30年代的农村形势和执政党内部改革派的兴起

"索诺拉王朝"时期，墨西哥政府虽然进行了一定程度的土地改革，但到20世纪30年代初，千百万农民依然没有土地。少数农民或通过联

---

① 持此观点的著作，参看 Adolfo Gilly, *La revolución interrumpida*, Mexico: Ediciones Era, 1971.
② 莱斯利·贝瑟尔主编：《剑桥拉丁美洲史》，第七卷，第8页。
③ 迈克尔·C.迈耶、威廉·H.毕兹利编：《墨西哥史》，下册，复旦人译，中国出版集团·东方出版中心2012年版，第596—598页。笔者对译文做了少许改动。

邦政府和州政府的土地改革，或通过收回村庄被占土地，得到了小块土地；在革命期间被农民武装占领的地区（主要是在萨帕塔控制的地区），农民通过分割大庄园得到了部分土地。但是，到1930年，在墨西哥大约510万的劳动力中，农民和农业工人占360万，其中约70%的人没有土地。① 农村地区的剥削模式并未发生根本性的变化，尽管某些最严酷的虐待形式被废止了。约90%的土地仍在私人手中。20世纪30年代初，1.2万家大地产主控制着农村地区五分之四的地产。在传统的大庄园占优势的墨西哥中部和西部各州，农民依然被债务劳役制度束缚在庄园上。在一些地区，如在韦拉克鲁斯州、伊达尔戈州、米却肯州、塔毛利帕斯州，在一些激进的州长的支持下，农村动员和组织得到了一定的发展。但是，这些农民运动被视为对国家权力集中和卡列斯政府权力的威胁，都被摧毁或严重削弱了。②

1929年资本主义世界经济危机的爆发，给墨西哥经济带来了严重的影响。1929—1932年，墨西哥国内生产总值下降16%。外贸总量下降约2/3，进口总额下降一半，失业人数增加。30多万墨西哥移民从美国被遣返，致使墨西哥国内失业情况更加严重。③

大危机是导致了民众政治动员水平的提高，还是导致了民众的非动员化？以及与之相关，1933年前后执政党内的激进化倾向是工人和农民动员的结果，还是党内自上而下的变化？这些都是存在争议的问题。有的学者认为，这是一个"频繁而分散的动员"时期，表现为罢工、占地和反饥饿游行，以及农民的暴动，包括韦拉克鲁斯州发生的因政府试图解

---

① Nora Hamilton, *The Limits of State Autonomy: Post-Revolutionary Mexico*, p. 109.
② 关于20世纪二三十年代各地的农民运动，参见莱斯利·贝瑟尔主编：《剑桥拉丁美洲史》，第六卷（下），第400—414页。
③ 参见莱斯利·贝瑟尔主编：《剑桥拉丁美洲史》，第七卷，第9页。

散集体村社而导致的由 1.5 万名农民举行的起义。① 但是,也有学者认为,大危机仅仅影响到少部分墨西哥劳动人口。仅就农业而言,绝大多数农民——小土地所有者和大地产内的农业工人——或者从事于生计性的农业,或者生产面向国内市场的农产品,受出口下降的影响不大。韦拉克鲁斯州的农民起义仅仅是对政府试图解除农民联盟武装的反抗。②

但不管怎样,在大危机的影响下,政府和执政党内部出现了一批新的力量,他们在官方的圈子内部成为农民不满的代言人。这些人中包括米却肯州州长拉萨罗·卡德纳斯、韦拉克鲁斯州州长阿达尔韦托·特赫达、塔毛利帕斯州州长埃米里奥·波塔斯·希尔、圣路易斯波托西州州长萨图尼诺·塞迪略,他们或者出于机会主义,或者出于信念,都试图通过农民动员和土地分配,建立一个新的权力基础。属于这一集团的还有吉尔贝托·法比拉(Gilberto Fabila)、格拉西亚诺·桑切斯(Graciano Sánchez)等国会议员。他们认为,解决农村问题的出路在于分割大庄园、建立村社,因而他们致力于废除阻碍土地改革的立法。此外,国家农业部门的一些官僚也支持土地改革,如马尔特·R. 戈麦斯(Marte R. Gómez),他曾在塔毛利帕斯州与埃米里奥·波塔斯·希尔州长合作开展土地改革,后来成为希尔过渡政府的农业部长。

执政党和政府内部这股新兴力量与以卡列斯和农业部长曼努埃尔·佩雷斯·特雷比尼奥(Manuel Pérez Treviño)为首的"老骨干"之间发生了冲突。对于卡列斯及其支持者来说,大危机带来的影响绝非否定基于私人企业、出口、外国投资、严格控制劳工以及国家一般"不采取主动"的现存资本主义发展模式。但这个模式应该完善,首先应该限制诸如村社农业这些异常现象。他们认为,解决墨西哥农业问题的出路

---

① 莱斯利·贝瑟尔主编:《剑桥拉丁美洲史》,第七卷,第 9 页;Nora Hamilton, *The Limits of State Autonomy: Post-Revolutionary Mexico*, pp. 115–116.

② Nora Hamilton, *The Limits of State Autonomy: Post-Revolutionary Mexico*, pp. 115–116.

在于结束因土地改革带来的不稳定状态，在现代化的基础上增加生产，促进商品性农业的发展。1930年，卡列斯宣布土改失败，村社鼓励懒惰；未来的出路在于搞资本主义私人农业。① 曼努埃尔·佩雷斯·特雷比尼奥也赞扬地产主是"墨西哥生产的一个因素"，并宣布有必要保护"诚实的大庄园主"。这种主张反映了北部，特别是索诺拉州商品性地产主，其中包括索诺拉王朝许多成员的立场，他们得到了政府的大力支持。1931年10月，在地产主的煽动下，政府颁布法令，保护生产战略性作物（如蔗糖、龙舌兰、咖啡）的地产免予征收。② 与此相对立，新兴的政治力量则反对20世纪20年代反教权、经济上自由、社会方面保守的思想，主张实行激进的社会经济变革。"他们参与从世界主义、自由放任主义向民族主义、管制主义的全球性转变。如果他们像卡列斯一样仿效外国模式的话，那么，对他们影响大的就是美国新政或苏联的计划经济……"③ 一些进步的州长抵制联邦政府结束土地改革的政策，并取得了一定的成功。1931年，几个进步的州长，其中包括在米却肯州州长卡德纳斯、韦拉克鲁斯州州长特赫达，组成了一个非正式的集团，在执政党和国会中吸引了左派力量的加入。联邦政府的反应是，任命忠于卡列斯的人担任这些州的州长，并解除这些州的农民武装。支持土地改革的集团内部也存在分歧：激进派以乌苏洛·加尔万（Ursulo Galván）为代表，在他的领导下，韦拉克鲁斯州成立了全国最激进的农民组织土地改革公社联盟（LCAFV）④；温和派以卡德纳斯为代表，正是担任国防部长的卡

---

① 莱斯利·贝瑟尔主编：《剑桥拉丁美洲史》，第七卷，第10页。

② Ramona Falcón, "El surgimiento del agrarismo cardenista: Una revisión de las tesis populistas," *Historia Mexicana*, XXVII, 3, 1978, p. 358.

③ 莱斯利·贝瑟尔主编：《剑桥拉丁美洲史》，第七卷，第10页。

④ 莱斯利·贝瑟尔主编：《剑桥拉丁美洲史》，第六卷（下），第409页。

德纳斯下令解散了韦拉克鲁斯州农民的武装①。1931年6月,在进步力量的压力下,国会否决了保守派提出的在三个月时间内"解决"土地问题的建议;这年年底,进步力量又成功地废除了保护地产主土地免于征收的法律(amparo)。1932年3月,进步力量开始建议提名拉萨罗·卡德纳斯为1934年总统选举的候选人。1932年年底,这一提名得到了进步集团内部绝大多数人的支持。1933年春,依托圣路易斯波托西州、米却肯州、奇瓦瓦州、特拉斯卡拉州和其他州的农会,"墨西哥农民联合会"(CCM)成立,提名卡德纳斯为总统候选人。②1933年12月,在克雷塔罗举行的国民革命党提名大会上,卡德纳斯被提名成为定局,进步力量和卡列斯集团之间的冲突围绕《六年计划》展开。卡列斯提出的温和方案受到了激烈的批评,并被修改。会议最终通过的《六年计划》,"体现了一代新兴的专家治国论者、政治家们和知识分子所要求的新哲学成分。《六年计划》含蓄地批评了来自索诺拉帮实行的模式,它强调国家实行干预政策的作用以及由墨西哥人开发墨西哥资源的必要性;它向劳工承诺最低工资以及集体谈判的权利;它强调土地问题至关重要,必须大力解决,包括分割大地产"③。这项计划的重要性在于,卡德纳斯以此作为其竞选的平台,将该计划的若干支持者纳入他的内阁,并在执政期间将该计划切实地付诸实施。④

1934年1月,阿韦拉多·罗德里格斯政府颁布法令,将国家农业委员会改组为独立的农业部,直接对总统负责。3月,新的《土地法典》获得通过,将有关土地问题的立法合并到一起,简化了土地分配的程序,

---

① Ramona Falcón, "El surgimiento del agrarismo cardenista: Una revisión de las tesis populistas," p. 377.
② 迈克尔·C.迈耶、威廉·H.毕兹利编:《墨西哥史》,下册,第586页。
③ 莱斯利·贝瑟尔主编:《剑桥拉丁美洲史》,第七卷,第11页。
④ Nora Hamilton, *The Limits of State Autonomy: Post-Revolutionary Mexico*, p. 121.

庄园雇工首次获得了分配土地的权利,生产出口作物的地产也被纳入了土地改革的范围。因此,当卡德纳斯就任总统时,土地改革的体制性框架已经基本完备了。

二、卡德纳斯政府的土地改革

拉萨罗·卡德纳斯(1895—1970)出生于米却肯州一个小镇的中产阶级梅斯蒂索家庭,小学毕业后当过工匠、游泳池管理员,1910—1911年在一家支持马德罗的报社担任编辑。他18岁时加入萨帕塔的军队,后来先后转入奥夫雷贡、比利亚一方,最后追随卡列斯。直到20世纪20年代后期,他一直是卡列斯的忠诚拥护者。1928—1932年,他担任米却肯州的州长,在此期间支持教育改革、支持工人和农民组织、支持土地改革的举动反映了他的进步思想。1930—1933年,他任国民革命党主席。1933年,他任国防部长,成为政府的第二号人物。他尽管思想比较激进,但是同卡列斯的核心圈子维持着紧密的关系,因此,1933年,卡列斯支持卡德纳斯为总统候选人。卡德纳斯虽然毫无疑问将当选总统,但还是开展了声势浩大的竞选活动。他行程26 500千米,走遍了全国各地,向工人和农民耐心地宣传他的执政纲领:加强村社、建设现代学校、发展工人组织等。他经常在城镇广场上一坐几个小时,倾听专程前来向他诉说的农民和工人的呼声。即使在选举结束之后,卡德纳斯仍然继续在全国各地旅行,接见农民和工人。到1934年12月就任总统时,卡德纳斯已具备了广泛的政治基础。

在内阁成员的组成和国民革命党主席的人选上,卡德纳斯接受了卡列斯的建议。因此,卡列斯以为,卡德纳斯和前三任傀儡一样,将继续处于他的控制之下。但是,1935年,卡列斯在洛杉矶治病期间,卡德纳斯宣布了激进的土地和劳工改革计划。同年5月,卡列斯回到墨西哥,指责卡德纳斯的计划是"激进主义的马拉松"①。但是,卡德纳斯可以依靠一些将军、半数政治家、绝大多数下级军官和士兵以及刚刚成立的农民武装和工人组织的支持。意识到已被击败的卡列斯返回洛杉矶。1935年12月,他又回到墨西哥。1936年4月,卡列斯被指控储藏武器,被迫向政府自首并作为政治流亡者离开墨西哥长达十年之久。随着卡列斯的离开,卡德纳斯对内阁、议会、国民革命党进行了彻底改组,卡列斯时代终于结束了。

卡德纳斯时代的到来,标志着墨西哥国家领导权从北部边境的"索诺拉帮"手中转到那些来自墨西哥中部的人手中。双方对墨西哥革命有着不同的理解。对于北部的索诺拉集团来说,墨西哥革命的目标是调和阶级利益,平衡农民和地主、村社和庄园、工人和雇主的权利与利益。"土地问题"更多涉及农业(与生产率有关)而不是耕地(与土地占有和平等有关)。他们的目标是实现农业现代化并提高生产力,并以这种方式改善农民和庄园工人的生活。而在往往被称为"旧墨西哥"的中部地区,农民和印第安人居住在那里的高原和山谷中,经常处在庄园的控制之下,或与庄园冲突不断。"在这里,墨西哥革命的手段和目标更为激进:村社的福祉要求缩小庄园体系,许多人甚至主张将之摧毁。因此,土地改革对革命事业至关重要,集体村社被视为农业和乡村社会的未来。"② 来自中部地区的领导人"对农民的利益更加同情,并且坚信需要采取激进措施"。因此,面对20世纪30年代大危机带来的压力,其他拉美国家如阿根廷、巴西的民粹主义政权诉诸政治改革,对工人阶级进行动员以及实行经济国有化;墨西哥政府的做法却是在采取上述措施的同时,又开展了大规模的土地改革。③ 这是卡德纳斯相较同时代的民粹主义者的独

---

① Héctor Aguilar and Lorenza Meyer, *A la sombra de la Revolución Mexicana*, p. 152.
② 迈克尔·C.迈耶、威廉·H.毕兹利编:《墨西哥史》,下册,第582页。
③ 莱斯利·贝瑟尔主编:《剑桥拉丁美洲史》,第七卷,第21页。

特之处。

然而，土地改革并非完全是自上而下的政府举动，也是对民众要求和动员的呼应。拉古纳地区的土地改革最为典型。

拉古纳地区位于墨西哥中北部的科阿韦拉州和杜兰戈州交界地带，以灌溉农业生产棉花，满足国内纺织工业的绝大部分需求。直到1936年，该地区的土地占有结构都没有发生太大变化。1915年《土地法》颁布之后的二十年时间内，该地区仅仅建立了11个小村社。1930年，这11个村社共有2 318名成员，拥有大约5 000公顷可灌溉土地。除了一个村社外，其他村社都位于该地区的边缘地带，灌溉水源极不可靠。直到1922年，除非特殊情况，庄园雇工是无权申请土地、建立村社的，居住在规模大到具备"城镇"（villa）政治地位的居民点的人也无权申请土地、建立村社。因此绝大多数农村人口与土地改革无缘。[1]到卡德纳斯上台时，拉古纳地区70%的土地被外国人占有，其中40%属于两家英国公司，但是，绝大多数土地承租给本国的庄园主。由于灌溉水源不稳定，加之依附于外国信贷，这些"依附性的庄园主"扩大土地占有量，最终将以前划给农民的土地也据为己有。这种情况在墨西哥其他地区也存在。例如，在尤卡坦州，龙舌兰庄园属于本国人，但通常负债于提供贷款和市场的外国公司。与其他商业性的庄园一样，拉古纳的庄园是以资本主义企业的方式管理的，使用现代化的技术，但是庄园主和农业工人之间的关系却是半封建性的，乡警和官僚支持庄园主，对劳工动员进行镇压。在庄园上劳动的大约有15 000—16 000名庄园雇工；此外还有10 000名短工，他们居住在附近村庄，在收获季节到庄园劳动；在1936年，还有大约5 000名来自国内其他地区的移民劳工。[2]

---

[1] Raymond Wilkie, *San Miguel: A Mexican Collective Ejido*, Stanford: Stanford University Press, 1971, pp. 17–18.

[2] Nora Hamilton, *The Limits of State Autonomy: Post-Revolutionary Mexico*, p. 163.

1915年前，农业工人和庄园主之间的冲突主要体现在工人零星的占地行动，但一般都被严厉镇压。1915年1月《土地改革法》通过，特别是1917年《宪法》通过后，拉古纳地区以及科阿韦拉和杜兰戈两州其他若干地区的农民试图组织起来，建立工会或者农会，通过合法渠道向政府申请土地，或者根据《宪法》第123条要求改善劳动条件。但是，1930年前，这些努力都不成功。在地方政府的支持下，地主对工人和农民的要求严加压制；联邦和州政府的官员也采用各种拖延、同化手段，收买个别劳工，以维持基本的土地占有制度不变。例如，试图组织和申请土地的农民的土地和村庄被地主放水淹没，敢于参加工会的农民房屋被拆或被解雇。地主还在首都墨西哥城常设专门机构——拉古纳地区农业委员会（Cámara Agrícola de la Región Lagunera），拥有充足的资金，专门对付前来首都向联邦政府申诉的农民代表。卡列斯政府时期，联邦政府通常站在地主一边。农业部长路易斯·莱昂（Luis León）总是把前来申诉的农民代表拒之门外，作为回报，他本人在奇瓦瓦州获得了一座名为特伦纳特斯（Terrenates）的庄园。

20世纪30年代初，由于世界性的经济危机的影响，棉花价格下跌，拉古纳地区的经济形势恶化。为应对危机，地主使农业生产进一步机械化，削减劳工。于是，劳工组织工会和申请土地的运动再次高涨。当共产党人迪奥尼西奥·恩西纳（Dionisio Encina）率先组织庄园雇工时，"地主们以他们惯常的暴力行动做出了反应，破坏工会的罢工。但他们也想搞个谨慎的装门面的改革"[①]。地主表示，如果墨西哥总统宣布该地区的

[①] 莱斯利·贝瑟尔主编：《剑桥拉丁美洲史》，第七卷，第23页。迪奥尼西奥·恩西纳，20世纪30年代墨西哥共产党活跃成员，1936年总罢工的领导者之一，1940—1960年任墨西哥共产党总书记。关于共产党在拉古纳地区农村动员中的作用，参看：Barry Carr, "The Mexican Communist Party and Agrarian Mobilization in Laguna, 1920–1940: A Worker-Peasant Alliance?", *Hispanic American Historical Review*, Vol. 67, No.3, 1987, pp. 371–404。

土地改革已经完成,并发给他们书面材料,保证他们的土地将不会被征收,那么他们愿意出资购买土地,建立村社。1930 年,这一提议获得农业部的首肯,地主向 1 025 个家庭提供了 5 300 公顷的土地。但是,这并没有从根本上解决问题。一方面,这些土地质量很差,灌溉水源不足;另一方面,更重要的是,得到土地的劳工仅占该地区劳动力数量的 3%,得到土地的往往是那些工会组织者或"煽动者",其目的就是为了使这些人离开庄园。

卡德纳斯当选总统大大推动了该地区的劳工动员。选举之前,卡德纳斯来到该地区的拖雷翁市发表演讲,宣布支持工会,鼓励农业工人组织起来要求宪法赋予他们的权利。接着,1935 年,该地区的农业工人举行了 104 次罢工。第一次罢工发生在马尼拉庄园(Hacienda Manila),农业工人们要求签订集体合同、每日工资 1.5 比索、八小时工作日,并要求在棉花称重时有权提名一名检查员。其他庄园的罢工也提出了类似的要求。庄园主以大量解雇工会组织者进行回击。1936 年 5 月,为抗议工会组织者被解雇,城市工会和农村工会联合起来,举行了总罢工,并要求联邦政府派出调查委员会,研究当地局势。当委员会做出了有利于工人的建议时,雇主拒绝接受。于是,8 月 18 日又爆发了一场总罢工,有 104 个庄园的劳工参加,要求该地区的 2.8 万名农业工人签订单一的集体合同。科阿韦拉州和杜兰戈州的劳工部宣布罢工非法,并派出军队保护从其他地区召集来的 1 万名罢工破坏者。[①]

9 月,联邦政府颁布法律,允许为了公共利益对任何财产予以征收,这意味着商品性的出口农业地产也成为土改对象,而此前在法律上这类地产是免予征收的。于是,当拉古纳地区的工会代表在墨西哥工人联合会(CTM)全国委员会成员的陪同下来到首都与卡德纳斯总统会谈时,

---

① Raymond Wilkie, *San Miguel: A Mexican Collective Ejido*, pp. 18–19.

总统要求他们停止罢工，同时答应他们，在拉古纳地区实施新的土地改革法律。接着，在10月6日，卡德纳斯总统签署法令，主要内容如下：

（1）申请授予土地、建立村社需要有20人以上联合提出。

（2）授予村社的土地数量为每名社员4公顷，如果授予的土地灌溉水源不足或者土地贫瘠，数量可稍多。

（3）授予的土地必须位于申请者居住地的7千米范围之内。

（4）申请授予土地者必须在该地区工作六个月以上。

（5）只有十六岁以上男子或已婚者，并且有能力在授予的土地上工作的人才有申请土地资格。

（6）每家私人地产可保留100公顷的土地，不予征收；如果无人申请，地产主可保留最多150公顷土地。

（7）地产主有权决定他要保留的土地的位置。

（8）在征收之后所余的超过150公顷的土地必须以不超过每份150公顷的单位出售。

（9）地产主将会因帮助建立村社而失去的土地得到补偿。

（10）地产主的土地损失将以政府债券的形式得到偿付，数额为评估价另加10%。

（11）村社银行将向村社提供信贷，农业银行将向私人地产主提供信贷。[①]

根据这一法令，拉古纳地区3/4的水浇地和1/4的旱地分给了约300个村社的3万名农民。[②] 此前历届政府都将商业性的地产置于土改的范围之外，而拉古纳地区的此次土地征收引起了地主和有产阶级的极大惊慌。地主和他们的支持者断言，土地改革将极大地降低生产的水平。为

---

① Raymond Wilkie, *San Miguel: A Mexican Collective Ejido*, pp. 19–20.
② 莱斯利·贝瑟尔主编：《剑桥拉丁美洲史》，第七卷，第23页。

此，卡德纳斯总统决心证明，产量将不会因所有权的转变而下降。他建议，新的村社土地将集体拥有和经营。建立集体村社，不仅为农民和农业工人实现社会公正，而且为提高经济效率提供一个样板。1936年10月6日，在向新的村社社员授予土地的演说中，卡德纳斯指出："今天的村社机构承担着双重责任：作为社会组织，它将把农业工人从此前遭受的剥削中解放出来，……作为农业生产机构，它将具有很大责任向国家提供食品供应。"[1] 土改受益者也遵守了政府的要求，以4∶1的投票率支持建立集体村社，而不是个人式的小块土地制。每一个集体将分享土地、机器和贷款，并由选举产生的村社委员会管理；收获的成果将根据每人投入的劳动比例来分配。村社银行提供贷款、技术咨询和总监督，村社本身提供一系列教育、医疗和娱乐服务。[2]

拉古纳地区的土地改革成为随后其他商品性大地产被征收的先例。

> 科罗拉多土地公司被征收，使村社个人和集体、小自耕农和移民受益；在索诺拉，亚基族和马约族的印第安人争取到了其部分土地得到偿还；在米却肯州，库西家族（进步的、具有社会意识的意大利企业家）的财产全部被交给了组成9个村社的约2 000名农民。长期实行种植园的南部也经历了不可阻挡的集体主义改革。……80%的龙舌兰种植园即刻分给了组成200多个村社的三四万名玛雅人契约工。这是"墨西哥自进行土地改革以来发生的最大事件"。尤卡坦州将与拉古纳一起成为集体村社的"橱窗"。[3]

建立集体村社并非卡德纳斯政府的首创。早在1922年，墨西哥国家农业委员会就签署了《第55号通告》(Circular 55)，建议为了提高机

---

[1] Nora Hamilton, *The Limits of State Autonomy: Post-Revolutionary Mexico*, p. 165.
[2] 莱斯利·贝瑟尔主编：《剑桥拉丁美洲史》，第七卷，第23—24页。
[3] 同上书，第26—27页。译文略有改动。

械化和技术效率，被征收的大地产应该完整地移交给村社，并以公共的形式耕种。《第55号通告》的渊源可追溯到墨西哥被征服前某些阿兹特克人村庄土地共有的传统，同时又受到苏联社会主义实践的影响，当然，根据一些学者的看法，这种启发是出于实用主义而非意识形态的。①《第55号通告》显然对此前的土地改革计划没有产生影响，政府依然致力于建立小地产，而将村社仅仅看作一种过渡形态。但是，这个时期出现的一些独立的农民组织也进行了集体村社的试验，特别是在韦拉克鲁斯州。20世纪20年代，在特赫达州长的支持以及共产党的帮助下，一些农民社团的成员访问了苏联，受苏联集体农庄（kolkhoz）的影响，产生了建立集体村社的设想。1926年11月，在韦拉克鲁斯农民社团的影响下，全国农民联盟成立，宣布集体村社将构成墨西哥进步发展的重要因素，土地和其他生产手段的社会化是终极目标。一些人将集体村社看作墨西哥农业的基础，甚至要求废除农村的私有财产。

卡德纳斯政府决定建立集体村社，显然是受到了这些意识形态的影响，同时又有将传统的大庄园和商品性的大庄园都纳入土地分配计划的实际考虑。集体村社，实际上是合作社生产形式，被看作是维持技术效率和生产水平的必需，与此同时又迎合了卡德纳斯政府内部支持集体生产形式的成员的意识形态取向。通过建立集体村社，卡德纳斯力图实现双重目标。一是将土地分配给耕种者的社会目标。卡德纳斯认为，村社不是走向资本主义道路的临时停靠站，也不是简单的政治缓解剂，而是振兴农村、把农民从剥削中解放出来的重要机构。二是维持经济规模的经济目标。集体村社的建立，使得在不影响生产规模的前提下大规模地没收资本主义大农场变得可能。②

---

① Eyler N. Simpson, *The Ejido: Mexico's Way Out*, p. 333, 402.

② Nora Hamilton, *The Limits of State Autonomy: Post-Revolutionary Mexico*, p. 168. 莱斯利·贝瑟尔主编:《剑桥拉丁美洲史》, 第七卷, 第21页。

在卡德纳斯执政时期，推行土地改革、特别是集体村社管理的核心机构是1937年成立的村社银行。村社银行除了向村社提供贷款外，还负责组织村社的产品销售，购买并返销种子、肥料、农业设备等，同时负责监管村社的运作，并在联邦和地方政府代表村社成员的利益。卡德纳斯政府如此设计、安排是出于这样的设想：与来自村庄并被授予小块土地的农民相比，村社社员，尤其是前庄园劳工，更加贫困、受教育程度更低、生产能力更差，因此他们面临着更严重的信贷问题，需要严密的监管和广泛的训练。此外，农民缺乏集体劳动的经验，也是需要村社进行监管的一个因素。① 到1936年8月，卡德纳斯政府已经超额完成了在"六年计划"期间向村社提供3 000万比索的目标。六年任期期间，政府向村社银行总共提供了1.4亿比索的贷款。相比之下，政府向农业银行（Banco Agrícola）仅提供了4 000万比索的贷款（农业银行的贷款面向私人地产）。这表明，政府优先支持村社而非私人地产主。这从村社银行和农业银行在1926—1940年期间发放的贷款数额中也可得到证明，参看下表：

1926—1940年贷款发放数额（单位：比索）

时间	农业银行	村社银行
1926	11 450 000	23 278 000
1937	19 440 000	82 880 000
1938	11 500 000	63 442 000
1939	6 261 000	61 117 000
1940	6 303 000	59 149 000

资料来源：Sergio Reyes Osorio, et al, *Estructura agrarian y desarrollo en México: estudio sobre las relaciones entre la tenencia y uso de la tierra y el desarrollo agrícola de México*, Mexico: Fondo de Cultura Económica, 1974, p. 836.

---

① Nora Hamilton, *The Limits of State Autonomy: Post-Revolutionary Mexico*, pp. 171–172.

在村社系统内，政府优先支持大规模的集体村社，以证明集体生产制度能够维持较高的生产水平。

村社的管理既有一定的民主因素，也有因村社银行的官僚化带来的家长制倾向。村社代表是在村社银行官员的监督下由村社社员大会民主选举产生的。但是，村社银行的官员还负责对村社的总体监管：村社选出的官员须经他们认可；银行派出的现场巡视员与村社委员会、工头须每周会面，商讨一周的工作安排；银行官员对村社的总体计划具有最后决定权。如果不遵守银行官员的决定，村社将面临失去贷款的危险。①

政府不仅通过村社银行，而且通过全国农民联盟（CNC）对村社进行控制。1938年，卡德纳斯改组了国民革命党，并将其命名为墨西哥革命党（PRM）。党建立在四个发挥功能性作用的团体上：农业（农民）部门、劳工部门、军人部门和"民众"部门。通过这种职团主义（corporatism）的政治策略，卡德纳斯政府动员和组织了工人和农民，但又不使二者结合起来，从而使各个团体在执政党内建立了不同的和相互冲突的部门。②为了动员民众运动，同时对民众运动进行有效的控制，卡德纳斯坚持，农民组织必须与工人组织分开，建立独立的农民组织。在战胜卡列斯集团之后，1935年7月10日，卡德纳斯签署法令，在各州成立农民联盟，这些地方农民联盟将成为建立全国性农民组织的基础。国民革命党而非墨西哥农民联合会负责该法令的实施。虽然墨西哥工人联合会也有意将农民组织整合其中，但遭到卡德纳斯的反对。1938年8月，全国农民联盟成立大会召开。来自全国各地的三百名代表参加，代表近300万农民和农业工人。全国农民联盟的成员资格向村社社员、农民工会组织的成员、农业合作社的成员、军事农业殖民地的成员和小土地所有者开放。

---

① Nora Hamilton, *The Limits of State Autonomy: Post-Revolutionary Mexico*, p.172.
② 托马斯·E.斯基德莫尔、彼得·H.史密斯：《现代拉丁美洲》，第282—283页。

此外还接受不属于上述类别、但由于经历和技能从农业中收益的人，如农业工程师。根据法规，墨西哥农民联合会被解散，全国农民联盟成为唯一代表农民的组织。格拉西亚诺·桑切斯被选为主席，莱昂·加西亚（León García）被选为副主席，后者同时也是墨西哥革命党农民部的主席。通过一种非直接的隶属关系，全国农民联盟的所有成员都成为墨西哥革命党的党员。因此，从一开始，全国农民联盟就成为墨西哥革命党中代表大多数农民的分支机构。但是，乌苏洛·加尔万（Ursulo Galván）不加入全国农民联盟，并试图在执政党外建立统一的农民组织。①卡德纳斯执政时期，全国农民联盟的建立，对于动员农民、推动土地改革起了积极的作用，但是，"由于将农民联盟附属于执政的革命党的官僚结构，拉萨罗·卡德纳斯播下了威权主义的种子。卡德纳斯卸任后，这种威权主义变得越来越明显：政府一直在利用各不相属的群众组织（全国农民联盟）和城市产业工人组织（墨西哥工人联合会），不是去反映他们的要求，而是去操纵甚至镇压他们"②。

三、土地改革的效果和局限性

卡德纳斯时期的土地改革，特别是从商品性的大庄园向集体村社的转变过程中，出现了许多意想不到的问题。在拉古纳地区，为了对土地进行灌溉以备种植下一季度的作物，土地分配极为仓促。此前养活2.5万人口的土地被分配给了40 208名劳工，其中不仅包括庄园长工和短工，还包括来自外地的移民工人，甚至还有当时在此的罢工破坏者，因此出现了严重的人口过剩。对灌溉用水量的过高估计（预计可为30万公顷土地提供足够的水源，而实际上水量只能满足10万公顷土地的需求）

---

① Héctor Aguilar and Lorenza Meyer, *A la sombra de la Revolución Mexicana*, pp. 169–170.
② 莱斯利·贝瑟尔主编：《剑桥拉丁美洲史》，第六卷（下），第429—430页。

导致了水源紧张和土地改革受益者之间的冲突。此外，根据法律，原土地所有者可保留150公顷的灌溉地，最好的土地和机械、管理基础设施仍在原土地所有者的控制下，而村社只得到了边缘的、贫瘠的土地。① 此后的土地改革中，这些问题得到了部分的纠正。在分配尤卡坦地区的龙舌兰种植园时，政府事先制订了详细的方案。改革中，农民不仅分得了土地，而且还得到了加工处理龙舌兰的机械设备，这就避免了在土地改革之后村社仍然受制于控制加工设备的庄园主。在新意大利（Nueva Italia）和兰巴蒂亚（Lambardia），原土地所有者不仅同意出售土地，而且还有牲畜、机械设备等。② 村社银行也与村社成员合作，应对新建立的集体村社所面临的一系列困难，并取得了一定的成功。在拉古纳地区，集体村社建立之初，地主和商人就预言它必将失败，声称"给他们两年的时间，他们就将跪着祈求重新为原来的雇主劳动"。但是，现实证明，集体村社是成功的。阿兰·奈特写道：

> 棉花产量（1940年村社生产70%，而1930年是1%）在土地改革后很快增长，三十年代后期一直稳产，二战期间一度下降，1941年后又增产。其他庄稼，如小麦增长更快。集体耕作因此证实，从物质上而言，它能够提供物品。集体耕作比个人耕种生产力确实低一些，但是后者拥有地主保留的更好的水浇地并享有更多的投资。这里如同墨西哥和拉丁美洲其他地方一样，土地改革的一个主要效果就是在私有生产部门激发更高效率的生产。同时，在村社银行的积极支持下，拉古纳农民的生活水平从绝对意义和相对意义上讲都提高了，至少在1939年前是这样。农村最低工资与1934—1935年全国平均工资相同，1939年提高了三分之一。消费方面以及识字率

---

① Nora Hamilton, *The Limits of State Autonomy: Post-Revolutionary Mexico*, p. 168.
② Ibid.

（报纸发行量因而有"巨大增加"）和医疗方面也有明显提高。关于这一点，持同情和持批评意见的观察家都一致承认。而且这种大量的改善还不是成绩的全部。随着文化和自我管理的掌握，农民显示出新技能、责任感和自尊。"以前，我们生活得像牲口，现在我们至少成了人，我们提高了生产，而且挣得更多了。"一名旅游者听农民这么说。物质提高伴随着人身安全：政治骚乱得到平息。在拉古纳，习惯上可以不用再带枪了。[①]

但是，这种成功是短暂的，而且取决于很多因素：在拉古纳地区，取决于对棉花的需求，取决于足够的灌溉用水；但最重要的是，在所有地区，都取决于来自政府的政治支持。1940年墨西哥新政府上台后，来自政府的支持减少了，集体村社面临的困难充分暴露了土地改革的缺陷。

卡德纳斯政府的土地改革引起了地主和其他有产阶级的强大敌对。20世纪30年代，传统的中部地区成为辛纳基运动的核心。这是一个军事的、宗教的、准政治的运动，辛纳基全国联盟动员了最落后、最贫困的农民，以一种狂热的、血腥的暴力反对申请土地的农民和土地改革受益者。为了回应地主的暴力袭击，1936年1月，政府颁布法令，成立农村预备队。到卡德纳斯执政结束时，农村预备队拥有6万名农民武装，组成70个军营和75个骑兵团。

地主集团在媒体上利用村社的生产下降和技术问题大做文章，攻击村社软弱无力，新的土地占有制度缺乏可行性。集体村社是主要的被攻击目标。地主集团还利用各种方式分化庄园雇工和村庄农民，宣称后者申请土地将对前者的工作机会带来威胁，尽管政府在土地改革中将二者一视同仁。此外，地主集团除了保留大量优良土地和土地上的基础设施外，还通常控制金融和商业公司，包括那些向村社销售产品的公司。地

[①] 莱斯利·贝瑟尔主编：《剑桥拉丁美洲史》，第七卷，第24—25页。

主集团对加工渠道（如榨糖厂）的控制也使他们对村社农民和小生产者具有一定的制约。也就是说，土地改革之后，地主对农民的剥削更多地取决于对信贷、市场和农业投入的所有权，而非土地的所有权。在这种复杂的形势下，如果没有中央政府的支持，集体村社社员的处境势必是岌岌可危的。

村社管理本身的缺陷也加剧了村社的困难。如上所述，村社银行是村社的主要监管机构，但在有些情况下，村社银行的官员本身也存在问题。在拉古纳地区，当地村社银行的官员包括前庄园的管家，他们同情以前的雇主，对村社集体生产和经营的可行性持怀疑态度。官僚化也强化了村社银行的威权结构。村社银行的官员认为，村社社员无力管理他们自己的事务，在一些情况下，村社社员采取的任何一项措施都必须得到村社银行的批准，由此导致了过分的拖延和麻烦。此外，在村社银行成立的早期，就出现了腐败现象。所有这些因素，都为后来集体村社的发展带来了严重的障碍。

卡德纳斯政府土地改革的局限性在普埃布拉州的阿腾辛格村社（Atencingo）的建立和演变过程中得到了充分的体现。

阿腾辛格位于墨西哥城以南、普埃布拉州的马塔莫洛斯谷地（Matamoros），气候温暖，土地肥沃，河流环绕，农业生产条件优越。19世纪，马塔莫洛斯谷地成为墨西哥最重要的蔗糖产地之一。为了获取更多的土地生产蔗糖，庄园主大肆吞并农民村社的土地。每家庄园都维持一支实际上处于奴隶状态的雇工队伍。1910年革命爆发时，马塔莫洛斯谷地的甘蔗庄园已发展为农—工联合企业，庄园主拥有财富、身份，并控制当地政权。同时，生活在周围村庄的贫困的、无地的农民与庄园主之间的矛盾已十分尖锐。① 革命期间,当地起义农民和萨帕塔革命武装(其中部分来自邻近的莫雷洛斯州)烧掉了榨糖厂,摧毁了庄园,赶走了庄园主。革命后,庄园主返回庄园,试图重建他们的农业企业,但是他们不仅受到萨帕塔主义者领导的农民的反抗,而且还受到美国前领事威廉·詹金斯(William Jenkins)的控制。1919 年,詹金斯在普埃布拉被两名萨帕塔将军绑架,由此酿成了一场国际危机。在美国付出大笔赎金后,他获得释放。这是詹金斯掘得的第一桶金,因为据说他策划了这起绑架事件,并与绑架者瓜分了赎金。1921 年,詹金斯收购了迪亚斯·鲁本(Díaz Rubín)家族位于阿腾辛格庄园的榨糖厂和土地,开始建立他的农—工企业帝国。迪亚斯·鲁本是 1916—1917 年立宪派军队平定该地区之后最早返回的庄园主之一。他试图重建榨糖厂,恢复甘蔗种植。但是,革命期间他的资产损失殆尽,他不得不以自己的土地等资产为抵押向詹金斯贷款。由于经营不善,面临财政危机的迪亚斯·鲁本的资产转入詹金斯之手。用同样的手段,詹金斯很快直接或间接地控制了马塔莫洛斯谷地几乎所有的甘蔗庄园和榨糖厂。詹金斯拥有的土地面积达 12.3 万公顷,成为普埃布拉州历史上最大的地产主。②

与此同时,20 世纪二三十年代,农民对土地改革的要求热情不断高涨,矛头直指马塔莫洛斯谷地的大庄园,最初是受到革命削弱的庄园主,后来则是詹金斯。在塞莱斯蒂诺·埃斯皮诺萨·弗洛雷斯(Celestino Espinosa Flores)和他的妻子多洛雷斯·坎坡斯(Dolores Campos)的领导下,周围村庄的无地农民动员和组织起来,要求政府授予土地建立村社。但是,直到 20 世纪 30 年代初,庄园雇工和榨糖厂的工人仍然没有加入要求土地改革的农民行列,因为如上所述,直到 20 世纪 30 年代中

---

① David Ronfeldt, *Atencingo: la política de la lucha agrarian en un ejido mexicano*, México: Fondo de Cultura Económica, 1975, pp. 19–20.

② Ibid., pp. 22–23.

期，根据法律，这部分人尚无资格申请授予土地建立村社。1923年年底，塞莱斯蒂诺·埃斯皮诺萨·弗洛雷斯率领大约三百名农民离开家乡，协助平息反对奥夫雷贡总统的德拉韦尔塔叛乱。由于镇压叛乱有功，他们的要求得到了联邦政府的支持。在罗德里格斯政府（1932—1934）期间，联邦政府颁布法令，征收詹金斯庄园的土地，分配给申请土地的农民，建立40个村社。这样，到20世纪30年代中期，詹金斯已丧失了115 068公顷土地，占其土地总量的90%。但是，詹金斯依然据有九个庄园的可灌溉甘蔗种植地，并同时拥有中心榨糖厂，他依然是普埃布拉州最重要的农—工联合企业，也是墨西哥生产率最高的蔗糖企业的主人。也就是说，被征收的仅为边缘的、得不到灌溉的土地，且仍有几千名农民没有土地。

与此同时，詹金斯还对他的主要劳动力，即庄园雇工和榨糖厂工人，维持着严密的控制。1934年，罗德里格斯总统颁布法令，授予庄园雇工和村社居民同样的权利，使前者也有权申请土地建立村社。但是，在阿腾辛格，这一法令在庄园雇工中间没有得到响应。1937年，形势发生变化。一方面，卡德纳斯总统准备在全国范围内实施土地改革计划；另一方面，阿腾辛格地区几千名无地农民的战斗性和力量不断增强。由于大多数无地农民居住在已经建立的村社内，因此，村社申请授予土地，扩大村社或者建立新的村社。最初，这些农民的要求得到了政府的支持，多洛雷斯·坎坡斯（在丈夫去世后，她和儿子成为土地改革的领导人）和一些农民代表还获得机会与卡德纳斯进行了面对面的交流。卡德纳斯同情他们的处境，并许诺向这些农民分配土地。1937年6月，卡德纳斯命令农业部征收和分配詹金斯的土地。詹金斯此时认识到，失去土地已经无法避免。但是，为了在名义上失去土地之后仍然保持对当地经济的实际控制权，詹金斯设计将土地授予他的庄园雇工和榨糖厂工人，而非申请土地的村社农民。换句话说，他将1934年的《土地改革法》（授予庄园雇工申请土地、建立村社的权利）为己所用。他的计划得到了州长马克西米诺·阿维拉·卡马乔（Maximino Avila Camacho）的支持。卡马乔辩称，庄园雇工和榨糖厂工人将优先得到土地，因为他们没有任何属于自己的土地，而且在这些土地上生活已久，而已经建立村社的村民仅仅是要求扩大村社而已。1937年7月，经过策划，卡马乔得到总统的首肯，废除原来向村民分配土地的计划。1938年3月30日，卡德纳斯总统颁布法令，同意在阿腾辛格地区向庄园雇工和榨糖厂工人授予土地建立村社。詹金斯保留了庄园的建筑物、铁路以及铁路线两侧各12米的土地，还有150公顷的可灌溉地。随后几天，阿腾辛格及其附属地区村社合作社团成立，该社团将成为村社的经济和行政机构，拥有工作时间表、工资、年度计划和投资、向榨糖厂运送和销售甘蔗等事项的决定权。值得注意的是，村社的信贷来源不是村社银行，而是詹金斯控制的榨糖厂机构。实际上，榨糖厂经理佩雷斯掌握了选择和任命村社领导人的权力。①

总之，经过土地改革，虽然詹金斯在名义上失去了土地的所有权，但是由于土地被授予原庄园雇工和榨糖厂工人而非周围村社居民，詹金斯和佩雷斯间接地对新成立的村社维持着实际的控制权。土地改革之后，阿腾辛格实际上依然处于詹金斯和佩雷斯的控制之下。1938年后，该村社在长达八年的时间里没有召开村社社员大会。佩雷斯利用其特殊的地位提名他的人，通常是榨糖厂工人担任村社领导职务。根据一名前村社领导人的叙述，对于原来的庄园雇工来说，他们最初不相信或者不理解自己已经成为村社社员了，他们没有意识到自己的新身份和自己拥有的权利，继续把自己看作是庄园雇工。1939年5月，鲁文·哈拉米略

---

① David Ronfeldt, *Atencingo: la política de la lucha agrarian en un ejido mexicano*, pp. 20–30.

(Rubén Jaramillo)对阿腾辛格进行了调查。①哈拉米略发现,阿腾辛格的村社社员对于村社的事务一无所知,"他们只知道,作为企业的雇工,他们得到工资,他们每天要工作12个小时"。哈拉米略得出结论,在阿腾辛格,土地改革实际上并未发生。在写给卡德纳斯总统的信中,哈拉米略写道:虽然阿腾辛格村社委员会宣称,2 043名村社社员每人已被授予4公顷土地,并在他们自己的土地上集体工作,但是,"我从那个地方的工人中所能看到的悲哀现实使我确信,事实并非如此,村社委员会不过是一个大庄园主詹金斯的爪牙,……我必须以全部应有的尊重告诉您,总统先生,在阿腾辛格,你的高尚愿望没有实现,因为土地被一人所垄断,他将我们的同伴淹没在悲惨的经济处境中……我恳求您,总统先生,对我们阿腾辛格的伙伴们的事务进行干预,从而在不久将来的一天,他们也可能享受到革命的果实,就像共和国其他地区一样"②。遗憾的是,哈拉米略的恳求没有效果,卡德纳斯总统不能或者不愿改变阿腾辛格地区的状况。

阿腾辛格村社建立和演变的过程,虽然仅仅是个案,但从一个方面反映了卡德纳斯时期土地改革的局限性。

对于卡德纳斯政府土地改革的效果,学术界依然存在着争论,但是,没有人怀疑其改革的规模。在卡德纳斯执政期间,81万农民分得了土地,超过了革命以来历届政府期间分得土地的农民总数(77.8万),分配土地的数量(1 790万公顷)超过了革命以来历届政府分配土地数量

---

① 鲁文·哈拉米略是莫雷洛斯州甘蔗产区激进的土地改革组织者,1962年被暗杀。关于哈拉米略运动的最新研究,可参阅:Tanalis Padilla, *Rural Resistance in the Land of Zapata: The Jaramillista Movement and the Myth of the Pax Priista, 1940–1962,* Durham: Duke University Press, 2008.

② David Ronfeldt, *Atencingo: la política de la lucha agrarian en un ejido mexicano*, p. 42.

（870万公顷）的两倍。① 卡德纳斯政府不仅在土地分配的数量上大大超过此前历届政府，而且在性质上也有明显的变化。此前历届政府所征收的大多是传统的大庄园和荒地或贫瘠的土地，而卡德纳斯政府不仅征收了传统的大庄园地产，而且征收了高度发达的商品性地产。此前历届政府强调建立小生产单位，村社仅仅被看作向小农场过渡的中间形态，而卡德纳斯政府重视村社的集体经营，特别是在那些商品性农作物产区，并视其为保持和增加产量的必需条件。通过卡德纳斯政府的土地改革，墨西农业部门发生了重大的结构性变化。1930年，村社仅控制不到15%的可耕地，其余由私人所控制；而到1940年，村社控制了47.7%的可耕地和57.3%的可灌溉地。同期村社的数量增加了一倍多，从66.8万个增加到160.6万个，同期无地农民的数量从247.9万下降到191.26万。②

然而，正如卡德纳斯自己也承认的，虽然超过1万公顷的私人地产数量下降到了1 500个，并多数集中在干旱的北部诸州，但是，20世纪30年代的土地改革没有根除墨西哥的大地产。而且，如上所述，即使是已被征收土地的大庄园主，仍保留了150公顷的可灌溉地以及绝大多数农业基础设施。在有些情况下，大庄园主还获得或保留了对信贷、市场、农业机械的销售等方面的控制权，继续得以控制和剥削农民。尽管如此，卡德纳斯政府的土地改革毕竟大大削弱了大地产主的势力，成功地实现了消除或者至少大大削弱农业生产中的"封建"关系的目标，从而在此过程中清除了增加农业产量的一个重大障碍。通过改革，墨西哥的农业生产实现了自给，而且农产品出口带来的外汇大大推进了工业的发展。

正如阿兰·奈特指出的，就其目标而言，卡德纳斯主义是一场真正的激进运动，它主张进行根本性的变革；卡德纳斯主义拥有巩固的民众

---

① Nora Hamilton, *The Limits of State Autonomy: Post-Revolutionary Mexico*, p. 177.
② Ibid., pp. 177–178.

支持，尽管这种支持不是通过自由民主的代表制形式体现的；正是由于卡德纳斯主义的激进性，它面对着严重的抵制，这些抵制有些是公开的，有些则是更加秘密的、隐蔽的从而也是更为成功的，这些抵制严重地限制了卡德纳斯政府的行动自由，导致其混乱、妥协，被迫在很多问题上退却；结果卡德纳斯主义的实际成就是有限的，甚至那些在1934—1940年间已经取得的成就在以后更加保守的政府执政期间也被推翻了。也就是说，"与曾经设想的相比，卡德纳斯主义作为一场激进改革的手段，是不够有力的，不够迅速的，不能穿过敌对障碍，遵循其原来设定的路线前进"①。约翰·谢尔曼也指出：

> 对卡德纳斯持有同情的早期作者认为，卡德纳斯政府是1920—1940年间制度化革命的高峰。然而，一代人之后的批评者则试图将卡德纳斯主义与它们严厉声讨的战后威权主义联系到一起。但是，当我们考察卡德纳斯主义与草根右派的斗争时就会明显地发现，它的激进改革动力，大多是自上而下的。它没有从浸透于1910年革命以来的政治文化的民众潮流中获取政治支持，相反，它很少得到这样的支持。……因此，卡德纳斯主义应该被看作20世纪墨西哥历史上的一种政治例外现象。正是它的失败而非它的成功，保证了此后几十年内腐败的寡头政治的准则。②

---

① Alan Knight, "Cardenismo: Juggernaut or Jalopy?", p. 76.
② John W. Sherman, "Reassessing Cardenism: The Mexican Right and the Failure of a Revolutionary Regime, 1934–1940," p. 378.

第七章

"革命已死?"

——1940—1982年农业发展政策和农民动员

在卡洛斯·富恩特斯的小说《阿尔特米奥·克罗斯之死》中，主人公克罗斯在墨西哥革命期间参加了战斗，后来成为企业巨头。他不顾土地改革的进行，非法获取大片地产，并与外国资本合作。小说中的克罗斯从一个革命战士转变为大企业家，代表了革命后墨西哥一个特权阶层的出现。对于墨西哥人经常问及的一个问题"墨西哥革命是否已经死亡"，富恩特斯的回答是："是的。"①

富恩特斯的回答反映了另一个时代的到来。1940年，曼努埃尔·阿维拉·卡马乔接替卡德纳斯，就任墨西哥总统。从此，墨西哥的革命激情消退，政治转向保守和体制化。从20世纪40年代到60年代，通过推行进口替代工业化和实行一党制的政治体制，墨西哥保持了长达三十年的经济繁荣和政治稳定，创造了举世瞩目的"墨西哥奇迹"。但是，进入70年代后，"进口替代工业化所固有的社会代价开始偿付"②，生产下降，冲

---

① E.布拉德福德·伯恩斯:《简明拉丁美洲史》，第248页。
② 莱斯利·贝瑟尔主编:《剑桥拉丁美洲史》，第七卷，第96页。

突加剧，1968年的特拉特洛尔科事件标志着革命制度党统治合法性的下降和政治基础的动摇。[①] 但此后石油出口收入的大量增加延缓了经济发展模式调整，最终导致了20世纪80年代的债务危机。在此期间，墨西哥的农业和农村社会也发生了引人注目的变化，农民的政治动员对墨西哥的政治体制带来了进一步的压力。本章的目的是，结合1940—1982年期间墨西哥政府的土地和农业发展政策及其社会影响，分析农民政治组织和动员的发展，进而考察国家与农民关系的变化。

一、20世纪40—60年代的农业发展战略与农民动员

在卡德纳斯执政期间，"土地改革是1936—1937年政府当局的主要政策"。[②] 但是，进入1938年后，国际和国内形势的变化促使政府的政策开始向稳健与保守的方向转变。国际上，1936—1939年西班牙内战期间，卡德纳斯政府向共和国一方提供了物资支援。当共和国失败后，又接纳数以千计的西班牙难民来到墨西哥。

> 然而，佛朗哥的民族主义分子的胜利在保守的墨西哥圈子里得到喝彩，后者甚至将之视为卡德纳斯必然失败的先兆。……卡德纳斯在任期的最后两年，同时也是西班牙共和国走向失败的岁月里，调整了自己的航向。土地改革的速度减慢了。他的政府设立了"小地产办公厅"以保护小地主。[③]

[①] 1968年10月2日，墨西哥国立自治大学学生在特拉特洛尔科广场（又称三文化广场）举行集会，抗议政府斥巨资筹备即将举办的夏季奥运会，忽视国内贫困问题。集会遭到政府开枪镇压，造成流血事件。这就是震惊世界的特拉特洛尔科事件。

[②] 莱斯利·贝瑟尔主编：《剑桥拉丁美洲史》，第七卷，第20页。

[③] 迈克尔·C. 迈耶、威廉·H. 毕兹利编：《墨西哥史》，下册，第593—594页。

在国内，1936年后，随着改革的推进，政府开支也大幅度增加，从1934年的2.65亿比索上升到1936年的4.06亿比索，1938年上升到5.04亿比索，1940年上升到6.04亿比索，其中"社会和经济"开支名列前茅。政府的预算赤字从1936年占国民收入的5.5%上升到1938年的15.1%。随着进口商品价格和国内食品价格的上升，通货膨胀的压力增大了。虽然在卡德纳斯年代，最低工资的增长高于通货膨胀幅度，工人的总体购买力在提高，但是通货膨胀有损于工人近期得到的好处和他们对政府的支持，同时也影响到私人投资并鼓励了资金外流。为了降低赤字，消除通货膨胀，政府实行了货币贬值，提高了关税，实行了新的出口税，特别是减少了基本建设项目。例如，1937—1938年公共事业的人均支出下降了38%，道路建设"实际上停止了"。为此，公共部门的工人，如铁路工人和石油工人不得不勒紧裤腰带。此外，"1936—1937年令人振奋的日子过去后，农业改革的速度减慢了"。政府减少了农业贷款，村社农民资金短缺。①

随着经济问题的日益严重，政府的政治支持逐步减弱。一方面，卡德纳斯的政治联盟发生分裂，工人阶级对政府不满，面包房工人、教师、电工、矿工、糖业工人、纺织工人和电车工人举行了罢工，石油部门也发生了冲突。到1940年，工人阶级支持反对派候选人的迹象已经十分明显。另一方面，政治反对派东山再起。1937年5月，一些法西斯主义同情者成立了辛纳基全国联盟，在中部的农村，特别是依然感受到"基督教叛乱"创伤的地区，获得极大的支持。从一开始，辛纳基全国联盟就宣布反对村社制度，要求政府扶植和巩固小私人地产。辛纳基主义运动的参加者不仅有反共的地产主，还有曾经支持卡德纳斯政府的村社社员和劳工。村社社员之所以参加辛纳基运动，是因为份地狭小、信贷不

---

① 莱斯利·贝瑟尔主编：《剑桥拉丁美洲史》，第七卷，第56—58页。

足导致他们的贫困状况在土地改革后并没有得到缓解。①1939年，在墨西哥国立自治大学校长曼努埃尔·戈麦斯·莫林的领导下，另一个反对派政党——国家行动党（PAN）成立，莫林对卡德纳斯政府的激进政策表示不满，提出了当时在欧洲盛行的"秩序、纪律、权威"原则，在城市中产阶级中得到支持。以蒙特雷财团为代表的企业家、当时天主教的主要派别也支持并参与创建该党。②1938年，曾经是土地改革倡导者的原圣路易斯波托西州州长萨图尼诺·塞蒂略发动了反政府的叛乱。在这种经济和政治压力下，卡德纳斯政府"改革的步子受到抑制，改革的调子也变软了"。

1940年，卡德纳斯政府的国防部长阿维拉·卡马乔当选墨西哥总统。在竞选过程中，卡马乔强调妥协和国家团结，反对共产主义和阶级斗争。卡马乔政府在土地改革问题上宣称，会对村社财产和私人财产一视同仁。但实际上，政府更多地保护私人土地。虽然1942年颁布的新《土地法》将私人农场土地的最大面积限制为100公顷灌溉田、200公顷可得雨水的田地（rainfed land）、300公顷种植商品性作物或者养殖500头牛的田地，但是大量生产率较高的地产被列在土改征收的范围之外。③政府的农业发展资金主要用于扶植大规模的商品性农业，而非村社和小农场。1940—1945年，联邦政府投资的15%和农业部门投资的90%都投向了北部和西北部的灌溉农业区。在这里，生产商品性作物的种植园控制几千公顷的土地（这明显违背墨西哥法律），且拥有得到政府资助的灌溉用水。④尽管土地分配没有停止，但速度比卡德纳斯政府时期减慢了

---

① Héctor Aguilar and Lorenza Meyer, *A la sombra de la Revolución Mexicana*, pp. 145–146.
② 徐世澄：《墨西哥政治经济改革及模式转换》，世界知识出版社2004年版，第114页。
③ Susan R. Walsh Sanderson, *Land Reform in Mexico: 1910–1980*, pp. 47–48.
④ Michael W. Foley, "Agenda for Mobilization: The Agrarian Question and Popular Mobilization in Contemporary Mexico," *Latin American Research Review*, Vol. 26, No. 2, 1991, p. 45.

2/3，所分配的土地质量也更差，致使一些受益者拒绝接受，政府分配土地拖延的时间也越来越长。在政府的鼓励下，一些集体村社分割为个体村社。有的地方，特别是那些生产率较高、为出口做贡献的地区，集体村社虽然维持下来了，但它们完全受制于国际市场，受到极力促进出口的政府和日益严重的官僚风气的支配。在尤卡坦，第二次世界大战期间，为扩大生产，庄园主名正言顺地收回了机器设备。随着农村卡西克势力的扩大，村社内部分化加剧，一些人成为相对富裕的阶层，大部分则变为半无产阶级。①

1943年，美国洛克菲勒基金会和墨西哥农业部设立了"墨西哥农业项目"，推广杂交粮食和现代农业技术，以提高作物产量和生产率，开展"绿色革命"。从中得利的主要是商业农场主，他们的小麦产量最终成为拉丁美洲最高的，而墨西哥的个体农民基本上被忽视，他们的玉米产量依然是最低的。②1946年，米格尔·阿莱曼就任墨西哥总统后，继续推进"绿色革命"，政府为农业信贷和商品化提供补贴，但最直接的措施是扩大灌溉面积。1946年政府成立水力资源部，投入大量资金，为北部大庄园和农场修建和改善灌溉设施。1946年，墨西哥通过《宪法》修正案，把"小地产"可允许的规模提高到100公顷。"阿莱曼及其继任者显然支持大规模经营的、机械化的、商品化的北部地区的生产者，这些生产者在墨西哥和美国出售其商品；而中部和南部地区小规模经营和传统的农民大部分被遗忘了。"③

1958年，洛佩斯·马特奥斯就职时宣布自己是"宪法范围内的极左派"，上台后在土地改革方面采取了相对积极的态度。他下令将1140万公顷的土地分配给30多万农户（然而实际上仅分配了320万公顷），这

---

① 莱斯利·贝瑟尔主编：《剑桥拉丁美洲史》，第七卷，第82页。
② 迈克尔·C.迈耶、威廉·H.毕兹利编：《墨西哥史》，下册，第595—596页。
③ 莱斯利·贝瑟尔主编：《剑桥拉丁美洲史》，第七卷，第109—110页。

一纪录仅次于卡德纳斯。1963年，马特奥斯政府提高了主要农产品的保证价格，随后他把这一措施比拟为"农村工人的法定最低工资"[①]。但是，1964年古斯塔沃·迪亚斯·奥尔达斯总统继位后，政策再次右转。他一次也没有把基本粮食的收购价格从洛佩斯·马特奥斯在1963年所确定的水平上提高，而且把农业信贷从1960年占信贷总额的15%降低到1970年的9%。1966年，政府实施了所谓的"人民粮仓计划"，旨在向最贫穷的农民和小农提供对基本农产品（特别是玉米、豆类和小麦）适时和实际的价格保障。但是，储藏设备体系因建设仓促、位置不佳和管理无能而遭受损害。到1971年，使用中的粮仓只有15%。[②]

总体上说，20世纪40年代以来，墨西哥政府以进口替代工业化作为经济发展的核心。为了保证进口替代工业化的顺利推进，政府致力于保持农产品低价，以较低的价格向城市消费者提供食品。同时促进农产品出口，换取外汇，为工业发展提供资金支持。从20世纪40年代到60年代中期，这种政策效果显著。在工业化推进的同时，农业生产以4.4%的速度稳定增长。到20世纪60年代初，墨西哥既出口一般的粮食，如小麦，也出口"奢侈性"的农产品，如鳄梨和西红柿。一些分析家指出，如果说有"墨西哥经济奇迹"的话，它或许已经发生在农业部门。与此同时，农业部门内部不平衡在加剧。政府政策支持面向出口（主要是向美国市场出口）和面向城市消费的大规模农业综合企业，而小农场和农民得不到政府的支持，从60年代起，主要食品玉米的实际价格长期下跌。[③]

卡德纳斯政府期间，墨西哥国家与农民关系也发生了重大调整。在担任米却肯州州长期间，卡德纳斯就推行了广泛的土地改革。1934年卡

[①] 莱斯利·贝瑟尔主编：《剑桥拉丁美洲史》，第七卷，第123页。
[②] 同上书，第129—130页。
[③] 同上书，第97—98页。

德纳斯竞选总统期间,他在农村地区得到普遍的支持。当选后,在摆脱卡列斯集团控制的斗争中,卡德纳斯再次依赖于工人和农民的支持。由于卡列斯时期的镇压,加之卡德纳斯政府期间推行的土地改革,致使绝大多数有组织的农民与政府结成了联盟。正如诺拉·汉密尔顿指出的,将农民纳入政治联盟是卡德纳斯超出同时期其他拉美国家民粹主义领导人之处。[①] 但是,在推行社会改革的过程中,为了驾驭他所动员起来的社会力量,卡德纳斯确立了对于民众阶级的直接控制。1938年,全国农民联盟的建立,将农民组织纳入墨西哥革命党的制度体系。全国农民联盟一方面为农民提供了一种利益表达机制,另一方面又将农民组织置于政府和墨西哥革命党的控制之下。菲利普·施密特(Philippe Schmitter)将这种非自愿的、强迫性的、等级制的利益代表机制称为"国家职团主义"(state corporatism)[②]。在这种机制中,国家提供的物质支持对于农民共同体的发展是必不可少的,农民共同体依附于国家,而全国农民联盟在国家与农民之间中发挥中介作用。全国农民联盟的力量不是来源于组织和代表成员利益的能力,而是来源于在集中化的资源分配中所承担的角色。科拉利莎·哈代(Clarissa Hardy)指出,正是这种"制度化的合法性",使得全国农民联盟虽然在1938年后无力影响政府的农业政策,但仍得到农民的支持。[③]

卡德纳斯之后的各届政府充分利用这一机制,在逐步放弃土地改革、支持私人商品性农业发展的同时,有效地控制了农村动员和农民运动的

[①] 汉密尔顿将卡德纳斯建立的政治联盟称为"进步联盟"(progressive alliance),以区别于通常的"民粹主义联盟"(populist alliance)。Nora Hamilton, *The Limits of State Autonomy: Post-Revolutionary Mexico*, p. 139.

[②] Philippe Schmitter, "Still the Century of Corporatism?", Fredrick B. Pike and Thomas Stritch, *The New Corporatism*, Notre Dame: University of Notre Dame, 1974, pp. 85–131.

[③] Clarissa Hardy, *El estado y los camesinos: la Confederación Nacional Campesina*, México: Nueva Imagen, 1984, pp. 177–178.

发展。任何试图在全国农民联盟之外另建立独立的农民组织的尝试都被政府同化或镇压。

然而,20世纪40年代中期后,一些草根农民领袖对政府土地改革步伐的减缓感到失望,组织领导了一些地区性的农民运动。其中最有影响的是以莫雷洛斯州为中心的哈拉米略运动、墨西哥工农总联合会(UGOCM)组织的抗议运动和独立农民中心(CCI)的武装斗争。[①]

1945—1962年,鲁文·哈拉米略(Rubén Jaramillo)在莫雷洛斯州领导了反对制糖厂主的腐败、争取土地改革、要求市镇和州政府民主化的群众抗议运动。哈拉米略年轻时曾参加过萨帕塔的队伍。20世纪20年代,他成为一名村社组织者,后来又成为一个共济会团体的会员,在那里接受了激进的思想,并成为卡德纳斯(也是一名共济会会员)的追随者。之后,他又成为卫理公会教徒,这给了他一种使命感,并使他深信应该同非正义作斗争。1938年,他被选为特拉尔基特南戈和霍胡特拉的甘蔗和稻米产区的全国农民联盟代表,并组织了一次要求建立如同萨卡特佩克制糖厂那样的集体化制糖厂的行动。1940年后,哈拉米略成为抗议制糖厂管理中腐败现象的代言人。1943年,他领导了一个武装小组,这些武装人员有自己的基地和办公处,主要目的是催讨迟迟没有发放的贷款,直到使其发到农民手中为止。1944年,这个小组建立了莫雷洛斯工人土地党(PAOM),推选哈拉米略为竞选该州州长的候选人,但未能成功。由此可见,哈拉米略运动在两条战线上同时展开,一是争取土地改革,二是争取政治权利。这二者是难以分开的,因为政治权利与经济权利直接相关。恰恰是由于莫雷洛斯工人土地党在政治上构成的威胁,招致了政府方面毫不妥协的镇压。[②]1947年后,哈拉米略的兄弟波菲里

---

① 莱斯利·贝瑟尔主编:《剑桥拉丁美洲史》,第六卷(下),第430页。

② Neil Harvey, *The Chiapas Rebellion: The Struggle for Land and Democracy*, p. 122.

奥·哈拉米略在普埃布拉州领导了阿腾辛格制糖厂的合作化运动，在与管理人员和当局进行斗争时，他得到了其兄鲁文·哈拉米略领导的武装小组的支持。①1951—1952年，这些武装小组再次行动起来，反对强加于农村地区而使城市得益的新州税，以及制糖厂管理人员强迫村社社员将自己的小块土地租借给私人企业的阴谋。1952年，哈拉米略与许多要求土地的农民小组一起，支持反对派总统候选人米格尔·恩里克斯·古斯曼。恩里克斯是革命制度党内持不同政见的派别"人民政党联盟"（FPP）提出的1946年选举的总统候选人，并得到了前总统卡德纳斯的支持。为了争取支持者，恩里克斯"默默地采取了某些激进的态度，如支持小农业生产者和独立工会"。但是，最终选举结果是，执政党候选人鲁伊斯·科蒂内斯获胜。1954年，人民政党联盟被解散。②整个20世纪50年代，特别是1953年波菲里奥·哈拉米略被杀害后，卡德纳斯企图亲自在政府与哈拉米略之间进行调解。1961—1962年，作为一个旅游规划地的一部分，一块村社社员已经垦殖好的土地被重新私有化。为抗议这一项目，鲁文·哈拉米略领导了一场设置路障和夺取土地的运动。1962年5月，鲁文·哈拉米略与正在怀孕的妻子连同两个继女被士兵们逮捕（看来这个行动并没有得到当局的许可），并被杀害。③

卡德纳斯下台之后墨西哥土地改革政策的逆转引起了社会各界的普遍不满。1948年，墨西哥工人联合会前总书记维森特·隆巴尔多·托莱达诺建立了人民党（PP，后改名为人民社会主义党[PPS]），吸收了甘蔗种植和制糖区、棉花种植区的农村工人和村社社员参加。1949年，持不同政见的矿业和石油业工会领袖们与维森特·隆巴尔多·托莱达诺成立

---

① David Ronfeldt, *Atencingo: la política de la lucha agrarian en un ejido mexicano*, pp. 98–123.
② 莱斯利·贝瑟尔主编：《剑桥拉丁美洲史》，第七卷，第114—116页。
③ 莱斯利·贝瑟尔主编：《剑桥拉丁美洲史》，第六卷（下），第432—433页。

了墨西哥工农总联合会,从属于上一年成立的人民党。墨西哥工农总联合会号称拥有 30 万成员,其中包括拉古纳地区村社集体信贷同盟。墨西哥工农总联合会的目标是,通过使民众组织脱离革命制度党的控制,重新恢复墨西哥革命政府的激进倾向。1957 年,墨西哥工农总联合会在罗斯·莫奇斯市(那里是一个大型制糖厂的所在地,而且那里的集体村社的地方社团刚刚被解散)举行了一次群众性集会。1958—1960 年,一位加入墨西哥工农总联合会的前全国农民联盟领导人哈辛托·洛佩斯领导索诺拉、锡那罗亚、奇瓦瓦、纳亚里特和科利马地区成千上万无地农民和农业工人,开展占地运动。[①] 为此,哈辛托·洛佩斯和其他重要成员被关进监狱。而且,当争议的土地被重新分配时,得利最大的不是墨西哥工农总联合会而是全国农民联盟的成员,尽管前者在争取土地的斗争中站在前列。与莫雷洛斯工人土地党不同,人民党不是一个地区性的政党,而是一个全国性的政党,由著名的前卡德纳斯主义者维森特·隆巴尔多·托莱达诺领导。为此,革命制度党向人民党做出了一定的让步,换取后者在下院中承担"合法的反对派"角色。这一决定恰好符合托莱达诺避免与政府发生对立的策略,以及在议会中逐渐获得席位的目标。但在哈辛托·洛佩斯看来,由于革命制度党在议会中占绝对多数,隆巴尔多的策略是注定不能成功的。实际上,隆巴尔多被指责将个人好处置于人民党和墨西哥工农总联合会的利益之上。随着人民党领导层越来越脱离其群众基础,墨西哥工农总联合会在索诺拉和锡那罗亚争取土地改革的斗争也遭遇挫折。1973 年,人民党最终分裂为独立的和支持政府的两大派别。[②]

1959 年,下加利福尼亚州的前全国农民联盟领导人阿方索·加尔松

---

① 莱斯利·贝瑟尔主编:《剑桥拉丁美洲史》,第六卷(下),第 431 页。
② Neil Harvey, *The Chiapas Rebellion: The Struggle for Land and Democracy*, p. 123.

创立了独立农民中心（Central Campesina Independiente, CCI），代表了该地区村社社员的不满。这些社员的庄稼因科罗拉多河的盐碱化而被损害，而他们的要求又没有得到州政府和全国农民联盟的重视。① 独立农民中心吸收了一些重要的地区性农民组织领导人参与，包括来自索诺拉州亚基河谷的拉蒙·丹索斯·帕罗米诺、来自拉古纳地区集体村社的阿图罗·奥罗那（Arturo Orona）。更重要的，独立农民中心不是一个孤立的农民运动组织，而是全国解放运动（MLN）的核心力量。全国解放运动是前总统卡德纳斯领导的一个广泛的联盟，团结了在此前二十年内被剥夺权力的主要的卡德纳斯主义者和共产主义者小组。但这个联盟没有巩固下来，不到一年就被卡德纳斯本人解散了。和墨西哥工农总联合会一样，独立农民中心要求复兴土地改革、停止镇压、推行政治民主化、尊重在革命制度党及其附属工会之外成立独立组织的权利。1964年，政府试图通过镇压瓦解独立农民中心，将其最激进的领袖关进监狱，其中包括拉蒙·丹索斯·帕罗米诺。在古巴革命后来自右派的反共宣传甚嚣尘上的形势下，独立农民中心领导的抗议运动被迫进入低潮，其办公室被警察彻底搜查。独立农民中心内部随之产生分裂，温和派由翁贝托·塞拉诺（Humberto Serrano）和阿方索·加尔松领导，宣布支持政府，并从联盟内部清除与共产主义者相关的派别。塞拉诺和加尔松支持古斯塔沃·迪亚斯·奥尔达斯政府（1964—1970），激进派是具有共产主义倾向的派别，但受到了严重的削弱。拉蒙·丹索斯·帕罗米诺获释后，激进派在1975年改名为农业工人和农民独立联盟（CIOAC）。②

---

① 莱斯利·贝瑟尔主编：《剑桥拉丁美洲史》，第六卷（下），第433页。
② Neil Harvey, *The Chiapas Rebellion: The Struggle for Land and Democracy*, pp. 123–124.

二、20世纪70—80年代农业政策的变化和独立农民组织的发展

从20世纪30年代中期到60年代中期,墨西哥成了一个令人瞩目的均衡增长的样板。当以进口替代为手段进行工业化的时候,农业生产以年均4.4%的增长率稳定增长。但是,20世纪60年代中期后,墨西哥进口替代工业化的弊端明显暴露,一些新的矛盾重新出现,特别是工农业部门的不平衡。政府为了保持财政收支平衡和物价稳定,减少了对于农业部门的投资,加上农产品收购价格过低,造成农业生产陷入停滞状态。20世纪60年代中期后,墨西哥开始需要大规模地进口粮食。到1975年,墨西哥进口其消费粮食的10%;到1979年,其36%的粮食需要进口;1983年,粮食进口约占需要量的一半。这不仅标志着全国性的农业危机,而且也意味着墨西哥不得不挪用可以用于其他目的的资金,例如用于提供就业的资金。[①]20世纪60年代末和70年代初,墨西哥经济增长速度放慢。20世纪60年代国内生产总值(GDP)增长率为6.5%,到1970年下降了一半多,仅为3.1%。在经济上出现危机的同时,政治上也出现了不稳定的迹象。1968年发生的著名的特拉特洛尔科屠杀事件动摇了墨西哥引以为豪的政治稳定。

1970年,路易斯·埃切维里亚成为第二次世界大战后第五任墨西哥总统。为了克服经济和政治危机,埃切维里亚总统提出了"分享发展"的战略,目标是既要实现经济增长,又要同时实现比较公平的收入分配。他说:"我能向这个主权国家保证,在没有首先毫无疑问地确定将促进增长、同时增加社会正义和国家的自主权的前提下,我不会做出任何决

---

① 莱斯利·贝瑟尔主编:《剑桥拉丁美洲史》,第七卷,第97页。

定或授权任何政府行为。"他宣布:"我们不能在谴责寡头制的国际体系的同时,又在国内支持新型的控制形式的巩固。"①

埃切维利亚执政时期,墨西哥的农业和农村局势十分严峻。一方面,粮食生产下降,远远满足不了国内需求。1970年,墨西哥不得不进口76万吨粮食。另一方面,农村形势动荡。1975—1976年,在索诺拉、锡那罗亚、恰帕斯、联邦特区、瓦哈卡、韦拉克鲁斯、尤卡坦都发生了农民占地运动。到埃切维里亚任期结束时,墨西哥另外六个州也发生了农民占地运动。最有戏剧性的是索诺拉州的占地运动,在那里,联邦政府资助的灌溉工程大大促进了几个特权家庭控制的大规模农场的扩张。埃切维里亚政府提出的促进社会公正的言辞为农民向这些新兴的庄园主提出土地要求火上浇油。

面对这种困境,埃切维里亚政府试图寻求一条中间道路。一方面,为了促进粮食生产,埃切维利亚宣布,"我们不得不在宪法和法律的原则内,保护和促进实现高生产率的租佃形式和组织",言外之意,就是保护西北部地区的商品性的地产。1976年4月,在前往奥夫雷贡市的旅途中,埃切维里亚宣布,他"既不支持农民占地,也不支持大庄园……我已经要求所有州长在国防部的合作下制止一切占地行为,我对此项政策负责"②。为支持商品性农业的发展,埃切维里亚政府大大增加了对农业的投资。在埃切维里亚任期六年结束时,农业占联邦预算的20%,这是20世纪40年代以来的最高数字。③另一方面,为了满足无地农民的要求,埃切维里亚开辟新的土地,进行灌溉,建立村社。他甚至模仿卡德纳斯,

---

① Michael W. Foley, "Agenda for Mobilization: The Agrarian Question and Popular Mobilization in Contemporary Mexico," p. 46.

② Steven Sanderson, *Agrarian Populism and the Mexican State: The Struggle for Land in Sonora*, Berkeley: University of California Press, 1981, p. 192.

③ 莱斯利·贝瑟尔主编:《剑桥拉丁美洲史》,第七卷,第142页。

访问了数百个村社，发表措辞激烈的演讲，甚至表示他赞同农民在那些土地高度垄断或对劳动者剥削特别严重的地方夺取土地。1971年通过了新《农业与水利法》，以保护村社的财产，并通过严厉禁止将一大块土地在同一个家族成员中划分的做法，进一步限制私有财产的集中。①

为了调整国家与农民的关系，埃切维里亚政府还提倡建立一种新的调解性群众组织——常设农业大会。1974年，已经被政府同化的独立农民组织、非共产党的独立农民中心，墨西哥工农总联合会，还有一个由革命制度党控制的无地农民组织墨西哥土地委员会（CAM），与全国农民联盟一起签署了《奥坎波协定》（Pacto de Ocampo）。但是，其他独立农民组织没有参与签署《奥坎波协定》，原因是：

> 一、它没有为调解农村的要求提供一个综合性的和多样性的方案，二、它被看作受到了同样的老的机会主义领导小集团的控制，而这些领导人之间又为了政治和经济的报酬而彼此互相争斗，三、它经常遭到地方和地区组织的反对，这些组织很看重自己的自主权，不愿被一个大官僚集团所吞没。②

埃切维里亚政府的体制改革以及对民众运动的驾驭引起了墨西哥工商业集团的警惕，他们决心维护私人土地所有权，维护墨西哥革命后私人农场主在政治和经济上的统治地位。为调解各方冲突，埃切维里亚政府同意建立一个国家农业咨询委员会，由政府官员、地主（其组织为全国农业同盟［UNAN］）以及参与签署《奥坎波协定》的官方农民组织的代表们组成。但是，独立农民组织对此不满。1976年4月，一个新的独立农民组织——独立农民阵线（Frente Independiente Campesino, FCI）

---

① 莱斯利·贝瑟尔主编：《剑桥拉丁美洲史》，第六卷（下），第492页。
② 同上书，第492—493页。

成立，并领导了索诺拉州的亚基和马约谷地的占地运动。为平息事态，埃切维里亚亲自来到索诺拉，谴责了强占土地的行为，但同时，他又宣布建立新的村社。11月18—19日，埃切维里亚突然宣布征收索诺拉州亚基和马约谷地私人拥有的10万公顷土地，分给农民。全国范围内，六百多个村社实行了集体化。11月31日，即在他任期的最后一天，他又宣布在全国范围内征收50万公顷的土地。但是，在这些征收实现之前，工商业团体和私营农场主联合起来，指责埃切维里亚总统将国家引向共产主义。1975年和1976年秋天，他们在索诺拉州的纳瓦霍阿（Navajoa）和奥夫雷贡市发动了戏剧性的"拖拉机罢工"。企业家合作委员会（Consejo Coordinadora Empresarial, CCE）也攻击"政府对小私人地产的不正当进攻"①。

1976年12月，何塞·洛佩斯·波蒂略就任新总统后，在表面上试图小心地保持与前任的政策连续性，但工商业领袖和商品性的农场主的要求得到了关注，被没收土地的地主得到了补偿。对于新的占地行为，政府毫不犹豫地实行镇压。波蒂略政府宣布，为奠定现代化的、生产性农业的基础，必须结束土地改革。波蒂略政府的农业发展战略核心是所谓的"生产联盟"（alliance for production），据此，政府通过提高生活水平和刺激新的投资来满足"社会公正"的要求。与卡德纳斯时期不同，"社会公正"不意味着通过让农民占有土地和财产而实现较高的生活水平，而仅仅是满足人民的收入和基本需求，即保证每个人都有充足的食物，有能力得到消费品、宜居的住房、社会福利保障、教育等。根据波蒂略的方案，政府将通过国家、企业界和劳动阶级的广泛联盟来实现这些目标。大量的石油出口收入为这一联盟提供了物质支持。然而，由于政府

---

① Steven Sanderson, *Agrarian Populism and the Mexican State: The Struggle for Land in Sonora*, pp. 189–190.

未能成功地推行财政改革，导致了大量外债的流入。①

为了实现食品的自给，利用国际石油价格的上涨带来的出口收入和外国贷款，波蒂略政府对农业进行大规模投资，特别是对村社和私人小土地所有者制订了一个庞大的补贴计划，此举被称为"墨西哥食品体系"（Sistema Alimentario Mexicano, SAM），口号是"播种石油"。仅1980年，政府就花费了40亿美元。由于天公作美，1981年墨西哥粮食大丰收，粮食产量比干旱的1979年提高了近30%。② 然而，好景不长，1982年债务危机的爆发，迫使新任总统德拉马德里在1983年放弃了"墨西哥食品体系"。1980年，波蒂略政府颁布《农业和畜牧业发展法》（Ley de Fomento Agropecuario），将私人企业使用村社土地的协议合法化。此项法令意味着，那些没有资源进行生产的村社社员将成为自己土地上的短工。这实际上成为墨西哥农业部门中新自由主义改革的前奏。

进入20世纪70年代后，国家与农民的关系也发生了很大的变化。这主要体现在，全国农民联盟对农民的控制力减弱，独立农民组织获得进一步的发展。

全国农民联盟是卡德纳斯政府时期成立的官方农民组织，通过与执政党的从属关系而获得利益是其能够得到大多数农民支持的主要因素，而一般看来，这种利益主要来自对土地的分配。因此，全国农民联盟即使是在从根本上受到挑战的情况下，依然能够在政府和农民之间达成某种妥协的解决方案。例如，《奥坎波协定》的签署使得相互竞争的农民组织如独立农民中心、墨西哥工农总联合会接受政府的监护，换取一定的好处。然而，在埃切维里亚执政时期，这种同化机制（system of co-optation）开始瓦解，给了独立农民组织更大的活动空间。这是因

---

① Michael W. Foley, "Agenda for Mobilization: The Agrarian Question and Popular Mobilization in Contemporary Mexico," p. 47.

② 莱斯利·贝瑟尔主编：《剑桥拉丁美洲史》，第七卷，第151页。

为：第一，全国农民联盟主要是围绕着申请土地的农民集团和从土地改革中得利的农民集团组织起来的，当国家的政策偏离土地改革时，全国农民联盟也不得不做出相应的调整，但这种调整不够及时，也不够成功。例如，波蒂略政府在改革过程中，批准成立信贷联盟、村社内部合作社、村社联盟等，这些单位被纳入全国农民联盟。全国农民联盟还首次获准组织农业工人。但是，这些措施来得太晚也不够有力，远不足以挽回全国农民联盟的影响和在农民中的控制力。正如古斯塔沃·科尔蒂略（Gustavo Gordillo）指出的，新的组织和国家政策向"生产性的"目标调整在全国农民联盟内部形成了一个二重的结构，削弱了其协调和安抚土地申请者的原有任务的能力。① 第二，与工人组织墨西哥工人联合会（Confederación de Trabajadores Mexicanos，CTM）不同，作为农民组织的全国农民联盟逐渐丧失了作为政府机构介入和帮助农民的协调功能。农民占地行动不同于工人罢工，是最后的孤注一掷的手段；而在土地已被重新分配的情况下，全国农民联盟作为农民与控制资源的政府官员之间的中介角色就越来越无用了。在很多情况下，全国农民联盟被看作政府的代理人，在其原来的选民中间强行贯彻政府的决定。② 与墨西哥工人联合会相比，全国农民联盟不敢采取独立的、与政府对立的立场，因为它依赖于其与政府的联系为农民争取一定的利益，由此又进一步削弱了其在农民眼中的重要性。1976 年，在索诺拉州，因为总统不赞成，全国农民联盟和其他官方农民组织不敢采取实质性的占地行动，而仅仅满足于在政府做出分配土地的决定时分得一杯羹。当波蒂略政府将私人资本和私人农场引入村社土地的建议提出后，全国农民联盟毫不犹豫地支

---

① Gustavo Gorillo, *Compesinos al asalto del cielo: de la expropriación campesina*, México: Siglo Veintiuno, 1988, pp. 277–280.

② Michael W. Foley, "Agenda for Mobilization: The Agrarian Question and Popular Mobilization in Contemporary Mexico," pp. 54–55.

持政府的决定；与此相对照的是，墨西哥工人联合会则表示强烈的抗议，表示"与该法律所建议的相反，实现食品生产自给的唯一可行的选择是从总体上支持村社社员和农民，而不是支持剥削他们的人"①。

在全国农民联盟逐渐失去其群众基础的同时，新兴的独立农民组织发展起来，对其提出了挑战，甚至在某些情况下将其推到了一边。这些独立农民组织的战斗性还迫使政府的政策进行适当的调整。

这一时期，墨西哥各地涌现出大量的独立农民组织。这些组织甚至试图通过某种形式的联合，建立全国性的组织体系。总体上说，在墨西哥成立了两个大的全国性组织体系，一是区域独立农民组织全国联盟（Unión Nacional de Organizaciones Regionales Campesinas Autónomas, UNORCA），另一个是阿亚拉计划全国协调委员会（Coordinadora Nacional Plan de Ayala, CNPA）。

区域独立农民组织全国联盟成立于 1985 年，是大约 25 个地区性农民组织的联合体。其主要目标更多地关注解决经济要求，而非推进特定的政治议程。从斗争策略上，区域独立农民组织全国联盟提倡相对非对抗的风格，相信在国家政权内尚有可利用的空间，以达到自身的目标。它反对持续不断的动员和抗议，相信自己有能力使自己的要求得到联邦政府高层的关注。②例如，1977 年，在埃切维里亚做出有争议性的土地分配决定后，在索诺拉州成立了亚基和马约谷地集体村社联盟（Coalición de Ejidos Colectivos de los Valles del Yaqui y Mayo, CECVYM），拒绝对原来的地主做任何补偿，并成功地与政府部门进行谈判，获得了贷款和技术支援。③ 在其影响下，1979—1982 年，南部的恰帕斯、瓦哈卡、格雷

---

① Clarisa Hardy, *El estado y los campesinos: la Confederación Nacional Campesina(CNC)*, México: Nueva Imagen, 1984, p. 102.

② Neil Harvey, *The Chiapas Rebellion: The Struggle for Land and Democracy*, pp. 129–130.

③ 莱斯利·贝瑟尔主编：《剑桥拉丁美洲史》，第六卷（下），第 494 页。

罗和韦拉克鲁斯州的咖啡小生产者成立的独立农民组织进行了多次动员和抗议，要求墨西哥咖啡协会（INMECAFE）支付更高的咖啡收购价格。

阿亚拉计划全国协调委员会也是一个区域性独立农民组织的联合体，成立于1979年，最初有11个成员组织参加。参加这些组织的主要是印第安公社社员、贫困农民、土地申请者和农业工人。因此，阿亚拉计划全国协调委员会最主要的斗争目标是捍卫土著集团对土地和自然资源的权利，要求推进土地改革。它还要求承认农村工会和保护土著文化。由其最初的斗争口号"今天我们为土地而战，明天我们为权利而战！"可以看出，阿亚拉计划全国协调委员会虽然并未局限于部门利益，但其主要诉求还是解决土地问题。①

此外，还有若干有影响的独立农民组织。如上所述，从独立农民中心分裂出来的一派在拉蒙·丹索斯·帕罗米诺的领导下，于1975年成立了农业工人和农民独立联盟。该组织最初主要从农业工人中吸收成员，1979年后也开始组织卷入土地争端的农民，特别是在恰帕斯州，同时也吸引了主要追求"生产性"目标（如要求获得信贷、提高收购价格等）的咖啡生产者等。

与此类似的独立农民组织还有1978年成立的全国农业工人联盟（Unión Nacional de Trajadores Agrícolas, UNTA）、1986年成立的城乡组织民主同盟（Coalición de Organizaciones Democráticas, Urbanas y Campesinas, CODUC）、1988年成立的卡德纳斯农民中心（Central Campesina Cardenista, CCC）、1986年成立的工人、农民和人民总联盟（Unión General Obrera, Campesina y Popular, UGOCP）等。

20世纪70年代，还出现了一些地区性的土著组织，有些是由政府出面建立的，也有些是致力于捍卫土著权利的活动家和非政府组织建立

---

① Neil Harvey, *The Chiapas Rebellion: The Struggle for Land and Democracy*, pp. 132–133.

的。除了对土地和农业方面的要求外,这些土著组织还在文化(如双语、双文化教育以及保护土著传统等)、劳工(农村移民工人的劳动条件和工资)、政治(促进土著参与村社和市镇管理)、人权等方面提出了自己的要求。20 世纪 80 年代初,各种土著组织联合成立了土著人民全国协调委员会(Coordinadora Nacional de Pueblos Indígenas, CNPI),并与阿亚拉计划全国协调委员会结盟,因为后者对土著问题予以关注并支持土著的要求。①

20 世纪 70 年代以来,独立农民组织在形成及其活动中,存在以下特征:第一,大部分独立农民组织的参与者是无地农民。它们以争取土地、促进土地改革为首要的斗争目标,但同时也争取更好的生产、经营条件。第二,这些组织基本上都实行内部民主。全国性农民组织机构由内部各成员组织选出的代表产生,各成员组织之间是一种松散的联盟关系,内部事务要由各成员组织协商决定。在各成员组织内部也实行民主机制,领导人由选举产生,并定期轮换。第三,这些组织还与其他行业的民众组织进行沟通、联合,以扩大影响。他们和工人组织、教师工会等联合进行大规模的、全国性的示威游行活动,并参与一些政党的竞选活动。这表明,这些组织已经突破了官方党职团主义体制的限制,力量也大大增强了。第四,这些独立农民组织基本上是在官方党——卡西克控制网络中薄弱地带成长起来的。例如,伊斯莫斯工人、农民和学生联盟(COCEI)是墨西哥最强大的地方农民组织之一,成立于 20 世纪 70 年代初。1981 年,它与墨西哥共产党结盟,赢得了胡奇坦市的市长竞选,这在当时是墨西哥建立的第一个左翼地方政府。胡奇坦市就是官方党的一个薄弱点,这里是萨波特克族的聚居地。在革命时期,一个名

---

① Hubert C. de Grammont and Horacio Mackinlay, "Compesino and Indigenous Social Organizations Facing Democratic Transition in Mexico, 1938–2006," *Latin American Perspective*, Vol.36, No.4, 2009, pp. 26–27.

叫查理斯的卡西克掌握了当地的政权,虽然他服从于政府的意旨,但官方党没有在此地建立分支机构。20世纪60年代中期,查理斯去世,这里出现了一个权力真空,这为伊斯莫斯工人、农民和学生联盟的建立和发展创造了契机。此外,1994年举行武装起义的"萨帕塔民族解放军"是在恰帕斯州的拉坎顿丛林地区形成和发展起来的。因山高林密、交通不便,这里也是官方党势力薄弱的地区。[1]

综上所述,20世纪40年代后,与进口替代工业化发展战略相适应,墨西哥政府重点支持商品性的农业,减缓了土地改革步伐,同时通过全国农民联盟对农民实行控制。20世纪70年代中期前,这种政策取得了一定成功,创造了政治稳定和经济增长的"奇迹",此期出现的独立农民组织大多被政府同化或镇压。20世纪70年代后,工农业发展陷入停滞,社会政治矛盾加剧,全国农民联盟的控制力减弱,农民动员和独立农民组织有了新的发展,并呈现出新的特点。

---

[1] 高波:《墨西哥现代村社制度》,第74—75页。

第八章

复活的"萨帕塔"

——20世纪80年代后的农业改革和农民动员

1992年4月10日,萨帕塔遇难纪念日,在墨西哥恰帕斯州的奥克辛格,四千多名农民聚集在市政厅门前抗议示威。市长仓皇逃脱,地主、商人、法官闭门不出,商店关门。两年后举行起义的"萨帕塔民族解放军"副司令马科斯这样描述当时的情景:"农民们高呼,萨帕塔还活着,斗争还在继续。"[1] 农民动员的复兴,是20世纪80年代后墨西哥政府推行的新自由主义经济改革导致的直接后果。1982年,墨西哥债务危机爆发。为克服危机,墨西哥政府被迫调整经济发展战略。从革命制度党的三届政府(1982—2000)到国家行动党两届政府(2000—2012)都推行了以出口导向为主的新自由主义经济发展战略。农业政策的调整是墨西哥新自由主义改革的重要组成部分,而农业改革直接导致国家与农民关系的变化和农民组织、动员的新格局。

---

[1] 董经胜:《玛雅人的后裔》,第172页。

一、新自由主义的农业改革

债务危机爆发后,在国际货币基金组织、世界银行等国际金融机构的压力下,墨西哥被迫实施开放经济、紧缩财政、推行私有化等新自由主义的经济调整。农业和农村政策的变化也是新自由主义改革的组成部分。德拉马德里政府(1982—1988)期间,墨西哥的农业政策发生了重要的转变。德拉马德里指出:"正如最初土地改革的挑战是大庄园那样,今天我们需要解决的首要问题是土地的继续分散化、资源的非有效利用,以及最严重情况下资源的浪费。"因此,德拉马德里政府"整体土地改革"的目标是:"资源利用的调整,……以最终建立一个现代化的、技术复杂化的农业,向国内市场提供食品和原材料、获取对其他生产部门的现代化做出贡献的外汇,以此来维持持续的增长。"[①] 与此同时,德拉马德里政府坚定地放弃了以往"耕者有其田"的"煽动性宣传",毫不犹豫地宣布土地的重新分配已经结束。政府的土地改革部部长路易斯·马丁内斯·比利卡尼亚(Luís Martínez Villicaña)多次宣称,到本届政府结束前,所有村社社员将拥有"土地使用权的安全保障"(security of tenure),"所有真正的小土地所有者都能获得不受影响的资质证书",以此可确保其土地不受土改征收之威胁。值得注意的是,所谓的"真正的小土地所有者"已经成为一个代码性的词语,涵盖所有的私人生产者,其中很多人占有的土地超过了国家土地改革法律所规定的限额。[②]

---

① Manuel García Murillo, *Desarrollo y reforma agrarian: el pensamiento político de Miguel de la Madrid Hurtado*, México: Centro de Estudios Históricos del Agrarismo en México, 1982, pp. 15–16.

② Michael W. Foley, "Agenda for Mobilization: The Agrarian Question and Popular Mobilization in Contemporary Mexico," pp. 49–50.

为了将上述目标付诸实施，1983 年，德拉马德里向议会提出了新的《联邦土地改革法》(Ley Federal de la Reforma Agraria)。根据该法案，土地分配申请的最初审批权由联邦政府移交州政府，由此使得大庄园主和地方政府之间的勾结更加容易，而农民申请土地更加困难，因为州政府对新的土地分配申请拥有了更大的否决权。新法案还规定，原来作为联邦政府储备用以建立新的村社的国有土地，可以通过出售或出租的方式转为私人所有或使用。新法案允许村社与私人公司或投资者签订长期合同，开发村社共有的森林、矿产、渔场和旅游资源，由此为村社官僚的腐败创造了机会。新法案还对村社的选举和管理制度进行了修改。以往都是从村社委员会(comisariato ejidal)选举中失利的一方中选举产生"监督委员会"(consejo de vigilancia)，新法案废除了这一做法，代之以由村社委员会提名"监督委员会"成员。也就是说，村社委员会和"监督委员会"成员都将由简单多数选举产生。由此带来的结果是加剧村社内部的分裂，削弱村社领导层的责任感，为村社内部的腐败创造了条件。[1]1984 年，该法案在下院以 256 票获得一致通过，但少数派政党 100 名议员步出会场以示抗议，大约 44 名与全国农民联盟相关的革命制度党议员自动缺席。

1987 年，在危机之中又遭到"石油震动"的冲击，墨西哥政府推行更严格的稳定化计划。为控制通货膨胀，政府冻结了汇率、基本商品价格、工资，同时继续实行贸易自由化和财政紧缩政策。这对墨西哥农业造成了严重冲击。1987—1989 年，农业总产值每年下降 4.5%，1989 年的基本食品产量比 1981 年下降了 11% 以上，同期的人口却在增长。[2]

---

[1] José Toro Velasco, *Política y legislación agraria en México: De la desamortización civil a la reforma campesina*, Varsovia: Centro de Estudios de Latinoamericanos, Univerisidad de Varsovia, 1993, pp. 105–108.

[2] Pekka Valtonen, *The Politics of Agrarian Transformation in Mexico*, Academic Dissertation, University of Tampere, 2000, p. 135.

尽管如此，2000 年 11 月 8 日，德拉马德里在卸任 12 年后同记者谈话时宣称，他在任时奉行的不是新自由主义经济政策，而是"混合经济"，即面临比索贬值和债务危机，他采取的是政府、企业主和劳工达成"协议"的"非正统"办法。① 芬兰学者佩卡·瓦尔托奈（Pekka Valtonen）认为，德拉马德里政府时期，其政策"仍然反映出国家干预主义的、保护主义模式的特征，但开始朝着非调控和开放的方向转变"②。然而，1988 年萨利纳斯就任总统后，开始全面推行新自由主义的市场经济模式。萨利纳斯政府（1988—1994）期间，作为公开的新自由主义资本积累模式的组成部分，墨西哥农业部门的改革步伐大大加快。

萨利纳斯政府大大减少国家对农业的直接干预。萨利纳斯政府将相关的公共机构和国有企业实行私有化。1989—1992 年间，农村的公共机构从 103 家减少到 26 家，并对一批与农业相关的国有公司，如全国人民生活必需品公司、农村输运公司、全国良种公司、国有化肥公司、全国烟草和咖啡公司等实行私有化。这些措施发挥了私人投资和市场对农业的调节作用。1989 年，萨利纳斯政府取消了执行了几十年的对 12 种农产品的保证价格政策，除对玉米和菜豆仍实行保证价外，放开了对其他农牧业产品价格的限制，以发挥国内市场需求的调节作用。③

在土地政策方面，萨利纳斯政府采取的最重要的措施是修改墨西哥 1917 年《宪法》第 27 条。因为此项改革直接触动了墨西哥革命宪法和土地改革的根基，1991 年改革的建议方案的公布，在墨西哥公众中引起极大震惊，用胡里奥·蒙盖尔（Julio Moguel）的话说，这就像一个"晴天霹雳"④。该法案是在几乎秘密的状态中制定的，农民组织甚至绝大多

---

① 徐世澄：《墨西哥革命制度党的兴衰》，第 70 页。
② Pekka Valtonen, *The Politics of Agrarian Transformation in Mexico*, p. 134.
③ 徐世澄：《墨西哥革命制度党的兴衰》，第 94 页。
④ Pekka Valtonen, *The Politics of Agrarian Transformation in Mexico*, p. 138.

数议员皆不知晓。11月7日，法案提交众议院，12月5日获得批准，12月12日在参议院获得批准。最后通过的法案在原建议草案的基础上仅仅做了微小的修改。从公布到批准的五个星期内，为了说服大多数全国和地方农民组织的领导人支持或至少不公开反对该法案，政府采取了多种措施，例如，对于根据原土地改革法案正在分配过程中的土地（即虽然被征收用作分配但仍在原所有者手中），政府许诺予以补偿；对于农民组织领导人提出威胁，如果他们反对改革法案，所在组织将被排除在政府所有的农业支持计划之外。对基层普通农民来说，官方信息渠道被有意识地堵塞了。计划从提出到通过是在很短的时间内完成的，因此，此项改革并没有引起农民组织协调一致的抗议运动。

1992年1月，对《宪法》第27条的修改以及与之配套的新《农业法》正式生效。改革的主要内容可概括为以下三个方面：第一，取消国家向需要土地的农民提供土地的义务，实际上这意味着结束土地改革。第二，对私人土地所有权的规定进行了若干改革。例如，对土地进行投资改造（例如通过修建灌溉设施将牧场改变为耕地）的地产业主将不再承受土地被征收的风险，即使其占有土地的规模超出了官方设置的限制。但是，官方根据土地类型对于土地所有权面积的限制依然保留，旨在防止私有化之后的村社土地集中在少数人手中。对于公社土地所有权以及对于外资投资土地的限制被取消（但规定一家公司拥有的灌溉地不得超过2 500公顷）。第三，最重要的改革是村社部门的私有化和改革。此项改革的重要性不言而喻，因为在墨西哥，当时大约一半的生产性土地（包括牧场和林地）属于村社所有，被分配给300万村社社员（加上这些社员的家属，构成农村人口的相当规模），组成2.8万多个村社和农村公社。① 根据改革法案，村社土地可以转变为私人财产。实际上，改革并没有完全废除村社制度，私有化方案的实施需经过大多数村社社员同意决定；此外，即使在土地私有化之后，村社仍可继续存在，因为公共土地（如牧场和林地）仍将由村社经营，解散村社也需要经过大多数村社社员的同意决定。私有化完成之后（即小块土地经过丈量并颁发土地所有权证书之后），村社社员个人有权对土地出售、出租、抵押或者撂荒。如果将小块土地售予本村社社员，无需经村社委员会批准，但如果将小块土地售予村社之外的人，须经三分之二以上的村社社员同意。除土地私有化之外，村社或村社社员个人有权在自己内部或者与村社外的公司或个人，甚至与外国投资者或公司组成企业性组织，但依据规定，在这种企业性组织中，外国投资者所占股份不得超过49%。

根据墨西哥政府的立场，村社生产效率低下和管理不善的根源在于现存的村社制度，特别是国家家长主义和不完全的土地私有权，削弱了村社农民的劳动积极性。墨西哥政府坚称，村社改革是一揽子宏观经济政策的一个组成部分，旨在鼓励投资，将墨西哥融入全球经济。② 萨利纳斯说："土地分配在过去是实现公正的途径，今天是非生产性的和贫困的根源。"因此，"原《宪法》第27条已经过时了，不再适应现实的需

---

① 20世纪90年代以前，墨西哥农民土地所有制形式主要有两种：一种是村社（ejidos）土地所有制，这是在土地改革中分割大私人地产或者分配尚未开垦的"国有土地"形成的模式。土地改革过程中，政府把土地分配给申请土地的单位，组成村社，再由村社把土地分配给农民，但森林和牧场不得分配，归集体经营。社员分得的土地可以世代相传，但只拥有土地的使用权，无权变卖和出租，土地所有权归国家。另一种是印第安人公社（comunidads）所有制，土地归集体所有，除小部分作为公地外，其余分给社员个人耕种，社员分得的土地有世袭的所有权。在西方一些著作中，这两种土地占有形式也被称为"社会部门"（social sector）。

② María Teresa Vázquea Castillo, *Land Privatization in Mexico*, New York: Routledge, 2004, pp. 38–39.

要"①。但是，也有人对此持反对立场，认为村社生产效率低下的原因不在于土地所有权制度，而是国家支持不足和不均衡。长期以来，政府支持的重点是商品性的私人农业，而非村社，私人农业因此看上去似乎更有效率。村社改革的反对者指出，一旦村社社员获得了对于土地的所有权证书，他们很可能在经济困境时期被迫将土地卖掉。对于《宪法》第27条的修改，使得村社土地逐渐转变为私有财产更加容易，将会导致越来越多的村社人口流离失所。②此外，对于无地农民或者土地不足的农民来说，对《宪法》第27条的修改，意味着他们获得土地的梦想彻底破灭了。1992年，墨西哥尚有27%的土地申请等待核准，仅在恰帕斯州，就有3 483项等待核准的土地申请和164项虽得到核准但未能执行的土地申请。③因此，1994年该州"萨帕塔民族解放军"起义的爆发，与1992年的村社改革有着直接的联系。

当时，由于生产效率不高，也由于村社内部管理的混乱、腐败、缺乏民主，村社制度的确需要进行改革，但是要解决这些问题，并不意味着必须全面中止土地改革。实际上，对《宪法》第27条的修改是政府有意识的政治决策，是为《北美自由贸易协定》（NAFTA）开辟道路，而非完全是为了解决村社制度的缺陷。

为了将改革具体付诸实施，政府推行了"村社所有权证书和城市宅基地权利计划"（Programa de Certificación de Derechos Ejidales y Titulación de Solares Urbanos, PROCEDE），对于印第安人公社（comunidads），政府也实行了相应的"公社所有权证书计划"（Programa de Certificación de Derechos Comunales, PROCECOM）。新成立的政府机构农业监督局（Procuraduría Agraria）具体负责上述计划的实施。根据

---

① 董经胜：《玛雅人的后裔》，第149页。
② María Teresa Vázquea Castillo, *Land Privatization in Mexico*, p. 38.
③ 董经胜：《玛雅人的后裔》，第149页。

规定，村社或公社是否加入该计划，完全出于自愿。也就是说，只有村社或公社社员通过投票同意后，才由农业监督局对村社土地进行测量和分类，作为授予土地所有权证书的前提。最初，政府相信绝大多数村社将会急不可耐地申请土地私有化，但是，事实证明，村社社员的积极性并不高。为了推进计划，地方政府要求，获得村社所有权证书成为村社获得政府支持，如信贷或者根据"直接农业支持计划"（El Programa de Apoyos al Campo, Procampo，见下文）所提供的补贴的前提。

实际上，农民对于村社改革的感觉和反应是矛盾的。他们当然希望获得对于村社土地的私有产权，这不仅因为他们希望最终获得拥有法律保障的"自己的"土地，而且也因为他们对于村社自上而下的、不民主的管理方式不满。对于有些农民，特别是那些不直接耕种村社土地的农民而言，如果他们的土地成为受法律保障的可以出售的商品，其价值很可能因为出售的合法化而上升。但是，对于更多的农民来说，村社制度带有强烈的情感因素，是他们为了土地而长期流血斗争的成果，对《宪法》第27条的修改，意味对着墨西哥革命的否定，"就等于把萨帕塔从坟里扒出来，将他的遗骨随风抛散"[①]。

最初，萨利纳斯政府认为，在本届政府任期期满时，绝大多数村社将实现私有化。但是，由于农民的消极抵制和有意拖延，到1996年底，全国只有48%的村社完成了私有化。1994年塞迪略政府上台，继续推行村社私有化计划，目标是到2000年该届政府结束时，向所有村社和公社颁发土地所有权证书。1998年3月，即塞迪略政府结束前两年，农业监督局的年度报告中指出，在全部27 114个村社中，只有60%获得了其颁发的土地所有权证书，计划在北部地区和中部地区的开展要快于

---

① 董经胜：《玛雅人的后裔》，第149页。

南部地区。①

墨西哥政府还开放农产品市场。1986年，墨西哥加入《关税及贸易总协定》，开放农牧业产品，进一步降低农产品关税，取消进口限制。1984年，墨西哥对882项农产品进口收取关税，其中780项需要进口许可证。到1990年，需要进口许可证的农产品减少到15项，农产品的进口关税率降为4%左右。②1994年,《北美自由贸易协定》生效后，墨西哥农产品市场的开放速度进一步加快。根据《北美自由贸易协定》,逐步取消美国、加拿大、墨西哥三国之间农产品进口关税。在美国和墨西哥之间，从1994年起，根据协议生效前一年的平均进口数量，确定初始的产品免税进口配额，此后，该配额每年增加3%，在十年的过渡期终结时，所有关税将全部被取消。针对某些敏感的产品，如墨西哥从美国进口玉米和菜豆，以及美国从墨西哥进口橙汁和蔗糖，过渡期为十五年。在墨西哥和加拿大之间，因两国贸易额较小，且两国在绝大多数免税产品上不存在竞争，因此自由贸易对两国的生产者不构成严重的威胁。墨、加两国间仅对大多数水果和蔬菜设立了五年的过渡期，以及对奶制品、蛋类和禽类（主要是鸡）设置了为期十年的过渡期。协议认为，农业补贴是不适当的，但也没有明确禁止。然而，如某成员国从任何非成员国进口得到补贴的农产品，其他成员国如果认为其出口因此受到了损失的话，有权采取反制措施。③

在《北美自由贸易协定》生效后，对墨西哥来说，具备竞争优势的非传统的农产品（主要是蔬菜和水果）增加了向美国市场的出口。1994—2001年，墨西哥主要出口八种蔬菜——芦笋、菜花、胡萝卜（及萝卜）、黄瓜、大蒜、洋葱、胡椒和番茄，其中黄瓜和番茄的出口量最

---

① María Teresa Vázquea Castillo, *Land Privatization in Mexico*, p. 37.
② 徐世澄:《墨西哥革命制度党的兴衰》，第93页。
③ Pekka Valtonen, *The Politics of Agrarian Transformation in Mexico*, p. 175.

大，分别为 34.7 万吨和 73.3 万吨。[①] 因墨西哥番茄向美国出口的增加，1995—1996 年，墨西哥的锡纳罗亚州和美国的佛罗里达州之间发生了"番茄战"。佛罗里达的番茄生产者指控锡纳罗亚的生产者对美国市场进行倾销，最终自由贸易冲突裁决机构做出决定，为美国市场的番茄设定最低价格，这显然是违背自由贸易原则的。[②] 1994—2001 年，墨西哥主要的出口水果——鳄梨、柠檬、芒果、香瓜、柑橘、草莓和西瓜——其中香瓜和西瓜向美国的出口名列前茅，分别为 22.2 万吨和 23.2 万吨。

但是，墨西哥缺乏竞争力的基本谷物，包括玉米、菜豆、小麦、大米、高粱、大豆、大麦，则受到来自美国进口农产品的激烈竞争，其中玉米受到的冲击最大。据统计，1989 年，美国生产一吨玉米和菜豆的成本分别是 92.74 美元和 219.53 美元，而墨西哥则为 258.62 美元和 641.17 美元。1992 年，美国对墨西哥的出口玉米价格仅为墨西哥国内保护价格的一半。[③] 墨西哥玉米的平均产量为每公顷 1.7 吨，而美国为每公顷 6.9 吨。技术、补贴、基础设施、气象服务等方面的巨大差异也使墨西哥的玉米生产者无力与美国展开竞争。在玉米生产最集中的中部和南部各州，如恰帕斯、格雷罗、伊达尔戈、瓦哈卡、韦拉克鲁斯，大多数小生产者在小块土地上进行季节性生产，没有灌溉设施，产量很低。例如在恰帕斯，1988 年，200 万小生产者、三分之二的村社土地生产玉米。其中不到一半的村社能使用现代技术，只有 42% 的村社拥有拖拉机，绝大多数仍使用牛拉的犁，靠手工劳动，只有 17% 的可耕村社土地能够得到灌溉。特别是在高地和丛林地区，绝大多数农民依然采用传统的刀耕火种的技

[①] 张勇、李阳:《北美自由贸易协定对墨西哥农业的影响》,《拉丁美洲研究》,2005 年第 2 期,第 34 页。

[②] Pekka Valtonen, *The Politics of Agrarian Transformation in Mexico*, p. 176.

[③] 张勇、李阳:《北美自由贸易协定对墨西哥农业的影响》,第 34 页。

术。① 在《北美自由贸易协定》生效的第一年，美国向墨西哥免税出口玉米的配额设定为 250 万吨，从 1995 年起，这个配额就以年复合率 3% 的速度增长，到 2008 年免税出口配额将达到 360 万吨。但是，自协定生效以来，墨西哥每年进口的玉米总是超出指定的配额。政府应对超出部分征收超额进口税，但实际上所有的进口玉米都是免关税的。《北美自由贸易协定》规定，在十五年的时间内逐步取消玉米关税，但是墨西哥政府在 1994 年 1 月到 1996 年 8 月，即 30 个月内便取消了关税。期间，玉米价格下跌了 48%。② 因此，在墨西哥生产玉米的农民看来，《北美自由贸易协定》意味着他们将失去生存条件。"萨帕塔民族解放军"选择《北美自由贸易协定》生效的当天——1994 年 1 月 1 日——举行起义，自然是具有象征意义的。

为了弥补取消补贴（因废除保护价格）和竞争压力增大（因开放市场）等政策给基本农产品（玉米、菜豆、小麦、大米、棉花、大豆、高粱）生产者带来的收入损失，1993 年，萨利纳斯政府实施了"直接农业支持计划"。该计划期限为十五年，与《北美自由贸易协定》设立的农产品市场完全开放的过渡期相对应。计划规定，根据农户耕种土地的多少，按公顷数直接发给补贴，改暗补（农产品保证价格等间接补助）为明补。在萨利纳斯任内，该计划进展缓慢。在塞迪略任内，计划得到较好的实施。该计划使 330 万农户，主要是谷物和油料作物种植户受益，这些农户大多数是占地面积较小的小农，这一补贴是占地 10 公顷以下农户总收入的 18.24%。③ 但是，正如科尔斯滕·阿本迪尼（Kirsten Appendini）指出的，"直接农业支持计划"的真正目标在于政治和社会方面，而非经济方面。该计划的特点是，面向所有的农产品生产者，不论土地面积，也不论产

---

① 董经胜:《玛雅人的后裔》，第 147 页。
② 张勇、李阳:《北美自由贸易协定对墨西哥农业的影响》，第 36—37 页。
③ 徐世澄:《墨西哥革命制度党的兴衰》，第 95 页。

品面向市场还是供自身消费，因而最贫困的、产品主要供自身消费的生产者可以得到直接补贴，而在过去他们是被排除在间接补贴（如保护价格）的受惠者之外的。计划在较贫困的农户中较受欢迎，大约有220万过去享受不到保护价格好处的小生产者据此可以得到一定的收入补偿。实际上，较为现代化的中间阶层与过去相比受到一定的损失，因为作为面向市场的生产者，根据该计划得到的补偿不足以弥补价格补贴的取消带来的损失。但是，也不能就此认为该计划是一个收入再分配计划，因为每公顷土地得到的补偿是相等的，拥有的土地面积少，得到的补偿自然就少。1994年，计划的30%的资金投向了土地面积5公顷以下的生产者，而70%投向了土地面积较大的生产者。此外，根据该计划发放补贴时，仅依据土地面积，不区分种植作物的品种。这一特点，加上保证价格的废除，对玉米生产是一个重大挫伤。最能反映出该计划的政治意图的是，1994年8月总统大选前政府集中发放了大约300万份补贴。非政府组织批评道，在很多州，该计划成为革命制度党捞取选票的重要手段。①

1994年塞迪略政府上台后，推行"农村联盟计划"（Alianza para el Campo）。计划于1995年10月提出，1996年开始实施。塞迪略政府倡议由农牧业、农村发展、渔业和食品部与各州相关部门及全国农牧业生产者组织联合组成一个协调机制，目的是促进农牧业的投资和加快农牧业的发展。在农村联盟计划框架内，成立了国家农牧业委员会、国家农牧业发展基金会、国家生产基金会等协调机构。这一计划使390万农户受益，其中大多数是拥有5—20公顷土地的农户。②该计划包含若干

---

① Kirsten Appendini, "Changing Agrarian Institutions: Interpreting the Contradictions," Wayne A. Cornelius and David Myhre, eds., *The Transformation of Rural Mexico: Reforming the Ejido Sector*, San Diego: Center for U.S.–Mexican Studies, 1998, pp. 31–33.

② 徐世澄：《墨西哥革命制度党的兴衰》，第95页。

子计划，其中之一是"农村指导支持和生产计划"（Programa de Apoyos Directos y Productivos al Campo，简称 Produce，非缩写）。该子计划向购买农业机械的生产者提供打折服务，并对生产一年生作物向常年生产作物转变的生产者提供支持。但是，对于拖拉机等农机提供的 20% 的折扣优惠被 10%—15% 的价格上涨部分抵消了。另一子计划是"玉米和菜豆计划"（Programa de Maiz y Frijol，简称 Promaf）。根据该子计划，政府继续以固定价格收购这两种农产品，但视地区不同区别对待，另外对上述两种作物的种子设立最高限价。此外，作为农村联盟计划的组成部分，继续推行萨利纳斯时期的"直接农业支持计划"。①

在很大程度上，塞迪略政府的"农村联盟计划"是在 1994 年恰帕斯州"萨帕塔民族解放军"起义爆发之后，针对农村地区不稳定的社会局势采取应对措施。如上所述，从"直接农村支持计划"中受益的多数是拥有 0—10 公顷土地的农户，这些农户的生产主要是自给自足；而"农村联盟计划"与此不同，从中得益的主要是拥有 5—20 公顷土地的农户，这些农户具有生产和贸易潜力。②

二、常设农业委员会的建立与农民组织的分裂

在墨西哥政府在农业领域进行根本性的调整与改革的新形势下，农民的动员和农民组织的发展也进入了新的时期。

1988 年 12 月，萨利纳斯在对其在选举中获胜的合法性严重质疑的抗议声中就任总统职位。全国农民联盟的声望和同化能力下降，为了不至于完全丧失农民的支持，政府被迫重新审视对独立农民组织的立场。1989 年，在政府的倡议下，成立了一个新的磋商性论坛——常设农业委

---

① Pekka Valtonen, *The Politics of Agrarian Transformation in Mexico*, p. 138.
② 徐世澄：《墨西哥革命制度党的兴衰》，第 95 页。

员会（Consejo Agririo Permanente, CAP），作为政府与农民之间磋商和谈判的主要机构，取代了原全国农民联盟的大部分功能。常设农业委员会的建立，得益于萨利纳斯与区域独立农民组织全国联盟的领导人和知识分子之间的密切联系，这些人在萨利纳斯竞选中发挥了重要作用，并负责按照独立组织的路线对全国农民联盟实行改革，还有人在新政府的农业部担任了重要职务，承担了加强农业企业并在私有化进程中将部分国有企业转交农民组织的任务。因此，常设农业委员会能够使绝大多数全国性的农民组织参与进来，既包括全国农民联盟，也包括各独立农民组织（如独立农民中心，墨西哥土地委员会，墨西哥工农总联合会，区域独立农民组织全国联盟，农业工人和农民独立联盟，城乡组织民主同盟，工人、农民和人民总联盟，卡德纳斯农民中心，全国农业工人联盟等），但阿亚拉计划全国协调委员会没有参加。[①] 革命制度党政府首次接纳不从属于官方党的农民组织，包括一些与反对党有联系的组织，作为有效的对话对象。在常设农业委员会内部，所有农民组织具有同等的投票权，领导层由各组织轮流担任，因此，该委员会具有较充分的代表性，较少同化色彩，但是，委员会对成员组织没有直接的领导权。[②]

成员组织并未能因参加常设农业委员会而实现他们所期望的目标。私有化进程中移交给农民组织的国有企业一般是不重要的部门，而移交给私人部门的则通常是战略性的、盈利的部门。农民虽然得到了政府的财政支持，但微不足道。虽然政府通过区域独立农民组织全国联盟的领导权建立资助机制，但仍然优先支持全国农民联盟，后者得到了国家资源的大部分。1991 年，萨利纳斯政府的控制权和合法性得到巩固和加强

[①] Hubert C. de Grammont and Horacio Mackinlay, "Compesino and Indigenous Social Organizations Facing Democratic Transition in Mexico, 1938–2006," pp. 27–28.

[②] Michael W. Foley, "Privatizing the Countryside: The Mexican Peasant Movement and Neoliberal Reform," *Latin American Perspectives*, Vol. 22, No. 1, 1995, p. 63.

之后，政府在没有与常设农业委员会协商的情况下，推行了1917年《宪法》颁布以来最广泛、彻底的农业改革。对《宪法》第27条的修改以及此后新《农业法》的通过，结束了土地分配，实施农业财产的私有化，将土地和自然资源（包括森林、渔场、矿产和水源）引入资本主义市场。这些法律上的改革，加上绝大多数谷物和其他主要粮食作物最低保证价格的取消、农业国有企业的私有化，为《北美自由贸易协定》的签署奠定了基础。受到贸易自由化和其他新自由主义改革措施影响的，不仅是小农生产者，还包括很多自20世纪40年代以来因关税保护和其他相关政策而盈利的农牧企业。几乎所有的分析家都认为，面向国内市场的农民和小农牧企业在《北美自由贸易协定》签署后成为最大的受损者。根据《北美自由贸易协定》而取消关税的产品包括玉米和菜豆这样具有传统重要性的农产品，尽管该协定为关税的取消设置了十五年的过渡期。虽然很多观察家担心该协定将对绝大多数农业生产者带来损害，但是该协定在墨西哥仍获得通过，没有受到农民的明显抗议，这在很大程度上得益于通过常设农业委员会的建立而得以重新强化的职团主义控制机制。

对于萨利纳斯政府的农业改革建议，常设农业委员会最初的反应是一致反对。委员会主任谴责总统的倡议是"反改革的"。对此，总统迅速提出了所谓的"农村地区自由和公正的十点"保证，并施加强大压力，迫使各农民组织签署《农民宣言》（Manifesto Campesino），支持政府的改革措施。政府还做出很大努力，例如与村社领导人、妇女团体、农民经济组织等举行会谈，从其他方面争取对改革的支持。最终，政府迫使常设农业委员会全国领导层改变了立场，但也在常设农业委员会内部和各成员组织中引起了严重的分裂。当时，控制常设农业委员会指导权的西北部农民联盟（Alianza Campesino del Noroeste, Alcano）的领导人受到来自成员组织的严厉批评。最重要的成员组织区域独立农民组织全国联盟和工人、农民和人民总联盟甚至提出要解散常设农业委员会。最终，常设农业委员会和成员组织维持了统一。《宪法》改革方案在1991年1月获得通过，仅在两个星期的议会特别会议辩论后，新《农业法》方案也在2月中旬获得通过。1991年2月，针对政府提出的《宪法》修改草案和新《农业法》草案，常设农业委员会先后起草了两份替代方案，但是，都被政府完全忽视。常设农业委员会被完全边缘化了。随后，在4月10日萨帕塔遇害纪念日这天，分别举行了两场农民集会。一场是第二届农民组织全国会议，参加者是逐渐选择接受政府改革计划的农民组织，包括区域独立农民组织全国联盟、西北部农民联盟（Alcano）、工人、农民和人民总联盟内的一个重要部分，全国农民联盟，以及其他传统上从属于执政党的农民组织。这一派别很快被称为"新农民运动"，主要包括那些彻底致力于"生产性"目标的全国性独立农民组织，以及长期与革命制度党联盟的农民组织，还有改组后明确致力于"生产性"目标但继续与革命制度党和萨利纳斯政府密切结合的全国农民联盟。①另一场农民集会是在墨西哥城举行的传统的游行示威，组织者主要是反对政府改革计划的农民组织，包括阿亚拉计划全国协调委员会和农业工人和农民独立联盟。集会上成立了农民组织协调会议（Coordinadora de Organizaciones Agrarias, COA），这一派的要求是推进土地改革，完全反对政府的新自由主义改革计划。②

塞迪略政府上台后，推行行政管理分权化措施，将农业基金的分配权由联邦政府移交州政府，结果，由于州长优先照顾自己的地方盟友，此前与联邦政府直接谈判的农民组织进一步被边缘化了。同样，政府在推行扶贫计划过程中，也避开农民组织，直接与地方上的个人或集团打

---

① "生产性"目标指的是争取对于生产过程的控制，而不是传统的争取土地分配。

② Michael W. Foley, "Privatizing the Countryside: The Mexican Peasant Movement and Neoliberal Reform," p. 68.

交道。常设农业委员会虽然作为一个政府资助的机构继续存在，但完全失去了政治影响力，成为控制成员组织反政府动员的工具。20世纪90年代，墨西哥政府继续推行支持大规模的农业和农工联合企业的农业政策，并根据各农民组织是否支持政府的政策来确定对这些农民组织的态度。在这种政策下，过去曾经是革命制度党支柱的农民生产者和中小农业企业都受到严重伤害，他们很难得到政府的贷款等财政支持。同时，大规模的农业生产和加工企业成立了全国农牧业委员会（Consejo Nacional Agropecuario, CNA），获得了很大的政治影响。[1]

三、独立农民组织策略的转变

在土地私有化和新自由主义经济模式对农民带来严重冲击的形势下，独立农民组织的斗争策略也被迫发生了变化。改革之前，独立农民组织通过与政党、工会组织等结成战术性的政治联盟，直接与国家谈判，以此获得利益或政府方面的让步。也就是说，这是一种"政治性策略"。很多涉及农民利益的问题在农民组织内部集中决定，然后直接与政府机构谈判。然而，这种"政治性策略"也存在着困境：如果通过斗争，农民组织的要求得到满足，该农民组织就被同化进一个国家体制之中，而这个体制从总体上而言是与农民利益相悖的；如果农民组织的要求没有被满足，这个农民组织就面临着失去成员的危险。因此，只要革命制度党控制政权，"政治性策略"就很难使得农民组织维持自身的独立性。结果，地方的、区域性的，甚至全国性的农民组织逐渐转向"生产性的"和部门性的策略。也就是说，农民组织从单纯要求土地分配转向要求对生产过程的更大控制权。实际上，这一转变早在20世纪70年代就已经开始了，

---

[1] Hubert C. de Grammont and Horacio Mackinlay, "Compesino and Indigenous Social Organizations Facing Democratic Transition in Mexico, 1938–2006," p. 29.

但是 20 世纪 80 年代后，在政府推行新自由主义改革的过程中，国家逐步放弃了分配土地的义务，国家也不再是农产品的大宗收购方，这些变化大大促进了农民组织向"生产性"策略的转变。

最早推行这种"生产性"策略的农民组织中，最有代表性的是索诺拉州的亚基和马约谷地集体村社联盟。该联盟是埃切维里亚政府后期在农民占地运动中产生的，正式成于 1978 年，很快发展为包括 76 个村社、拥有几千名成员的规模。最初，该联盟主要目标是反对当地在占地运动中站在大地产主一边的村社银行办公室，以及与村社银行合谋的农业保险公司（ANAGSA），后来，联盟的活动逐步扩展。到 20 世纪 80 年代中期，联盟已经拥有了自己的信贷基金、自己的农作物保险公司、一家"公司商店"、一个托儿中心、一个为 5 600 个家庭提供居所的住房计划，以及其他若干为成员提供就业机会、额外收入和服务的计划。在政治上，联盟在当地也拥有了重要的影响，尽管这不是其主要目标。联盟摆脱了对村社银行的依赖，拥有了自己的信贷机构，大大增加了主要作物如小麦、大豆、玉米、棉花的产量，产量通常高于私人农场的平均水平，尽管投入的生产成本较低，这主要是由于减少了昂贵的化肥的使用量。联盟还直接与产品的收购方和农业投入的供应方签订合同，并在生产领域雇用自己的技术人员。总体上说，亚基和马约谷地集体村社联盟的策略取得了很大的成功。最重要的原因之一是，联盟领导层遴选的依据是品德和能力，因而产生的领导人具有高度的责任感。联盟的成员大多为被新自由主义者看作过时的、生产效率低下的集体村社。①

全国范围的部门性的生产者组织是咖啡生产者组织全国协调委员会（Coordinadora Nacional de Organizaciones Cafetaleras, CNOC）。多年以来，农民将咖啡卖给墨西哥咖啡协会。墨西哥咖啡协会成立于 1958 年，

---

① Pekka Valtonen, *The Politics of Agrarian Transformation in Mexico*, pp. 214–215.

主要开展研究和提供技术援助。1973年，埃切维里亚政府扩大了墨西哥咖啡协会的职能，使其成为组织和资助咖啡生产、保证收购和出口的核心部门。到20世纪70年代末，墨西哥咖啡协会取代了主要的中介机构，负责收购本国供应的一半以上的咖啡。随着20世纪80年代经济危机的爆发，墨西哥咖啡协会的地位大大下降，其市场占有率从1982—1983年的44%下降到1987—1988年的9.6%。如同很多其他政府机构一样，墨西哥咖啡协会效率低下、腐败、管理不善，到1988年，已累积债务9 000万美元。1989年，萨利纳斯政府推进私有化进程，墨西哥咖啡协会立即从购销领域退出，仅局限于提供技术援助。1989年，国际咖啡协会未能就咖啡生产配额达成协议，导致世界市场上咖啡价格下降50%。①

为了联合应对这种局面，1989年7月，各地独立的咖啡生产者组织在瓦哈卡州的拉奇比萨（Lachiviza）举行会议，来自六个州的25个组织参加，正式成立了咖啡生产者组织全国协调委员会，并很快在首都设立了办公机构。同年10月，在哈拉帕（Jalapa）举行了第二次会议。咖啡生产者组织全国协调委员会获准参加了负责对墨西哥咖啡协会进行改组和私有化的委员会。墨西哥咖啡协会在咖啡产区仍拥有各种场地和设备，如发酵和烘干中心、仓储设施等。1991年，咖啡生产者组织全国协调委员会已拥有54个会员组织，代表大约5万名农民生产者。咖啡生产者组织全国协调委员会除了与政府进行谈判外，还为成员生产的咖啡寻求市场。在政府退出咖啡购销领域后，这是一项必需的工作。早在1990年1月，咖啡生产者组织全国协调委员会内部的30个成员组织就建立了第一家农民拥有和经营的全国性的咖啡企业。1990年4月，咖啡生产者组织全国协调委员会还积极参与成立中美洲、墨西哥和加勒比中小规模咖啡生产者联盟。咖啡生产者组织全国协调委员会还与工业化国家的消费者组

---

① 董经胜：《玛雅人的后裔》，第144—145页。

织和公平贸易协会建立了联系。在美国市场上，该组织推出了自己的咖啡商标"阿兹特克收成"（Aztec Harvests），并与美国公平贸易组织"感恩节"（Thanks Giving）达成了协议。在欧洲，该组织还与荷兰公平贸易组织马格斯·哈弗拉尔基金会（Max Havelaar）达成了协议。①

咖啡生产者组织全国协调委员会的成立在各地产生了很大的影响。例如，在瓦哈卡州，1989年6月，一个地区性的小咖啡生产者组织——瓦哈卡州咖啡生产者协调委员会（Coordinadora Estatal de Productores de Café de Oaxaca, CEPCO）成立，两年之内就拥有了35个地方组织，代表1.8万名生产者（主要是生产和销售有机咖啡豆的土著农民），成为咖啡生产者组织全国协调委员会内部的重要成员。1993年，在奇瓦瓦州，受保证价格取消所影响的中小生产者建立了奇瓦瓦州农民民主阵线（Frente Democrático Campesino de Chihuahua, FDC）。同年成立的"巴尔松"（El Barzón，意为"梨环"）则以保护严重负债的小生产者为主要目标。1993年年中，新自由主义改革导致农民生存危机的迹象初步显现，"巴尔松"领导了一场抗议运动，参加者主要是依赖于国内市场、保护关税和国家资助的生产者。这一新的社会运动利用墨西哥政治向民主制的转变进程，在议会中开展工作，争取通过解决呆账问题的法案；在最高法院开展工作，力图裁决银行私有化和拖欠债务的解决方案违法。20世纪90年代后半期，"巴尔松"成为墨西哥农民运动的主要力量。

在此期间，特定部门的农民企业也成立了一些新的组织，例如，1992年，墨西哥社会部门信贷同盟协会（Asociación Mexicana de Uniones de Crédito del Secctor Social, AMUCSS）成立，致力于促进草根信贷和储蓄计划；1995年，全国农民商业企业协会（Asociación Nacional de Empresas Comercializadores Campesinas, ANEC）成立，致力于将谷物

---

① Pekka Valtonen, *The Politics of Agrarian Transformation in Mexico*, pp. 215–216.

和油料作物推向市场；1993年，全国公共林业组织同盟（Unión Nacional de Organizaciones de Forestería Comunal, UNOFOC）成立；1994年，墨西哥农民林业组织网络（Red Mexicana de Organismos Campesinos Forestales, Red MOCAF）成立。1997—1999年，这些组织与咖啡生产者组织全国协调委员会一道，在媒体上发起了一场宣传攻势，反对新自由主义改革及其对中小生产者带来的不利影响。连续三年，它们都向议会提出替代性的农业发展预算。常设农业委员会没有支持它们的行动，只有其成员组织区域独立农民组织全国联盟曾经两次支持上述预算方案。

除了在议会开展工作外，"巴尔松"及其联盟集团还举行游行示威，表达他们的诉求。2000年4月10日萨帕塔遇难日，他们在墨西哥城和若干其他城市举行了大规模的集会。"巴尔松"、农民民主同盟（Unión Campesina Democrática, UCD）、全国奶农协会（Asociación Nacional de Ganaderos Lecheros）以及其他农民组织还成立了捍卫墨西哥农村全国阵线（Frente Nacional en Defensa del Campo Mexicano, FNDCM）。

随着革命制度党控制力的削弱，政治体制的日益多元化，农民组织通过与政党建立新的联系，在市镇、州以致联邦议会中对决策施加影响。一些组织提倡从社会和经济动员转向直接参与政党政治，其领导人开始在政党中担任一定角色，并参与各个层次的竞选。与此同时，这些组织也强调捍卫其独立于国家和政党的自主性，以及成员根据个人意愿投票的自由。由于保守的国家行动党在农民眼中是新自由主义的首要支持者，左派的民主革命党（PRD）在20世纪90年代后期赢得了绝大多数农民组织的拥护。传统上与革命制度党接近的区域独立农民组织全国联盟的绝大多数领导人转向了民主革命党和工党（PT），阿亚拉计划全国协调委员会的领导层支持工党，"巴尔松"和农民民主同盟则从工党建立之初就与其保持着密切的联系。其他农民组织如卡德纳斯农民中心、城乡组织民主同盟、全国农业工人联盟也开始参加民主革命党的活动，而农业工人和农民独立联盟的领导人则与民主革命党疏远，转而支持新的政党，如"可能墨西哥"（México Posible）。这种策略的转变也带来了另一后果：社会组织的领导人参与政党政治，使其远离了对组织的日常管理，与他们政治影响暂时加强相伴的是组织内部结构和组织能力的长远性减弱。①

除了上述转向追求"生产性"策略的农民组织外，也有的农民组织依然坚持将土地改革作为斗争的目标。其中，有的直接诉诸武装斗争，也有的致力于和平抗争。

如前所述，墨西哥农民有着长期的武装斗争传统，然而，墨西哥革命后，自 20 世纪 20 年代的"基督教徒暴动"以来，与其他拉美国家相比，墨西哥农民较少通过武装斗争来捍卫自己的利益，这与革命后形成的一党制的职团主义政治体制下墨西哥国家对农民的同化性控制有着直接的关系。但是，在 20 世纪 90 年代新自由主义改革的冲击下，这种模式被打破了。1994 年 1 月 1 日，即"北美自由贸易协定"生效的当天，在南部的恰帕斯州，"萨帕塔民族解放军"举行了武装起义。"萨帕塔民族解放军"的武装斗争，在国际上引起了广泛的关注，学术界对此也进行了大量深入的研究，在此不再赘述。② 需要指出的是，起义发生后，墨西哥政府试图将其定性为一个单纯的政治性事件，是由既不是农民也不是印第安人的外来者领导和操纵的，与当地的经济和社会状况无关。诚然，以"萨帕塔民族解放军"发言人"副司令马科斯"为代表的领导人受过高等教育，而且在最初的武装冲突阶段之后，"萨帕塔民族解放军"和政府的较量大多是在互联网上展开的，这也不是当地农民熟悉的领域，但是，不可否认的是，导致这场冲突的根本性原因，还是墨西哥政府的新

---

① Hubert C. de Grammont and Horacio Mackinlay, "Compesino and Indigenous Social Organizations Facing Democratic Transition in Mexico, 1938–2006," pp. 30–31.

② 可参阅董经胜：《玛雅人的后裔》。

自由主义改革和自由贸易政策对农民生存权利的冲击。

四、宽恕与非暴力："蜜蜂"组织的抗议运动

在坚持和平斗争路线的农民组织中，最有代表性的是与"萨帕塔民族解放军"同在恰帕斯州的"蜜蜂"（Las Abejas）组织。"蜜蜂"组织于1992年成立于恰帕斯州高地地区的切纳洛（Chenalho），致力于通过非暴力斗争的方式实现社会公正。1997年发生于阿克特阿尔（Acteal）的"蜜蜂"组织成员被屠杀的惨案，使该组织在国内外引起了广泛的关注。

恰帕斯州位于墨西哥最南部，东临危地马拉，西面和北面与墨西哥的瓦哈卡（Oaxaca）、韦拉克鲁斯（Vera Cruz）、塔巴斯科（Tabasco）三州毗邻，南濒太平洋。这个州的两大主要城市，一个是首府图斯特拉，另一个是圣克里斯托瓦尔。该州人口320万，大约三分之一是土著玛雅人，大致属于六个种族集团：乔尔人（Ch'ol）、策尔塔尔人（Tzeltal）、索克人（Zoque）、托霍洛瓦尔人（Tojolobal）、拉坎顿人（Lacandón）、佐齐尔人。今玛雅人居住的地区是营养不良、文盲、高婴儿死亡率和贫困最严重的地区。

受解放神学的影响，自20世纪70年代起，在恰帕斯州，圣克里斯托瓦尔教区的主教萨穆埃尔·鲁伊斯·加西亚（Samuel Ruiz Garcia）和教会人士开始致力于建立捍卫穷人尊严的教会。1962—1965年梵蒂冈第二届会议和1967年梅德林拉丁美洲主教会议都强调贫困的结构性根源，号召教会为结束社会不公正而采取实际行动。受此影响，1975年，圣克里斯托瓦尔教区的神职人员正式投身于"与穷人一道，为了穷人"的工作。神职人员强调，在上帝的眼里，所有人，无论穷人还是富人，男人还是女人，土著人还是梅斯蒂索人（指白人和印第安人的混血种人），都是平等的，不平等是违背上帝意愿的。1974年10月12日，在萨穆

埃尔·鲁伊斯·加西亚主教的精心策划下,恰帕斯州土著大会召开,来自327个土著村庄的代表参会。策尔塔尔人、佐齐尔人、托霍洛瓦尔人、乔尔人等不同种族集团的代表首次坐在一起,讨论共同面临的问题,寻求解决方案。受此会议影响,20世纪70年代后,圣克里斯托瓦尔教区布道的方式发生了变化,从自上而下传布救赎与祈祷的模式转向一种成员参与性的模式,将穷人的关切置于工作的核心地位。① 在后来"蜜蜂"组织成立的切纳洛市,到20世纪80年代,传教人员每年聚集两到三次,不仅讨论礼拜的变化和革新,学习特定的《圣经》读物,而且分享各社区的新闻,讨论克服困难的办法。神职人员还为当地保健人员、助产士开办了培训课程,组织了倡导人权与合作的研讨班。"蜜蜂"组织的成员后来回忆,正是通过这些神职人员的工作,他们认识到自身的权利。"当听到上帝的语言时,我们知道我拥有权利。他们(指政府)不能压垮我们。"②

在此期间,切纳洛的社会经济状况也正发生着急剧的变革。切纳洛市位于恰帕斯高地地区,94.8%的人口为土著人。③ 几十年来,切纳洛的居民的生计严重依赖于在咖啡种植园打工赚取的工资,同时也在自己的土地上种植玉米。20世纪70年代后,大量危地马拉难民涌入,在种植园取代了当地劳工。与此同时,大量土地转向牧牛场,也使得高地地区的土著人更难找到打工机会。20世纪80年代后期咖啡价格的下跌,对那些靠种植少量咖啡换取现金的切纳洛人予以沉重一击。1982年开始

---

① 董经胜:《玛雅人的后裔》,第86—87页。

② Christine Kovic, "The Struggle for Liberation and Reconciliation in Chiapas, Mexico: Las Abejas and the Path of Nonviolent Resistance," *Latin American Perspectives,* Vol. 30, No. 3, 2003, pp. 59—60.

③ Marco Tavanti, *Las Abejas: Pacifist Resistance and Syncretic Identities in a Globalizing Chiapas,* New York: Routledge, 2003, p. 44.

的全国性经济危机、人口增加导致的土地紧缺,加剧了贫困状况。危机之中,为了生存,切纳洛的土著人有的组成合作社,有的与反对派政党、农民组织和宗教集团结成了联盟。①

在此背景下,虽然仍有一些集团继续依附于执政的革命制度党,以此获得资源支持和政治庇护,但是,在整个恰帕斯州,革命制度党的控制地位开始逐步瓦解,对政治和经济压迫的反抗与日俱增。该州出现了一些新的组织,要求分配土地、提高农业短工的工资、提高农产品价格、尊重人权。

1992年,发生了两次重要的土著动员。一次是发生在3月7日的土著人为了和平与人权的"蚂蚁进军"(Xi'Nich March for Peace and Human Rights of the Indigenous People),大约七百名乔尔人、策尔塔尔人、索克人从帕伦克出发,六个星期后到达墨西哥城郊区世界上最大的贫民窟——内萨瓦尔科约特尔(Nezahualcoyotl),抗议州政府的腐败、政治镇压、侵犯人权,抗议联邦政府急剧削减农村的公共开支。在乔尔语言中,Xi'Nich是"蚂蚁"的意思。参与此次抗议活动的塞瓦斯蒂安·冈萨雷斯(Sebastián González)解释道:"蚁丘从表面上看很小,但在地下有很多。如果我们以此比作我们的抗议行动,最初仅有很少的蚂蚁,随后越来越多,但是当政府碾压蚁丘的时候,他们都出来了。"联邦政府的代表在墨西哥城外与抗议者进行了对话,同意答应他们的要求,但是,许多许诺一直没有兑现。②

另一场抗议运动发生在10月12日,即哥伦布"发现"美洲五百周年纪念日,大约一万名印第安人涌入圣克里斯托瓦尔,以显示他们的团结和对西班牙殖民统治和梅斯蒂索人控制的抵制。抗议者聚集在圣多明

---

① Christine Kovic, "The Struggle for Liberation and Reconciliation in Chiapas, Mexico: Las Abejas and the Path of Nonviolent Resistance," p. 61.

② Ibid., p. 62.

各广场，他们放倒并砸碎建立该城的西班牙殖民者迭戈·德·马萨列戈斯（Diego de Mazariegos）的雕像。

这两次抗议运动显然对高地地区的印第安人公社产生了重大的影响。实际上，切纳洛的很多印第安人参与了其中。无论对直接参与者还是获得此消息者而言，两次抗议运动大大增强了他们的力量。当圣克里斯托瓦尔街头上布满和平抗议的印第安人时，白人和梅斯蒂索人感到恐惧，而印第安人则认识到自己的力量。①

直接导致"蜜蜂"组织建立的是一场土地纠纷。1991年，在靠近策阿哈尔琴（Tzajalchen）的村庄策阿纳姆波洛姆（Tzanhembolom），围绕着一块120公顷的土地的归属发生了一场纠纷。虽然对于这块土地的归属有不同的说法，但是，所有的说法中都提到，当地公社的成员前往土地改革办公室（Secretaría de Reforma Agraria），请求协助解决纠纷，但政府没有回应。在恰帕斯州，政府对土地纠纷的漠视往往导致暴力事件升级。根据一种说法，这块土地属于组成合作社的一批人共同所有。而根据另一种说法，这是一块私人地产，作为遗产留给业主的三个孩子——卡塔琳娜（Catarina）、玛利亚（María）姐妹和奥古斯丁·埃尔南德斯·洛佩斯（Agustín Hernández López）。很可能上述两种说法都属实，因为在恰帕斯，存在大量的没有解决的土地争议，而政府的疏忽往往导致甚至激化冲突。促使问题更加严重的是，这场纠纷卷入了不同政治集团之间的矛盾。在策阿纳姆波洛姆，有的集团从属于革命制度党，以此获得联邦和州政府的优惠，另外的集团则与"教师—农民团结运动"（Solidaridad Campesina Magisterial, SOCAMA，全国教师工会的一个分支）站在一起。这场土地纠纷的双方分别属于上述两个不同的政治集团。一个集团以奥古斯丁·埃尔南德斯·洛佩斯为首，从属于革命制度党，可以仰仗革

---

① 董经胜：《玛雅人的后裔》，第173—174页。

命制度党控制的切纳洛市政府的支持。另一集团以奥古斯丁·埃尔南德斯·洛佩斯的外甥尼古拉斯·古铁雷斯·埃尔南德斯（Nicolás Gutiérrez Hernández）为首，支持"教师—农民团结运动"。奥古斯丁·埃尔南德斯·洛佩斯不想与他的姐妹们分享这块地产。他的理由是，女人没有权利享有土地。按照土著共同体解决纠纷的传统，经过成员的充分讨论，策阿纳姆波洛姆的公社会议决定，该地产在三个兄弟姐妹之间均分，兄弟姐妹之间享有均等的权利。但是，奥古斯丁·埃尔南德斯·洛佩斯拒绝遵守这一决定，将60公顷据为己有，另外60公顷赠予切纳洛附近的伊维尔霍（Yiveljoj）、拉斯德里西亚斯（Las Delicias）、亚布特克鲁姆（Yabteclum）等几个村庄，并要求后者支持他。作为回应，来自22个村庄共同体的代表也组织起来，捍卫奥古斯丁·埃尔南德斯·洛佩斯的两姐妹的权利，并在可能发生外来侵害时捍卫他们的村庄。策阿哈尔琴的居民中，有人受到煽动，选择站在这场分歧的一方，并拿起武器，准备与另一方进行武力冲突。但是，更多的人拒绝这样做，他们要求通过对话而非武力解决争端。

1992年12月9日，属于策阿哈尔琴咖啡生产者协会的22个公社组织起来。他们要求结束暴力行为，要求团结。如何来命名这一新成立的组织？他们选择了"蜜蜂"，因为蜜蜂的形象"象征了他们旨在捍卫弱小者的权利和在每个成员间平等分享劳动果实的集体身份和行为"。蜜蜂的形象还意味着组织的每个成员"作为为了公正、爱与和平的王国而工作"的平等成员。此外，由于蜜蜂使用触角进行交流，蜜蜂组织"努力保证整个共同体内部成员间信息畅通，形成一个网络"。一位成员对该组织的成立作了这样的描述：

> 我们自称为"蜜蜂"，是因为我们是一个能够动员在一起的大众群体，就像在1992年12月9日在策阿哈尔琴所做的那样。如同

蜜蜂，我们要一同建造自己的房屋，一共工作，一同分享劳动成果。我们要生产"蜂蜜"，也要与任何有需求的人分享。我们所有人在一起，就像蜜蜂那样。在同一间房子里，与我们的女王一同前进，这是上帝的王国。我们知道，就像弱小的蜜蜂那样，我们的工作是缓慢的，但结局是确定的，因为它是集体的行为。

也有的成员从对政府积极抵制的政治含义上认同"蜜蜂"的形象：

> 蜜蜂是很小的昆虫，但是当被蜜蜂蛰到时，一头昏睡的牛也会跑动。我们的斗争就像使用蜇刺的蜜蜂，这是我们的抵抗，但又是非暴力的。我们之所以这样做，是因为我们需要捍卫我们自身……我们需要像人那样活着。①

成立伊始，"蜜蜂"组织就受到迫害和暗杀。12月10日，组织成立的第二天，策阿哈尔琴的集会尚未结束，就受到奥古斯丁·埃尔南德斯·洛佩斯率领的武装团伙的袭击。三人严重受伤，策阿哈尔琴的代表维森特·古铁雷斯·埃尔南德斯（Vicente Gutierrez Hernandez）被杀。来自策阿哈尔琴的一些居民将受伤的两兄弟抬到附近路旁，希望用救护车将其送往医院。但是，当他们赶到路旁时，其中五人未经任何授权被捕，并被关押在市政厅，被指控对死伤者实施了袭击。12月13日，经刑事法官的指控，他们被投入圣克里斯托瓦尔的监狱。新成立的"蜜蜂"组织成员对此时态感到震惊与沮丧，他们知道，这五人是无辜的。与此同时，奥古斯丁的三位支持者还袭击了伤者的妻子，其中一名妇女被强奸。她向公共事务部公开指控施暴者，但没人因此被拘。

上述暴力和被捕事件发生后，"蜜蜂"组织在策阿哈尔琴的教堂举行

---

① Marco Tavanti, *Las Abejas: Pacifist Resistance and Syncretic Identities in a Globalizing Chiapas*, pp. 4–5.

会议，商讨对策。最终他们一致决定，拒绝诉诸暴力，而是通过祈祷和禁食进行抗议。12月21日，代表切纳洛三十六个公社的二百多名佐齐尔人举行了游行示威，抗议暴力和抓捕。他们从策阿纳姆波洛姆出发，步行41公里，到达圣克里斯托瓦尔，在主广场的教堂前静坐。消息传开，24日，五千多名佐齐尔人步行二十公里，前往监狱探望被捕者。1993年1月4日，来自七个市镇的八百多名印第安人来到圣克里斯托瓦尔广场举行静坐。最终，1月7日，被捕者以"证据消失"为由获得释放。

"蜜蜂"组织的斗争并没有因此而止步。相反，受此次胜利的鼓舞，他们继续以和平方式争取其他方面的权利，其中最主要的是对土地的权利。

1989年，在州长帕德罗西尼奥·冈萨雷斯·加里多的领导下，恰帕斯州政府以保护环境的名义，实施一项《森林法》，规定没有政府的允许，农民不得砍伐森林树木。"蜜蜂"组织成员认为，这些规定是对农民尊严的严重侵害。因为砍伐森林树木，开辟土地，种植玉米，是这里农民的生存方式。他们决定，不遵守政府的法令。在这场公民不服从运动中，佐齐尔农民要求获得在土地使用方面自己做出决定的权利，他们认为，政府的法令是不公正的。一位农民指出，当政府官员前来修筑道路或者勘测石油的时候，甚至在修路穿过玉米地的时候，他们都没有要求获得批准。"（这些官员）以为，他们是土地的主人，而我们不是。"他认为，农民有权利根据上帝的意愿使用土地："我们感到自己是土地的主人，因为上帝将这些土地给了他的孩子们。"[①]

1994年1月1日，"萨帕塔民族解放军"举行起义，并提出土地、住房、工作、食物、健康保障、民主和正义等基本人权的要求。他们宣布"我们受够了！"并谴责恰帕斯州的土著和农民遭受的剥削。"蜜蜂"组织虽

---

① Christine Kovic, "The Struggle for Liberation and Reconciliation in Chiapas, Mexico: Las Abejas and the Path of Nonviolent Resistance," p. 67.

然不赞成使用武力,但他们的斗争目标与"萨帕塔民族解放军"是一致的。正如"蜜蜂"组织成员克里斯托瓦尔·鲁伊斯(Cristobal Ruiz)指出的,两者的目标一致,但选择了不同的实现路径。他说:

> 上帝是万能的。他给了一个集团(指"萨帕塔民族解放军")武器,给了另一个集团(指"蜜蜂"组织)和平途径。当枪声响起时,另一个集团以和平方式站出来,寻求解决方案。然而,如果我们仅仅采用和平方式,压迫者不会明白。当第一集团拿起武器组织起来时,政府只好倾听了。政府需要一记耳光扇在脸上才会倾听。①

也就是说,虽然两个集团对于使用武力的态度不同,但二者的目标和敌人是一样的。而且,"蜜蜂"组织认为,他们的非暴力路线仅仅是几种类型的抵制方式中的一种。"蜜蜂"组织的非暴力抵制,并不否定"萨帕塔民族解放军"的武装斗争路线。实际上,两个集团的抗议行动在很多方面是相似的。另一名"蜜蜂"组织成员维森特·鲁伊斯(Vicent Ruiz)对两个目标相同、策略不同的组织做了如下形象的描述:

> 正如人的身体有两只眼睛、两只耳朵、两只脚一样,社会也必须有两只脚。"萨帕塔民族解放军"是其中一只,作为平民的我们是另一只。我们不是"萨帕塔民族解放军",因为我们不响应他们的命令。我们必须和平地抗争,不使用武器。我们是他们的兄弟,对我们双方而言,首要的敌人是组织准军事武装的政府和革命制度党权威,这些准军事武装并不对公民社会的成员和"萨帕塔民族解放军"区别对待。②

---

① Christine Eber, "Buscando una nueva vida: Liberation through Autonomy in San Pedro Chenalhó, 1970–1998," *Latin American Perspectives*, Vol.28, No.2, 2001, p. 53.

② Christine Kovic, "The Struggle for Liberation and Reconciliation in Chiapas, Mexico: Las Abejas and the Path of Nonviolent Resistance," p. 68.

实际上，在 1994 年 1 月最初 12 天的武装斗争之后，"萨帕塔民族解放军"的斗争在很大程度上也转向了和平方式如游行示威、发表宣言、举行会议等，但是，与"蜜蜂"组织不同，如果形势所迫，他们仍然愿意诉诸武力。

1994 年的武装起义之后，在切纳洛市，"萨帕塔民族解放军"的支持者越来越多，在 1998 年达到 1.1 万人，分散在 18 个村庄中。在这些村庄中，同时还生活着支持革命制度党的村民。1995 年 10 月，革命制度党候选人在切纳洛市市长选举中获胜，"萨帕塔民族解放军"对选举进行了抵制。1996 年 4 月，"萨帕塔民族解放军"的支持者和民主革命党的支持者在波洛（Polho）成立了一个独立的市政府，根据他们认为符合自己的"方式和习惯"（usos y costumbres），而不是墨西哥宪法的方式，选举哈维尔·路易斯·埃尔南德斯（Javier Ruiz Hernández）为市长，并根据"萨帕塔民族解放军"与墨西哥政府签署的《圣安德烈斯协议》，宣称拥有建立独立的市政府的权利。① 到 1996 年春，33 个偏远的村庄和绝大多数市区较大村镇的贫民区都宣布效忠于波洛的独立市政府。于是，随着独立的市政府的成立，"萨帕塔民族解放军"和革命制度党的支持者之间的矛盾激化。革命制度党的支持者开始加入或支持准军事武装，以推翻新成立的独立市政府。"蜜蜂"组织虽然同情"萨帕塔民族解放军"，但他们不赞同另立政府这种极端的做法，也不赞同采取武装斗争方式。尽管如此，革命制度党的支持者和在当地活动的准军事武装仍认为它是"萨帕塔民族解放军"的盟友。②

1996 年后，切纳洛市的暴力事件不断升级。支持革命制度党的准

---

① 1996 年 2 月 16 日，经过艰苦谈判，"萨帕塔民族解放军"与墨西哥政府签署《圣安德列斯协议》，政府对印第安人的自治权做出了一定程度的承认。

② Christine Eber, "Buscando una nueva vida: Liberation through Autonomy in San Pedro Chenalhó, 1970–1998," p. 55.

军事武装得到市政府的财政支持，还得到警察和军队的保护。由于受到政府与"萨帕塔民族解放军"之间和平协议的限制，不便直接行动的军队便试图通过准军事武装对支持"萨帕塔民族解放军"的公民进行镇压。在切纳洛市，准军事武装在99个村庄中的17个建立了据点，并控制了8个村庄，武装人数达到250人。参与这些组织的大多是没有土地、也无望得到土地的年轻人。他们离开所在村庄外出打工，与家庭和家族逐渐疏远，易于接受收买。革命制度党官僚与军队合作，以小恩小惠拉拢、利用这些年轻人，制造矛盾，煽动冲突。这些准军事武装强迫村民为他们劳动，收取保护费，对于违背他们意愿的村民进行羞辱、拷打。在这种环境下，为了生存和安全，越来越多的村民，甚至支持革命制度党的村民，不得不离开世代生息的村庄。1997年，在波洛镇以及周围，形成了大量的内部难民营。1997年年底，生活在9个营地的难民人数达到10 500人，占切纳洛市人口的三分之一。[①]1996年9月23日，在革命制度党的不断威胁与压力下，"蜜蜂"组织与波洛镇的"萨帕塔民族解放军"独立政府联合签署了一封致恰帕斯州州长的公开信。此举致使绝大多数支持革命制度党的村庄将"蜜蜂"组织视为"萨帕塔民族解放军"的盟友，并对其展开了一系列的骚扰、暗杀等活动。[②]为逃避迫害，1997年12月17日至18日，325名"蜜蜂"组织成员来到阿克特阿尔村避难。12月22日，他们在该村的一个小礼拜堂内祈祷。以切纳洛市市长阿里亚斯为主谋的准军事武装对这些手无寸铁的平民进行突然袭击，45名印第安人惨遭杀害。一名幸存者回忆：

[①] Christine Eber, "Buscando una nueva vida: Liberation through Autonomy in San Pedro Chenalhó, 1970–1998," p. 61.

[②] Marco Tavanti, *Las Abejas: Pacifist Resistance and Syncretic Identities in a Globalizing Chiapas*, p. 9.

> 我和我的同伴们在教堂里，因为这是我们的和平营所在地……在那里，我们很平静，我们根本没有想到针对我们的如此可怕的事情正在策划之中。……在教堂里，我们见面后在一起交谈……祈祷，祈求上帝解决我市的问题，但是，12月22日，在一无所知的情况下，我们听到教堂后面传来很多枪声，并越来越近，随之是阵雨般可怕的子弹。①

另一位幸存者回忆道：

> 我有一个怀孕的姐姐，她在阿克特阿尔被射杀。当她中弹身亡后，我亲眼看见他们剖开她的肚子，取出婴儿。他们还杀死了我的嫂子，也是射杀的，他们还拖着她走向河边……屠杀者是全副武装的革命制度党人，他们所有的人——准军事武装——都逃跑了。②

事件发生后，墨西哥内政部部长埃米里奥·楚阿伊菲特（Emilio Chuayffet）试图将屠杀事件定性为"家族纠纷"。但是，很多证据表明，联邦和州政府难脱干系。自10月份以来，萨穆埃尔·鲁伊斯·加西亚主教就准军事力量的行动提醒过埃米里奥·丘阿伊菲特。事件发生时，近在咫尺的政府保安力量不仅没有出面制止，而且此前曾对穿过其路障的全副武装的准军事人员进行过检查。

虽然联邦最高法院对事件进行了调查，一些人被指控犯有杀人罪被捕，但没有政府高级官员因此受到惩罚。"蜜蜂"组织成员以各种方式纪念这一悲惨的事件，每个月的22日，他们都要举行祈祷或朝圣，纪念屠杀中的遇难者。事件发生地的木制小教堂依然矗立在那里，"蜜蜂"组织

---

① Marco Tavanti, *Las Abejas: Pacifist Resistance and Syncretic Identities in a Globalizing Chiapas*, p. 13.

② 董经胜：《玛雅人的后裔》，第219页。

成员一面向来访者展示上面的弹孔，一面回忆这段惨痛的经历。在遇难者的墓上，他们修建了一座砖房，内存遇难者的照片、祭坛以及其他纪念品。1999 年，丹麦雕塑家高智活（Jens Galschiot）创作了一座八米高的因痛苦而扭曲的人体和脸部的铜像，矗立在阿克特阿尔村。

"蜜蜂"组织成员并没有因屠杀而屈服，也没有因此而放弃非暴力抗议的宗旨。1998 年 10 月，在圣克里斯托瓦尔，举行了一次特别的讨论会，纪念印度非暴力抵抗运动的领袖圣雄甘地遇难 50 周年，同时讨论墨西哥的非暴力抵抗问题。在这次会议上，"蜜蜂"组织的创始人之一安东尼奥·古铁雷斯（Antonio Gutiérrez）说："当阿克特阿尔村的屠杀发生时，他们想除掉我们，但是后果恰恰相反。我们发现，我们的组织捍卫了别的农民，在阿克特阿尔村的屠杀以后，在切纳洛市，来自十个公社的一千人又加入了'蜜蜂'组织。"非暴力和宽恕，依然是"蜜蜂"组织的道德与战略选择。1998 年 3 月，葡萄牙诺贝尔文学奖得主何塞·萨拉马戈访问阿克特阿尔，安东尼奥·古铁雷斯对他讲述了下面的故事：当准军事武装向教堂里的人群开火时，阿隆索·巴斯克斯·戈麦斯（Alonso Vázquez Gómez）正在祈祷。"他对他的妻子说：'我们今天要死了。'接着，她被击中背部，她怀抱中的孩子也被击中。于是，他祈祷说：'宽恕他们吧，上帝，这些人不知道自己在做什么。'"①

2000 年的总统大选中，连续执政 71 年的革命制度党下台，墨西哥政治进入了一个新的时期。新政府继续推行新自由主义的政策，但政治气候的变化也对农民组织和动员的发展产生了一定的影响。进入 21 世纪以来，墨西哥的农业政策和农民动员、组织的新发展和新动向，是值得我们深入研究和密切关注的课题。

---

① Christine Kovic, "The Struggle for Liberation and Reconciliation in Chiapas, Mexico: Las Abejas and the Path of Nonviolent Resistance," p. 72.

余 论

墨西哥独立至今,两个多世纪的时间已经过去了。墨西哥对现代化道路的探索,经历了两百多年的艰辛历程,经历了几次发展模式的大转换。每次模式的转换,都引起了农业和农村社会的大变革,都引起了国家和农民关系的调整。

独立之初,仿照欧洲和北美的模式,墨西哥自由派政府进行了土地私有化的改革,试图在墨西哥建立一个小农社会,但是,这场改革却为大地产主侵吞村社农民土地大开了方便之门。失去土地的农民进行了一系列的反抗运动,这些运动虽然都被镇压,但在一定程度上捍卫了农民自身的利益,延缓了自由派土地改革的步伐。但是,到19世纪后半期,随着迪亚斯政权上台后国家力量的加强,农民的反抗运动被镇压,土地兼并空前加剧,土地占有高度集中,农村商品经济迅速发展,但农民的处境进一步恶化,社会矛盾高度尖锐,最终引发了1910年的墨西哥革命。

墨西哥革命期间,农民的广泛参与,迫使统治上层在革命后的"国家重建"过程中不得不适当考虑下层农民的要求,推行一定程度的土地改革。20世纪30年代大危机爆发后,卡德纳斯政府进行了较为彻底的土地改革,标志着墨西哥革命达到顶峰。但是，20世纪40年代以来，墨西哥各届政府农业政策的重点是支持面向出口的商品性的资本主义农场，忽视满足自身消费或面向国内地方市场的村社或小农场。20世纪80年代债务危机爆发后，墨西哥全面推行新自由主义改革，开放农产品市场，推进土地私有化，进一步打击了墨西哥的小农经济。历经两个世纪的探索，墨西哥的农业依然是大规模的农工联合体与村社或小农经济的并存，而且前者逐渐发展壮大，后者逐渐萎缩。

结果，正如有学者注意到的，尽管经历了一场大革命的洗礼，与其他多数拉美国家一样，墨西哥的土地改革并没有导致大地产制度的消亡，而是形成了农业和农村的某种二元结构，跟东亚"平均地权"后扶持自耕农发展的"单峰战略"（uni-modal strategy）呈鲜明对照的墨西哥农业发展的"双峰战略"（bi-modal strategy）。一方面，原来的大地产大庄园通过跨国公司的参与、逐渐采用新技术和扩大经营范围，逐渐演变为现代化的资本主义大农场、大牧场。昔日的大庄园主摇身变为资本主义大农场主，而且实力更强，气焰更高，足以继续影响政治走向，左右政府决策。另一方面，村社小农则处于大地产和国家政策的双重挤压下，不仅难以发展，而且长期陷于贫困。拉美农业发展的"双峰"模式——大地产与大量缺少土地的贫困小农并存，是拉美社会的一个突出特点，是造成拉美巨大的贫富差距，影响拉美政治稳定、社会发展以及进一步现代化的重大问题。①

我国与墨西哥的国情有很大不同，有一点却又是相似的，那就是在20世纪都经历了一场深刻的土地改革。土地改革后的农村经历了人民公社到家庭联产承包责任制的转变。实行家庭联产承包责任制后，一家一户的自主经营，在某种程度上虽然失去了人民公社时期规模经济的优

---

① 董正华：《世界现代化进程十五讲》，北京大学出版社2009年版，第186页。

势,但是,由于它充分调动了广大农民的生产积极性,极大地促进了我国农村经济的发展和农民生活水平的提高。农村经济的发展,也扩大了国内市场,促进了城市经济的发展。没有家庭联产承包责任制,就不可能解决千百万农民的温饱问题,就不可能有改革开放40年来农村的发展和稳定,这是有目共睹的事实。当然,在经济进一步发展、人口流动和城乡一体化进程加快的新形势下,根据各地区的不同情况,对家庭联产承包责任制的具体经营形式进行适度的调整也是必要的。然而,由于土地问题关系到千百万农民的切身利益,关系到改革开放和现代化建设的大局,因此社会各界对于当前我国土地流转的形式、可能引起的后果等诸多问题展开了热烈的争论。这些争论中提出的各种观点,不是本书所能评价得了的,但是,参考一下其他国家,比如墨西哥的经验教训,必定会大有裨益,有助于我们得出正确的结论。

参考文献

一、中文文献

鲍勃;杨,简:《拉丁美洲的解放者》,黄土康、汤柏生译,商务印书馆1979年版。

贝瑟尔,莱斯利,主编:《剑桥拉丁美洲史》,第一卷,中国社会科学院拉丁美洲研究所组译,经济管理出版社1995年版。

贝瑟尔,莱斯利,主编:《剑桥拉丁美洲史》,第二卷,中国社会科学院拉丁美洲研究所组译,经济管理出版社1997年版。

贝瑟尔,莱斯利,主编:《剑桥拉丁美洲史》,第五卷,中国社会科学院拉丁美洲研究所组译,社会科学文献出版社1992年版。

贝瑟尔,莱斯利,主编:《剑桥拉丁美洲史》,第六卷(下),中国社会科学院拉丁美洲研究所组译,当代世界出版社2001年版。

贝瑟尔,莱斯利,主编:《剑桥拉丁美洲史》,第七卷,中国社会科学院拉丁美洲研究所组译,经济管理出版社1996年版。

伯恩斯,E.布拉德福德:《简明拉丁美洲史》,王宁坤译,涂光楠校,湖南教育出版社1989年版。

伯恩斯,E.布拉德福德;查利普,朱莉·阿:《简明拉丁美洲史——拉丁美洲现代化进程的诠释》,王宁坤译,世界图书出版公司2009年版。

董经胜:《玛雅人的后裔》,北京大学出版社 2009 年版。

董经胜:《墨西哥革命:从官方史学到修正派史学》,《史学集刊》,2011 年第 6 期。

董经胜:《19 世纪上半期墨西哥的农业发展模式与现代化道路》,《史学集刊》,2012 年第 3 期。

董正华:《关于现代农业发展的两个理论问题》,南开大学世界近现代史研究中心:《世界近现代史研究》,第三辑,中国社会科学出版社 2006 年版。

弗伊克斯,贝雷:《胡亚雷斯传》,江禾、李卞译,商务印书馆 1983 年版。

高波:《墨西哥现代村社制度》,北京大学博士论文,2000 年。

戈德斯通,杰克·A.:《早期现代世界的革命与反抗》,王涛、江远山译,上海人民出版社 2013 年版。

亨廷顿,塞缪尔·P.:《变革社会中的政治秩序》,李盛平、杨玉生等译,华夏出版社 1988 年版。

克罗齐,贝奈戴托:《历史学的理论和实际》,道格拉斯·安斯利英译,傅任敢译,商务印书馆 1982 年版。

罗荣渠、董正华编:《东亚现代化:新模式与新经验》,北京大学出版社 1997 年版。

林被甸、董经胜:《拉丁美洲史》,人民出版社 2010 年版。

林被甸:《拉美国家创建自由小农制理想的破灭:从印第安文化传统角度透视》,韩琦等主编:《拉美文化与现代化》,社会科学文献出版社 2013 年版。

麦克布赖德,乔治:《墨西哥的土地制度》,杨志信等译,商务印书馆 1965 年版。

迈耶,迈克尔·C.、比兹利,威廉·H.编:《墨西哥史》,上、下册,复旦人译,中国出版集团·东方出版中心 2012 年版。

米格代尔,J.:《农民、政治与革命:第三世界政治与社会变革的压力》,李玉琪、袁宁译,中央编译出版社 1996 年版。

摩尔,巴林顿:《专制与民主的社会起源:现代世界形成过程中的地主和农民》,王茁、顾洁译,上海译文出版社 2013 年版。

斯基德莫尔,托马斯·E.;史密斯,彼得·H.:《现代拉丁美洲》,江时学译,世界知识出版社 1996 年版。

斯考切波, 西达:《国家与社会革命: 对法国、俄国和中国革命的比较分析》, 何俊志、王学东译, 上海世纪出版集团 2007 年版。

斯科特, 詹姆斯·C.:《农民的道义经济学: 东南亚的反叛与生存》, 程立显、刘建等译, 译林出版社 2001 年版。

苏振兴主编:《拉美国家现代化进程研究》, 社会科学文献出版社 2006 年版。

塔罗, 西德尼:《运动中的力量: 社会运动与斗争政治》, 吴庆宏译, 译林出版社 2005 年版。

托克维尔:《旧制度与大革命》, 冯棠译, 商务印书馆 1992 年版, 第 209 页。

徐世澄:《墨西哥革命制度党的兴衰》, 世界知识出版社 2009 年版。

徐世澄:《墨西哥政治经济改革及模式转换》, 世界知识出版社 2004 年版。

张勇、李阳:《北美自由贸易协定对墨西哥农业的影响》,《拉丁美洲研究》, 2005 年第 2 期。

二、英文、西班牙文文献

Aguilar, Héctor and Meyer, Lorenza, *A la sombra de la Revolución Mexicana*, Aguilar, León y Cal Ediciones, S. A. de C.V., México, D. F., 1989.

Anguiano, Arturo, *El estado y la política obrera del cardenismo*, México: Ediciones Era, 1984.

Appendini, Kirsten, "Changing Agrarian Institutions: Interpreting the Contradictions," Cornelius, Wayne A. and Myhre, David, eds., *The Transformation of Rural Mexico: Reforming the Ejido Sector*, San Diego: Center for U.S.-Mexican Studies, 1998.

Assad, Carlos Martínez, ed., *La revolución en las regiones*, 2 vol., Guadalajara: Universidad de Guadalajara, IES, 1986.

Bailey, David C., "Revisionism and the Recent Historiography of the Mexican

Revolution," *Hispanic American Historical Review*, Vol.58, No.1, 1978.

Bantjes, Adrian A., "The Mexican Revolution," Holloway, Thomas H., ed., *A Companion to Latin American History*, Hoboken: Blackwell Publishing, 2008.

Barrón, L., *La tercera muerte de la Revolución: Historiografía reciente y futuro en el estudio de la revolución*, México: CIDE, 2002.

Bartra, Roger, *Estructura agrarian y clases sociales en México*, México: Ediciones Era, 1974.

Beezley, William H., *Insurgent Governer: Abraham González and the Mexican Revolution in Chihuahua*, Lincoln: University of Nebraska Press, 1973.

Benjamin, Thomas, *La Revolución: Mexico's Great Revolution as Memory, Myth and History*, Austin: University of Texas Press, 2000.

Benjamin, Thomas and McNeil, William, eds., *Other Mexicos: Essays on Mexican Regional History, 1876–1911*, Albuquerque: University of New Mexico Press, 1984.

Benjamin, Thomas and Ocasio-Meléndez, Marcial, "Organizing the Memory of Modern Mexico: Porfirian Historiography in Perspective, 1880s–1980s," *Hispanic American Historical Review*, Vol.64, No.4, 1984.

Benjamin, Thomas and Wasserman, Mark, eds., *Provinces of the Revolution: Essays on Regional Mexican History, 1910–1929*, Albuquerque: University of New Mexico Press, 1990.

Brading, David A., *Haciendas and Ranchos in the Mexican Bajío, León, 1700–1860*, Cambridge: Cambridge University Press, 1978.

Brading, David A., "La Estructura de la Producción Agrícola en el Bajío de 1700 a 1850," *Historia Mexicana*, Vol. 23, No.2, 1973.

Brading, David. A., *Miners and Merchants in Bourbon Mexico, 1763–1810*, Cambridge: Cambridge University Press, 1971.

Calles, Plutarco Elías, "En pos de la unificación revolucionaria," Macias, Carlos, ed.,

Plutarco Elías Calles, Pensamiento político y social, México: Fondo de Cultura Económica, 1988.

Castillo, María Teresa Vázquea, *Land Priviatization in Mexico*, New York: Routledge, 2004.

Coatsworth, John, "Obstacles to Economic Growth in Nineteenth-Century Mexico," *American Historical Review*, Vol. 83, No.1, 1978.

Cordova, Arnaldo, *La ideología de la revolución mexicana: La formación del nuevo régimen*, México: Ediciones Era, 1973.

Díaz-Polanco, Hector, *Formación regional y burguesía agraria en México*, México: Ediciones Era, 1982.

Engerman, Stanley and Sokoloff, Kenneth, "Factor Endowments, Institutions, and Differential Paths of Growth among New World Economies: A View from Economic Historians of the United States," Haber, Stephen, ed., *How Latin America Fell Behind: Essays in the Economic Histories of Brazil and Mexico, 1900–1914*, Stanford: Stanford University Press, 1997.

Enríquez, Andrés Molina, *Los grandes problemas nacionales*, México: Ediciones Era, 1978.

Falcón, Ramona, "El surgimiento del agrarismo cardenista: Una revisión de las tesis populistas," *Historia Mexicana*, XXVII, 3, 1978.

Foley, Michael W., "Agenda for Mobilization: The Agrarian Question and Popular Mobilization in Contemporary Mexico," *Latin American Research Review*, Vol. 26, No. 2, 1991.

Foley, Michael W., "Privatizing the Countryside: The Mexican Peasant Movement and Neoliberal Reform," *Latin American Perspectives*, Vol. 22, No. 1, 1995.

Garner, Richard L. and Stefanou, Spiro E., *Economic Growth and Change in Bourbon Mexico*, Gaineville: University of Florida Press, 1993.

Gawronski, Vincent T., "The Revolution is Dead. Viva la revolución: The Place of the Mexican Revolution in the Era of Globalization," *Mexican Studies/Estudios Mexicanos*, Vol.18, No.2, 2002.

Gilbert, Dennis, "Rewriting History: Salinas, Zedillo and the 1992 Textbook Controversy," *Mexican Studies/Estudios Mexicanos*, Vol.13, No.2, 1997.

Gilly, Adolfo, *La revolución interrumpida*, México: Ediciones Era, 1971.

Gilly, Adolfo, "México contemporáneo: Revolución e historia," *Nexos*, 62, 1983.

González, Luis González, *Pueblo en vilo.Microhistorua de San José Garcia*, México: El Colegio de México, 1968.

Gorillo, Gustavo, *Compesinos al asalto del cielo: de la expropriación campesina*, México: Siglo Veintiuno, 1988.

Grammont, Hubert C. de and Mackinlay, Horacio, "Compesino and Indigenous Social Organizations facing Democratic Transition in Mexico, 1938–2006," *Latin American Perspective*, Vol.36, No.4, 2009.

Hale, Charles A., "Frank Tannenbaum and the Mexican Revolution," *Hispanic American Historical Review*, Vol.75, No.2, 1995.

Hall, Linda B., "Alvaro Obregon and the Politics of Mexican Land Reform, 1920–1924," *Hispanic American Historical Review*, Vol. 60, No. 2, 1980.

Hamill, Hugh M., Jr., *The Hidalgo Revolt: Prelude to Mexican Independence*, Gaineville: University of Florida Press, 1966.

Hamilton, Nora, *The Limits of State Autonomy: Post-Revolutionary Mexico*, Princeton: Princeton University Press, 1982.

Hamnett, Brian R., *Roots of Insurgency: Mexican Regions, 1570–1824*, Cambridge: Cambridge University Press, 1986.

Hardy, Clarissa, *El estado y los camesinos: la Confederación Nacional Campesina*, México: Nueva Imagen, 1984.

Hart, John Mason, *Revolutionary Mexico: The Coming and Process of the Mexican Revolution*, Berkeley: University of California Press, 1987.

Harvey, Neil, *The Chiapas Rebellion: The Struggle for Land and Democracy*, Durham: Duke University Press, 1998.

Hobsbawm, Eric J., *Primitive Rebels: Studies in the Archaic Forms of Social Movement in the 19th and 20th Century*, 2nd, New York: W. W. Norton & Company, 1963.

Hu-Dehart, Evelyn, "Peasant Rebellion in the Northwest: Indians of Sonora, 1740–1976," Katz, Friedrich, ed., *Riot, Rebellion and Revolution: Rural Social Conflict in Mexico*, Princeton: Princeton University Press, 1988.

Ianni, Octavio, *El estado capitalista en la época de Cárdenas*, México: Ediciones Era, 1977.

Jiménez, Alberto Morales, *Historia de la Revolución Mexicana*, Tercero edición, México: Editorial Morelos, 1961.

Katz, Friedrich, "Labor Conditions on Haciendas in Porfirian Mexico: Some Trends and Tendencies," *Hispanic American Historical Review*, Vol. 54, No. 1, 1974.

Katz, Friedrich, "Pancho Villa, los movimientos compesinos y la reforma agraria en el norte de México," Brading, D.A., ed., *Caudillos y compesinos en la revolución Mexicana*, Fondo de cultura económica, México: Fondo de Cultura, 1985.

Katz, Friedrich, "Rural Rebellions after 1810," Katz, Friedrich, ed., *Riot, Rebellion and Revolution: Rural Social Conflict in Mexico*, Princeton: Princeton University Press, 1988.

Katz, Friedrich, "The Agrarian Policies and Ideas of the Revolutionary Mexican Factions Led by Emiliano Zapata, Pancho Villa, and Venustiano Carranza," Randall, Laura, ed., *Reforming Mexico's Agrarian Reform*, New York: M. E. Sharpe, 1996.

Knight, Alan, *Interpreting the Mexican Revolution*, Institute of Latin American Studies, University of Texas at Austin, Paper No.88-02.

Knight, Alan, *Mexico: the Colonial Era*, Cambridge: Cambridge University Press, 2002.

Knight, Alan, "Revisionism and Revolution: Mexico Compared to England and France," *Past and Present*, No. 134, 1992.

Knight, Alan, *The Mexican Revolution*, Vol. 2, Cambridge: Cambridge University Press, 1986.

Kovic, Christine, "The Struggle for Liberation and Reconciliation in Chiapas, Mexico: Las Abejas and the Path of Nonviolent Resistance," *Latin American Perspectives*, Vol. 30, No. 3, 2003.

Lockhart, James and Schwartz, Stuart B., *Early Latin America: A History of Colonial Spanish America and Brazil*, Cambridge: Cambridge University Press, 1983.

Lynch, John, "Los Fectores Estructurales de las Crisis: La Crisis del Orden Colonial," Franklin Pease, G. Y., ed., *Historia General de América Latina*, Volumen II, Madrid: Ediciones UNESCO/Editorial Trotta, 2003.

McNeely, John H., "Origins of the Zapata Revolt in Morelos," *Hispanic American Historical Review*, Vol. 46, No.2, 1966.

Meléndez, José T., ed., *Historia de la Revolución Mexicana*, Tomo 1, México: Instituto Nacionalde Estudios Históricos de la Revolución Mexicana, 1987.

Meléndez, José T., ed., *Historia de la Revolución Mexicana*, Tomo 2, México: Ediciones Aguilas, 1940.

Meyer, Eugenia, "Cabrera y Carranza: Hacia la Creación de una Ideología Oficial," Camp, Roderic A., Hale, Chales A. and Vásquez, Josefina Zoraida, eds., *Los intelectuales y el poder en México*, México: El Colegio de México, 1991.

Meyer, Jean, *The Cristero Rebellion*, Cambridge: Cambridge University Press,1976.

Meyer, L., *La segunda muerte de la Revolución Mexicana*, México: Cal y Arena, 1992.

Miller, Simon, "Land and Labor in Mexican Rural Insurrections," *Bulletin of Latin American Research*, Vol. 10, No.1, 1991.

Miller, Simon, "The Mexican Hacienda between the Insurgency and the Revolution: Maize Production and Commercial Triumph on the Temporal," *Journal of Latin American Studies*, Vol.16, No.2, 1984.

Murillo, Manuel García, *Desarrollo y reforma agrarian: el pensamiento político de Miguel de la Madrid Hurtado*, México: Centro de Estudios Históricos del Agrarismo en México, 1982.

Nalda, Enrique, "México prehispánico: Origen y formación de las clases sociales," Semo, Ebnrique, ed., *México: Un pueblo en la historia*, México: Nueva Imagen, 1981.

Naranjo, Francisco, *Diccionario Biográfico Revolucionario*, México: Editorial Cosmos, 1935.

Navarro, Moisés González, *Raza y tierra, la Guerra de Castas y el henequen*, México: El Colegio de México, 1970.

Navarro, Moisés González, *Anotomía de poder en México, 1848–1853*, México: El Colegio de México, 1977.

Paige, Jeffery M., *Agrarian Revolution: Social Movements and Export Agriculture in the Underdeveloped World*, New York: The Free Press, 1975.

Parkes, Henry B., *History of Mexico*, New York: Houghton Mifflin, 1958.

Reed, John, *Insurgent Mexico*, New York: Simon and Schuster, 1969.

Rodríguez, O., Jaime E., "From Royal Subject to Republican Citizen: The Role of the Autonomists in the Independence of Mexico," Rodríguez O., Jaime E., ed., *The Independence of Mexico and the Creation of the New Nation*, Irvine: University of California, 1989.

Ronfeldt, David, *Atencingo: la política de la lucha agrarian en un ejido mexicano*, México: Fondo de Cultura Económica, 1975.

Ross, Stanley R., "Cosío Villegas' Historia moderna de Mexico," *Hispanic American Historical Review*, Vol.46, No.3, 1966.

Ross, Stanley R., "La protesta de los intelectuales ante México y su revolución," *Historia Mexicana*, 26, 1977.

Ross, Stanley R., ed., *Is the Mexican Revolution Dead,* New York: Alfred A. Knopf, 1966.

Rus, Jan, "Whose Caste War? Indians, Ladinos and the Chiapas 'Caste War' of 1869," Womack, John, ed., *Rebellion in Chiapas: An Historical Reader*, New York: The New Press, 1999.

Rutherford, John, *Mexican Society during the Revolution: A Literary Approach*, Oxford: Clarendon Press, 1971.

Sanderson, Steven, *Agrarian Populism and the Mexican State: The Struggle for Land in Sonora*, Berkeley: University of California Press, 1981.

Sanderson, Susan R. Walsh, *Land Reform in Mexico: 1910–1980*, Orlando: Academic Press, 1984.

Schmitter, Philippe, "Still the Century of Corporatism?", Pike, Fredrick B. and Stritch, Thomas, *The New Corporatism*, Notre Dame: University of Notre Dame, 1974.

Schryer, Frans J., "A Ranchero Economy in Northwestern Hidalgo, 1880-1920," *Hispanic American Historical Review*, Vol. 59, 1979, No. 3.

Sherman, John W., "Reassessing Cardenism: The Mexican Right and the Failure of a Revolutionary Regime, 1934–1940," *The Americas*, Vol. 54, No. 3, 1998.

Shulgovski, Anatol, *México en la encrucijada de su historia*, México: Fondo de Cultura Popular, 1968.

Sierra, Catalina, *El nacimiento de México*, México: Universidad Nacional Autónoma de México, 1960.

Simpson, Eyler N., *The Ejido: Mexico's Way Out*, Chapel Hill: University of North Carolina Press, 1937.

Stevens, Donald Fithian, "Agrarian Policy and the Instability in Porfirian Mexico," *The Americas*, No. 2, 1982

Tannenbaum, Frank, *The Mexican Agrarian Revolution*, New York: Macmillan, 1929.

Tavanti, Marco, *Las Abejas: Pacifist Resistance and Syncretic Identities in a Globalizing Chiapas,* New York: Routledge, 2003.

Taylor, William B., "Banditry and Insurrection: Rural Unrest in Central Jalisco, 1790–1816," Katz, Friedrich, ed., *Riot, Rebellion and Revolution: Rural Social Conflict in Mexico*, Princeton: Princeton University Press, 1988.

Townsend, William Cameron, *Lázaro Cárdenas, Mexican Democrat*, Ann Arbor: George Wahr Publishing Co., 1952.

Tilly, Charles, *The Vendée: A Sociological Analysis of the Counterrevolution of 1793*, New York: John Wiley and Sons Inc., 1967.

Tobler, Hans Werner, "Peasants and the Shaping of the Revolutionary State, 1910–40," Katz, Friedrich, ed., *Riot, Rebellion and Revolution: Rural Social Conflict in Mexico*, Princeton: Princeton University Press, 1988.

Tutino, John, *De la insurrección a la revolución en México, Las bases sociales de la violencia agraria, 1750–1940*, México: Ediciones Era, 1990.

Tutino, John, "Hacienda Social Relations in Mexico: The Chalco Region in the Era of Independence," *Hispanic American Historical Research*, Vol. 55, No. 3, 1975.

Tutino, John, "The Revolution in Mexican Independence: Insurgency and the Renegotiation of Property, Production, and Patriarchy in the Bajio, 1800–1855," *Hispanic American Historical Review*, Vol.78, No.3, 1998.

Valtonen, Pekka, *The Politics of Agrarian Transformation in Mexico*, Academic Dissertation, University of Tampere, 2000.

Velasco, José Toro, P*olítica y legislación agraria en México: De la desamortizacióncivil a la reforma campesina*, Varsovia: Centro de Estudios de Latinoamericanos, Univerisidad de Varsovia, 1993.

Warman, Arturo, "The Political Project of Zapatismo," Katz, Friedrich, ed., *Riot,*

Rebellion and Revolution: Rural Social Conflict in Mexico, Princeton: Princeton University Press, 1988.

Wasserman, Mark, "The Social Origins of the 1910 Revolution in Chihuahua," *Latin American Research Review*, Vol.15, No.1, 1980.

Waterbury, Ronald, "Non-revolutionary Peasants: Oaxaca compared to Morelos in the Mexican Revolution," *Comparative Studies in Society and History*, 17, 1975.

Weaver, Paul Neufeld, *Restoring the Balance: Peace Teams and Violence Reduction in Chiapas, Mexico*, Doctoral Dissertation, University of St. Thomas, 2002.

Wells, Allen, "Yucatán: Violence and Social Control on Henequen Plantations," Benjamin, Thomas and McNellie, William, eds., *Other Mexicos: Essays on Regional Mexican History, 1876–1911*, Albuquerque: University of New Mexico Press, 1984.

Wells, Allen, "Oaxtepec Revisited: The Politics of Mexican Historiography, 1969–1988," *Mexican Studies/Estudios Mexicanos*, Vol.7, No.2, 1991.

Wilkie, Raymond, *San Miguel: A Mexican Collective Ejido*, Stanford: Stanford University Press, 1971.

Womack, John, Jr., *Zapata and the Mexican Revolution*, New York: Vintage Books, 1970.

Wolf, Eric, *Peasant Wars of the Twentieth Century*, New York: Harper and Row, 1969.

Young, Eric Van, "Agrarian Rebellion and Defense of Community: Meaning and Collective Violence in Late Colonial and Independence-Era Mexico," *Journal of Social History*, Vol. 27, No. 2, 1993.

Young, Eric Van, *Hacienda and Market in Eighteenth-Century Mexico*, Berkeley: University of California Press, 1981.

Young, Eric Van, *The Other Rebellion: Popular Violence, Ideology, and the Mexican Struggle for Independence, 1810–1821*, Stanford: Stanford University Press, 2001.

后 记

本书在研究和写作过程中,得到了许多专家和同行的指导和帮助。其中最主要的是北京大学历史学系的林被甸、董正华教授,南开大学历史学院的韩琦、王萍教授,中国社会科学院世界历史研究所的郝名玮研究员、拉丁美洲研究所的徐世澄研究员,墨西哥国立自治大学经济学院的刘学东教授等,在此谨表示衷心的感谢。感谢高毅教授的关爱,将本书列入"北京大学人文学科文库·北大世界史研究丛书"系列。本书相关章节曾在《史学集刊》《拉丁美洲研究》等刊发表过,收入本书时又进行了一些补充修改。由于水平所限,本书中一定存在一些不当甚至错误之处,诚望同人、读者批评指正。

2019 年 5 月 15 日